公司对外担保

实践·规则·理念

GONGSI DUIWAI DANBAO
SHIJIAN GUIZE LINIAN

陈树森／著

法律出版社
LAW PRESS·CHINA
北京

图书在版编目(CIP)数据

公司对外担保 : 实践 · 规则 · 理念 / 陈树森著. --
北京 : 法律出版社, 2023
ISBN 978 - 7 - 5197 - 7284 - 0

Ⅰ. ①公… Ⅱ. ①陈… Ⅲ. ①公司 – 担保法 – 研究 –
中国 Ⅳ. ①D922.291.914

中国版本图书馆 CIP 数据核字(2022)第 203671 号

公司对外担保:实践 · 规则 · 理念
GONGSI DUIWAI DANBAO: SHIJIAN · GUIZE · LINIAN

陈树森 著

策划编辑 邢艳萍
责任编辑 邢艳萍
装帧设计 贾丹丹

出版发行 法律出版社
编辑统筹 法律应用出版分社
责任校对 王晓萍 王语童
责任印制 刘晓伟
经　　销 新华书店

开本 A5
印张 11 **字数** 320 千
版本 2023 年 1 月第 1 版
印次 2023 年 1 月第 1 次印刷
印刷 北京金康利印刷有限公司

地址:北京市丰台区莲花池西里 7 号(100073)
网址:www.lawpress.com.cn
投稿邮箱:info@lawpress.com.cn
举报盗版邮箱:jbwq@lawpress.com.cn

销售电话:010 - 83938349
客服电话:010 - 83938350
咨询电话:010 - 63939796

书号:ISBN 978 - 7 - 5197 - 7284 - 0 **定价**:58.00 元
凡购买本社图书,如有印装错误,我社负责退换。电话:010 - 83938349

价值判断与理性均衡

——代　　序

研习法律者，当对德国著名法学家卡尔·拉伦茨的以下论断不陌生："法学是指以特定法秩序为基础及边界，借以探求法律问题之答案的学问。这种学问的基本问题在于，在法律判断中经常包含着价值判断。而一般认为，价值判断不能以科学方法来审查，它只是判断者个人确信的表述。"

一直以来，公司对外担保都是一项充满着价值判断且饶有兴趣的法学命题，如何衡平保护股东与债权人利益，是法学理论界和司法实务界探讨的焦点问题。理论与实务界围绕《公司法》第16条的属性以及公司内部行为是否具有外部效力等问题，聚讼纷纭，未能形成一致意见。笔者曾于2012年在《中外法学》第6期发表了《公司担保法律规则的价值冲突与司法考量》一文，对其中的若干问题展开过初步的探讨，深感这一论题亟须拓展研究的广度与深度。

人生充满了机缘。

陈树森法官从复旦大学博士毕业后，申请到华东政法大学经济法学科开展博士后研究。作为合作导师,本人强烈建议他以公司对外担保为题开展研究,恰好这也是他的兴趣所在。在研究过程中我提示他,公司对外担保的问题不仅在于《公司法》第16条具体规定上,而且涉及公司法上的强制性规范与任意性规范、公司法定代表人代表权的行使、公司内部行为的外部拘束力等诸多问题,因此要多做一些深层次的思考,多做一些交叉问题研究,多立足法治化营商环境建设等当前经济社会发展的大环境来分析。

本人非常欣喜地看到,树森博士后很好地完成了这些研究任务。在博士后期间,他担任上海市高级人民法院研究室副主任,工作繁忙之余,持续关注和研究公司对外担保问题,公开发表了多篇学术论文,主持或参与了多项研究课题,为完成博士后研究报告打下了相当扎实的基础。呈现给读者的这本专著,就是树森这几年研究的主要成果。

通读下来,这本专著的三个特点让人印象深刻:

一是内外制度比较兼具。既对我国1993年《公司法》、2005年《公司法》等有关公司对外担保的立法变化以及最高司法机关针对公司对外担保案件的裁判倾向进行了梳理,又结合美国、英国、日本、德国等针对类似公司对外担保的规则与判例,分析了域外针对这一问题的基本态度和发展趋势,为我们有效解决公司对外担保问题提供了参考与借鉴。

二是理论研究与实践分析并行。既结合最高人民法院、各地高级人民法院、中级人民法院和基层人民法院审理的数百件案件,就司法机关有关公司对外担保纠纷的审理思路、裁判口径、裁量尺度等进行实证调研,又针对《公司法》第16条进行文义、历史、功能以及体系等诸多方面的解读，认真探究其立法本意，尤其在《民法典》出台后倡导在整个民商事法律体系下对其进行科学解读、准确适用。

三是规则阐释与延伸研究并重。既结合《公司法》第 16 条具体表述和司法实践中大量一手案例，对公司对外担保规则本身进行分析，更有我所建议的围绕与其相关联的违法合同效力认定、公司意志代表以及公司决议外部拘束力等问题的深入研究，并倡导从推动经济高质量发展、维护社会整体安全、债权人整体保护观等价值层面进行分析评判。此种价值判断与理性均衡的思维方式，都对如何全面、系统、准确地理解和把握公司对外担保问题有较好的参考价值。

时值《公司法》第六次修改在即，虽然公司对外担保问题并非此次修改的重点内容，但有关这一问题的研讨和争论并未停息。2021 年，树森已经调任上海市静安区人民法院副院长，担子更重了。希望其在今后的实务工作中能够继续开展相关的研究，不断有新的研究成果产生。作为导师，我为他之前付出的努力和取得的成绩感到欣慰，也祝他在今后的工作和研究中取得更大的成绩。

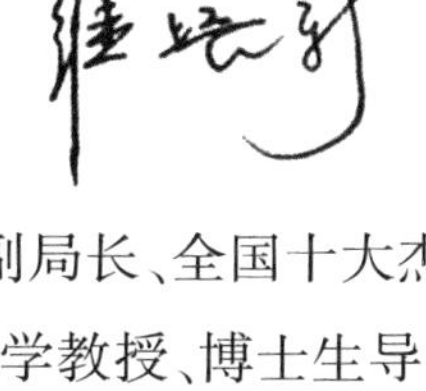

上海市司法局副局长、全国十大杰出青年法学家

法学教授、博士生导师

前　言

通过担保融通资金是各国普遍存在的经济现象。在当前融资难、融资贵的背景下,担保融资对公司发展的重要性更为凸显。然而,公司对外担保是我国司法实践中长期存在的焦点问题,影响着公司的日常经营活动。这一方面表现为公司因违规提供担保而爆雷事件不断见诸报端;另一方面则体现在围绕公司违规担保纠纷处理上存在较为突出的适法不统一现象,即针对公司违规担保的合同效力认定以及担保合同不发生效力后民事责任承担,各方意见不一。这不仅损害了当事人的合法权益,也影响了司法公信力。

通过对公司对外担保适法不一现象的分析,笔者发现该问题不过是各方对现行《公司法》第 16 条的性质、功能与目的的不同认知在司法实践中的投射。例如,有的将这一条款纳入影响合同效力的强制性规定范畴,有的将其理解为公司意志形成的程序规范,有的则将其界定为对公司法定代表人代表权的限制。但无论从《公司法》第 16 条的文义、历史、体系还是功能解读,都难以得出该条款系公司对外担保合同效力之规定的结论,其直接立法目的并非在于维护交易安全,亦不在于保护债权相对人的利益。

公司对外担保犹如公司法的一面透视镜。通过围绕《公司法》第16条的有关争论,可以反映出就违反强制性规定之于合同效力的影响而言,在实践中同样存在认知差异。针对这一问题,在借鉴域外国家和地区处理强制性规定与合同效力相关做法的基础上,当某一项法律法规性质界定不清时,应当从鼓励交易发展、维护交易安全等角度出发,依据法律法规的规范目的来审慎认定其性质,不宜直接将其定性为影响合同效力的强制性规定;即便认定某一条款属于影响合同效力的强制性规定,在个案中是否必然会影响合同的效力仍需要利益衡量、效果校验,以确保司法裁决的科学性、妥当性。

公司对外担保问题往往与公司意志的有效代表紧密相连。很多公司对外担保纠纷都与公司代表权不当行使、公司意志未能有效表达有关。作为组织体,公司意志具有不同于自然人意志的特殊构造,其意志形成和意志表达存在分离,这就对公司代表人准确反映公司真实意志提出了要求。为此,需要解决好法定代表人的内外职权配置失衡问题,明确特殊情形下法定代表人对公司并非享有当然的代表权;需要明确印章并非表征公司意志的唯一标志,也难以推导出加盖公司印章即为公司的真实意志;在公司意志代表纠纷中需要采用实质主义审查模式,重在审查加盖公章之人是否享有代表或者代理权限。

在公司对外担保时,内部决议与外部合同属于两个独立的法律行为,应当分别予以评价。公司决议本身即面临着被确认无效、被撤销或者被认定不成立等情形。一般情况下,上述公司决议瑕疵并不具有"溢出"效应,但在法律已对决议主体、决议事项等作出规定的特定情形下,基于法律法规的普遍适用效力,内部决议与外部意志表达之间产生牵连,使其具有一定外部拘束力,公司对外担保即是如此。这种外部拘束力能否形成,取决于作为债权人的相对人是否属于善意,是否在接受公司担保时尽到合理的审查义务。诚然,即便相对人在接受担保时系非善意的,担保合同对公司不发生效力,公司仍应按照过错程度承担一定范围的缔约过失责任。

《民法典》是市场经济基本法。它围绕合同效力、合同履行、责任形态、担保方式、担保效力等方面提出了一些新理念,创设了一些新制度,都对公司对外担保纠纷的处理带来较大影响。要妥善处理公司对外担保等民商事纠纷,需要坚持系统思维,从法律体系的整体视角来分析判断相关行为的性质及效力;需要坚持商事思维,正视民事行为与商事行为的差异性,充分考量商事主体的行为能力,尊重商事主体的意思自治,维护商事交易的稳定性,包容商事活动的竞争性;需要坚持利益平衡思维,解决好公司债权人的整体保护、公司及股东与相对人的均衡保护以及对中小股东的优先保护等问题;需要坚持交易安全思维,把握好交易安全的适用场景、信赖利益合理性的认定以及适用效果的妥当性等问题,避免交易安全的理解与适用片面化、绝对化,以确保社会整体利益得到有效提升。

党的二十大报告明确提出,高质量发展是全面建设社会主义现代化国家的首要任务,这就更加要求公司在法治轨道上规范好对外担保行为,有效平衡好公司中小股东、控股股东以及债权人之间的利益关系,不断完善中国特色现代企业制度,推动企业的高质量发展,同时也更好发挥法治固根本、稳预期、利长远的保障作用。

目　　录

导　论

近年来，公司对外担保问题成为影响我国经济运行和司法实践的重要课题，被称为公司法上的“哥德巴赫猜想”[①]和“悬案”[②]。公司对外担保实际上是一个系统性名词，涉及公司为自己债务提供担保和为他人债务提供担保等诸多情形。对于前者，属于公司日常经济活动的惯常操作，其行为的合法性与有效性，一般并不存在争议。对于后者，则衍生出两种情况。第一种情况是公司根据自己意志为他人提供担保，即公司董事会、股东会或者股东大会一致同意为他人提供担保。即使此时公司的经营范围并不涵盖担保事项，公司对外提供担保亦属于正常的经济活动，一般而言法律或者司法并不过多干涉。同时，鉴于公司对外担保系公司的真实意思体现，往往并不涉及担保合同的效力评价问题，更多地基于合同履行等产生纠纷。第二种情况是公司为他人提供担保并非出于自己的真实意志，比如，未经公司有效决议，公司法定代表人对外实施担保行为；未经公司有效决

① 蒋大兴：《超越商事交易裁判中的“普通民法逻辑”》，载《国家检察官学院学报》2021 年第 2 期。

② 胡田野：《公司法律裁判》，法律出版社 2012 年版，第 671 页。

议,公司的非法定代表人持有公章代表公司对外提供担保;未经公司有效决议,公司法定代表人或其他人员向被担保人提供了虚假的决议;虽经过公司决议,但决议事项违反公司章程规定的议事机关、议事规则或关于限额的规定;等等。[①] 这一类公司对外担保属于实践中争议最大的情形。本书主要以违背公司真实意志而为他人提供担保作为研究的重心。

一、公司对外担保的研究价值

(一)研究公司对外担保的理论价值

公司是市场经济的重要主体,是国民财富的重要创造者。截至 2021 年年底,我国登记在册的市场主体达到 1.54 亿户,其中企业达到 4842.3 万户。进入新发展阶段,面对国际国内市场的激烈竞争,公司是否具有活力成为决定我国经济能否持续、稳定、健康发展的重要因素。其中,妥善处理好公司对外担保纠纷属于重要环节和关键内容。

1. 担保制度在经济社会发展中发挥着重要作用。市场经济本质上属于信用经济,担保与信用经济之间关系密切。“国际层面越来越多的共识是,在整体上,担保之债会带来社会和经济的福利”。[②] 首先,担保作为典型的增信措施,是融通资金的重要手

---

① 参见周伦军:《公司对外提供担保的合同效力判断规则》,载《法律适用》2014 年第 8 期。

② [英]艾利斯·费伦:《担保债权的经济优势及担保利益之确定——以英国普通法为视角》,罗培新译,载《江淮论坛》2012 年第 2 期。

段,具有促进资金高效率运转的功能。“担保物权制度成长与蜕变,与经济发展、社会进步间,具有密切互动关系,与其谓担保制度是左右市场资金流量一只手,不如说经济发展需求是推动担保制度变革、前进的一只手,更为贴切。环顾国际经济情势,担保物权制度越健全周密,运用最多之国家,无疑是经济最繁荣、贸易最发达之国度。准此,一国各类担保如雨后春笋,四处窜起,似为令人忧心之乱象,但其实亦为该国经济繁荣、国力旺盛之可喜征象”。[①] 尤其当前,我国经济快速发展对资金产生了大量需求,担保作为经济活动中获取急需资金、促进交易秩序稳定及控制风险的一种手段,越来越被各类市场主体所使用。其次,担保是债权实现的基本保障。担保往往是为了保障债权实现而设置的,有担保的债权越多,越有利于债权的实现。现代民法发展的重要趋势就在于不断完善担保制度和丰富担保形式,进而产生尽可能鼓励担保的效果。最后,担保有助于充分发挥物的交换价值。担保的重要制度功能在于物尽其用、货畅其流。担保越发达,物的交换价值就越能被充分发挥出来。[②] 也正是基于担保制度对于经济社会发展的重要性,担保的形态也在不断发展完善。《民法典》第 388 条就不再将担保合同仅仅局限于“抵押合同、质押合同”,而是拓展到融资租赁、保理、所有权保留等“其他具有担保功能的合同”。2020 年 7 月 22 日,最高人民法院、国家发展和改革委员会发布的《关于为新时代加快完善社会

① 谢在全:《担保物权制度的成长与蜕变》,载《法学家》2019 年第 1 期。

② 参见王利明:《担保物权制度的现代化与我国〈民法典〉的亮点》,载《上海政法学院学报》2021 年第 1 期。

主义市场经济体制提供司法服务和保障的意见》(法发〔2020〕25号)第14条更是明确指出,要依据物权变动规则依法认定担保物权的物权效力,最大限度发挥担保制度的融资功能作用,促进商事交易健康发展。这就充分肯定了担保制度在当今经济社会发展中的推动作用。

2. 公司担保对公司健康有序发展至关重要。公司为他人提供担保不同于公司对自身债务进行担保,存在利弊两面性。一定情形下,向他人提供担保是公司维系持续经营发展的必要举措。从表面上看,对外提供担保并非直接为了公司自身的债务,但往往是为了保证公司获得远期或间接的各种商业利益,如维持好长期的合作信任关系、产业上下游关系等,特别是集团公司内部各子公司之间的担保,更是出于集团整体发展需要的考量。但在相当多情形下,公司为他人提供担保并非公司的真实意志体现。这种对外担保将公司置于与债务人承担连带责任的境地,极有可能损害公司、中小股东和其他债权人的利益,具有天然的缺陷和巨大的风险。也正是由于担保行为的特殊性以及对公司健康有序发展的两面性,决定了对待公司为他人提供担保行为需要秉持审慎态度。一方面,鉴于当前公司尤其是中小微企业面临的融资难、融资贵等情形,公司对外担保特别是集团公司之间的担保已经成为保障融资的重要渠道,[①]轻易否定公司对

---

① 有研究表明,在规模更小、冒险程度更高且违约可能性更大的公司中,担保的运用更为流行。一些经验研究表明,运用担保之债的主要是一些中小型公司。参见[英]艾利斯·费伦:《担保债权的经济优势及担保利益之确定》,罗培新译,载《江淮论坛》2012年第2期。

外担保的合同效力将对融资产生或多或少的影响。另一方面,为他人提供担保对公司的资本维持、资产稳定,对公司中小股东利益、其他债权人利益具有较大影响,尤其是上市公司之间以及其与母公司、子公司、关联企业之间互保以及连环担保的情况,往往是一家出现财务危机就会产生“多米诺骨牌效应”,带来系统性金融风险,因此又不得不考量最大限度地规范担保行为和抑制担保风险。

(二)研究公司对外担保的现实意义

1. 规范公司对外担保行为具备较强的现实紧迫性。公司对外担保问题在我国由来已久,一直是公司法领域较为关注的焦点问题。早在20世纪末和21世纪初,公司随意对外提供担保就发展到了令监管机构和社会公众严重关切的地步。当时,公司“滥保”现象较为严重,大股东利用担保侵占公司利益、掏空公司财产的状况不断涌现,极大地损害了公司、中小股东及一般债权人的利益。[①] 近年来,尽管有关监管机构三令五申,采取多种措施进行治理,但公司违规提供担保仍然是我国公司治理中需要重点关切的问题。据有关媒体报道,截至2017年8月18日,沪深两市865家上市公司所发布的2017年中报中,396家公司披露存在担保事项,担保余额高达685.77亿元,较2016年同期

---

① 根据国家权威机构2001年统计,我国1000多家上市公司中约超过40%为其大股东提供担保。2002年11月29日《财经时报》报道,上市公司为大股东担保可能涉及银行2700亿元的信贷资产。参见曹士兵:《公司法修订前后关于公司担保规定的解读》,载《人民司法(应用)》2008年第1期。

增长约 27.85%。据业内分析,一些企业存在的高担保额度或成为埋在其财务背后的一颗“暗雷”,若出现最坏情况,上市公司将面临另一种形式的资不抵债风险而可能破产。[①] 同样,据《证券日报》报道,2016 年至 2018 年存在担保情况的上市公司分别有 1745 家、1933 家和 2087 家。截至 2019 年上半年,有 2129 家上市公司存在担保情况。2019 年涉及上市公司的违规担保案件就有 61 起,其中 42 起被法院判决上市公司应承担责任,占比 68.8%。据不完全统计,2019 年度有超过 20 家上市公司因违规担保而退市或陷入退市风险,无数中小投资者损失惨重。[②] 例如,2019 年 4 月 10 日,*ST 刚泰(600687)就发布公告称,在部分借款纠纷案件中存在公司违规担保的嫌疑。经自查,相关担保均与公司控股股东上海刚泰矿业有限公司及其实际控制人徐某相关,且均未经公司有决策权限的决策机构批准。公司涉及违规担保 42 亿元,未偿还本息合计约 34 亿元。2019 年 8 月 31 日,辅仁药业(600781)发布公告称,因存在控股股东资金占用和违规担保行为,辅仁药业自 9 月 3 日起被实施其他风险警示。截至 2019 年 8 月 31 日,公司向控股股东辅仁药业集团有限公司及其关联方违规拆借资金余额 16.36 亿元,违规提供连带责任担保 1.40 亿元。2019 年 11 月 24 日,华仪电气(600290)发布公

---

① 参见《担保过高暗藏风险 50 家上市公司越“红线”》,载新浪财经网 2017 年 8 月 19 日,http://finance.sina.com.cn/roll/2017-08-19/doc-ifykcirz3061750.shtml。

② 参见汤友军等:《2019 年度上市公司诉讼观察》(上),载天同诉讼圈微信公众号 2020 年 3 月 30 日,https://mp.weixin.qq.com/s/aHM1GF5z-eka1RqXTYPzdg。

告称，在自查中发现存在违规担保、控股股东资金占用等情况，其确认为控股股东华仪集团及其他第三方等主债务人违规提供担保92,590万元。2019年12月20日，ST安通（600179）发布公告称收到上交所对ST安通、实际控制人郭某等人予以纪律处分的决定。上海证券交易所（以下简称上交所）查明，2017年3月1日至2019年4月23日，ST安通及其子公司为实际控制人郭某及其控制的泉州安华物流有限公司等9家公司的22笔借款违规提供担保，累计金额达20.73亿元，占公司2018年度经审计净资产的61.27%和2017年度经审计净资产的69.12%。除上述案例外，2019年度因违规担保陷入退市风险的还有ST威龙（603779）、ST华鼎（601113）、ST中天（600856）、ST中新（603996）、ST天成（600112）、ST天润（002113）、*ST赫美（002356）、ST围海（002586）、*ST欧浦（002711）、ST银河（000806）、*ST节能（000820）、*ST高升（000971）、ST成城（600247）、ST中南（002445）、ST远程（002692）、ST天宝（002220）等多家上市公司，此外还有大量待处置或未披露的上市公司违规担保争议。[①] 2020年乐视违规担保问题更是占据财经新闻的头条。2020年1月20日晚，乐视网信息技术（北京）股份有限公司发布业绩预告称，2019年预计亏损112.81亿～112.86亿元。其指出，公司违规对乐视体育担保案是导致公司

---

① 参见汤友军等：《2019年度上市公司诉讼观察》（上），载天同诉讼圈微信公众号2020年3月30日，https://mp.weixin.qq.com/s/aHM1GF5z-eka1RqXTYPzdg。

2019 年度巨额亏损的主要原因。[①]

除了市场层面不断有上市公司因违规提供担保而被“爆雷”外,从司法层面更是可以窥探出公司对外担保纠纷的日趋增长态势。有数据显示,2011 年全国法院受理的公司担保一审案件为 5.87 万件,起诉标的为 4200 亿元;2017 年全国法院公司担保一审案件数增长到 39.7 万件,起诉标的达 22.1 万亿元,案件数占到全国法院一审商事案件总数的近 10%。[②] 山东省济南市甚至为了规范公司对外担保问题,于 2019 年 8 月 2 日由市国资委发布了《济南市市属企业担保管理暂行办法》(征求意见稿),向社会征求意见。该暂行办法(征求意见稿)明确,市属企业及其权属企业不得向市属企业及其权属企业以外的其他企业和自然人提供担保。同时,对其他市属企业及其权属企业提供对外担保时,应当对担保事项和被担保人的信用情况、经营状况、偿债能力等相关情况调查掌握,评估风险;存在以下 9 种情况的,不得提供对外担保:(1)被担保人为非法人单位;(2)未按规定办理国有产权登记的企业;(3)担保事项不符合国家法律法规和国家产业政策规定;(4)为购买金融衍生品等高风险投资项目担保;(5)被担保人涉及重大经济纠纷或经济案件对其偿债能力具有实质不利影响的;(6)被担保人已进入改制重组、托管或破产

---

① 参见《乐视网去年预亏超 112 亿:正积极要求贾跃亭对关联债务负责》,载澎湃新闻 2020 年 1 月 20 日,https://baijiahao.baidu.com/s?id=1656245126925159157&wfr=spider&for=pc。

② 参见最高人民法院民事审判第二庭编著:《〈全国法院民商事审判工作会议纪要〉理解与适用》,人民法院出版社 2019 年版,第 178 页。

清算等程序的;(7)与本企业发生过担保纠纷、其他纠纷且仍未妥善解决的;(8)担保事项涉及的资产存在依法被查封、扣押、监管,或所有权、使用权不明或者存在有争议等情况;(9)其他存在担保风险的情况。[①] 2021年11月19日,国务院国有资产监督管理委员会发布《关于加强中央企业融资担保管理工作的通知》(国资发财评规〔2021〕75号),严格限制融资担保对象,要求中央企业严禁对集团外无股权关系的企业提供任何形式担保;原则上只能对具备持续经营能力和偿债能力的子企业或参股企业提供融资担保;不得对进入重组或破产清算程序、资不抵债、连续三年及以上亏损且经营净现金流为负等不具备持续经营能力的子企业或参股企业提供担保,不得对金融子企业提供担保,集团内无直接股权关系的子企业之间不得互保,以上三种情况确因客观情况需要提供担保且风险可控的,需经集团董事会审批;中央企业控股上市公司开展融资担保业务应符合《证券法》和证券监管等相关规定。由此可见,公司违规提供担保仍是制约和影响公司健康发展的重要障碍,也是影响市场秩序稳定的重要因素,亟须在法治轨道上对公司对外担保问题进行规制。

2. 规范公司对外担保行为有助于推进法治化营商环境建设。"营商环境"源于世界银行集团国际金融公司(IFC)的"Doing Business"项目调查,旨在全面收集并分析定量数据,针对全球190个经济体从"开办企业、办理施工许可、获得电力、登记

---

① 参见《市属企业10种情形不得提供对外担保》,载《济南日报》2019年8月3日,第1版。

财产、获得信贷、保护中小投资者、税费缴纳、跨境贸易、执行合同和办理破产”等10个领域,对各经济体中小企业全生命周期的商业监管环境进行比较后逐一排名,并发布年度《营商环境报告》。该报告对各国吸引投资乃至于经济和社会发展,产生了极其广泛的影响。[①] 根据世界银行公布的《2020年营商环境报告》,我国营商环境的全球便利度排名跃居全球第31名。其中,开办企业便利度大幅提升至第27位;少数投资者权益保护跃居第28名,大大提升了我国在公司登记与公司治理领域的国际影响力。究其排名上升的原因,被归结为将公司印章发放完全归入企业注册登记“一站式”服务;通过要求控股股东就不公平关联方交易承担连带责任,明晰所有权和控制结构,加强对少数投资者的保护等。与之相对应的,“获得信贷”指标的排名却连续四年下跌,其中缺乏全国统一的动产担保登记平台、未能实现全国范围内的动产担保登记、查询、撤销等功能是其重要原因。[②] 而公司对外担保恰恰与上述诸方面的改革紧密相连。它既涉及调整控股股东与中小股东之间的法律关系,也关涉公司对外担保的登记公示、公司印章对公司意志的表征等问题,都属于公司法律制度改革的基础性课题。因此研究公司对外担保问题,将其纳入法治化轨道解决,对于营造法治化营商环境具有重要意义。

---

① 参见罗培新:《优化营商环境视域下我国商事主体登记制度之完善》,载《华东政法大学学报》2021年第6期。

② 参见罗培新:《论世行营商环境评估“获得信贷”指标得分的修法路径》,载《东方法学》2020年第1期。

3.规范公司对外担保行为有助于实现公司治理现代化目标。自1993年实施至今，我国《公司法》已经历了1999年、2004年、2005年、2013年、2018年五次修改。目前正在启动并推进第六次《公司法》的修改工作。其中，完善公司法律制度，推进公司治理的现代化是其重要内容和关键命题。一直以来，公司为他人提供担保之所以引发各方关注，且观点不一，重要原因就在于公司对外担保涉及公司存续、发展的诸多方面。其中，在内部法律关系中表现为公司内部担保决议未能有效形成，从表面上看属于公司决议行为的效力评价问题，深层次则涉及公司董事、监事、高级管理人员与公司股东之间的利益平衡以及公司控股股东或实际控制人与中小股东之间的利益平衡问题；在外部法律关系则表现为公司意志未能有效表达，从表面上看涉及公司法定代表人代表权的行使、印章等公司意志载体效力的准确认定等问题，深层次则涉及公司法定代表人内外职权配置的一致性、作为担保人的公司与作为债权人的相对人的利益平衡等诸多问题。因此，公司对外担保问题涉及公司治理的重要内容，影响到公司运行的方方面面。研究公司对外担保问题，对于完善现行公司法律制度，推进公司治理的现代化进程具有重要价值。

二、公司对外担保的研究现状

自2005年我国《公司法》第16条确立公司对外担保规则之日起，有关公司对外担保问题特别是公司违规对外提供担保的合同效力，以及担保合同被认定无效或者不发生效力后公司是否应当承担民事责任，就成为理论界和实务界热议的话题。笔者通过中国法律知识资源总库,以“公司”+“担保”等关键词进行搜索,截至2021年年底,至少有200余篇期刊文章、学位论文专门探讨过公司对外担保问题。其中,不乏民商法学、经济法学学者的研究成果。例如,罗培新:《公司担保法律规则的价值冲突与司法考量》,载《中外法学》2012年第6期;施天涛:《〈公司法〉第16条的规范目的:如何解读、如何适用?》,载《现代法学》2019年第3期;高圣平:《公司担保相关法律问题研究》,载《中国法学》2013年第2期;高圣平:《公司担保中相对人的审查义务——基于最高人民法院裁判分歧的分析和展开》,载《政法论坛》2017年第5期;高圣平:《再论公司法定代表人越权担保的法律效力》,载《现代法学》2021年第6期;钱玉林:《寻找公司担保的裁判规范》,载《法学》2013年第3期;刘俊海:《公司法定代表人越权签署的担保合同效力规则的反思与重构》,载《中国法学》2020年第5期;杨代雄:《公司为他人担保的效力》,载《吉林大学社会科学学报》2018年第1期;梁上上:《公司担保合同的相对人审查义务》,载《法学》2013年第3期;邹海林:《公司代表越权担保的制度逻辑解析》,载《法学研究》2019年第5期;李建伟:《公司非关联性商事担保的规范适用分析》,载《当代法学》2013年第3期;何欢:《再议代表人越权对外担保的法律效力》,载《交大法学》2015年第2期;吴飞飞:《公司担保合同行为的最佳行为范式何以形成——公司越权担保合同效力认定的逆向思维》,载《法学论坛》2015年第1期。也有不少法官就公司对外担保问题撰文发表意见观点。例如,刘贵祥:《关于人民法院民商事审判若干问题的思考》,载《中国应用法学》2019年第5期;刘贵祥:《公司担保与合同效力》,载《法律适用》2012年第7期;

周伦军:《公司对外提供担保的合同效力判断规则》,载《法律适用》2014 年第 8 期;曹士兵:《公司法修订前后关于公司担保规定的解读》,载《人民司法(应用)》2008 年第 1 期;曹士兵:《我国新公司法关于公司担保能力的规定评述——重温最高人民法院中福实业公司担保案》,载《法律适用》2006 年第 6 期;陈敏、李珍珠:《公司对外担保效力认定的裁判转向——以债权人审查义务为中心》,载《法律适用》2018 年第 24 期。

经过对学界和实务界研究现状的梳理可以发现,有关公司对外担保的研究成果不少,甚至可以说在相当长时期内公司对外担保问题都处于民商法尤其是公司法领域的研究热点位置,属于"显学"。同时,这种研究也在不同时期呈现各自的阶段性特征。2019 年 11 月 8 日,最高人民法院发布了《全国法院民商事审判工作会议纪要》(以下简称《九民会纪要》);2020 年 12 月 31 日,又发布了《关于适用〈中华人民共和国民法典〉有关担保制度的解释》(以下简称《民法典担保制度司法解释》)。在这之前相当长的时间内,有关公司对外担保的争论一直围绕《公司法》第 16 条的规则属性判断上,即该条款究竟属于影响合同效力的效力性强制性规定还是不影响合同效力的管理性强制性规定,至于该条款的立法本意以及制定初衷却较少被关注或提及,这就使对公司对外担保规则缺乏历史脉络、立法本意、规则衔接等众多领域的系统化、体系性的检讨,而这恰恰有助于对这一条款的准确理解、科学把握。在《九民会纪要》和《民法典担保制度司法解释》相继出台后,最高人民法院将《公司法》第 16 条定性为对公司法定代表人的代表权限制,虽然一定程度上使公司对外担保问题的研究摆脱了合同法的思维桎梏,但仍然较多地围绕《民法典担保制度司法解释》具体条款以及《九民会纪要》相关规则的解读上,更多的是一种规范分析的视角,从公司法理念或者价值层面分析公司对外担保问题的并不多,尤其是公司对外担保问题透射出的有关强制性规定之于合同效力影响、公司意志代表问题、公司内部决议的外部拘束力问题,以及《民法典》出台后对公司对外担保问题的影响等方面的研究较少。而这也是本研究的立足点或者说着眼点所在。

至于域外情况,从英国、美国、日本、德国等有关规定与做法来看,允许公司对外提供担保业已成为较为普遍的经济和法律现象。比较有代表性的,如美国《特拉华州普通公司法》第 143 条、英国《2006 年公司法》第 207 条、日本《公司法》第 356 条等都对公司对外提供担保持开放态度。但在赋予公司一定担保能力的同时,大多数国家和地区也对公司对外担保行为进行了一定程度的规范。且基于域外国家和地区股权较为分散的特点,公司治理上呈现“强管理者、弱所有者”的特征,其治理的重心在于解决“所有者—管理者”的代理成本问题,而非类似我国公司对外担保纠纷中控股股东操作公司资产损害公司和中小股东的利益冲突。也正是因为公司对外担保并非影响公司运营和经济运行的重要问题,域外国家和地区关于公司对外担保的研究动因并不强烈,直接关于公司对外担保问题的研究并不像我们国家这样凸显。

三、公司对外担保的研究方法

1. 比较研究方法。认真梳理美国、英国等英美法系国家及日本、德国、法国、我国台湾地区等大陆法系国家和地区就公司为他人提供担保的制度规则、司法实践、经验做法，深入分析域外国家和地区针对公司对外担保问题的基本态度、发展趋势以及处理公司对外担保纠纷的相关规则，为有效应对公司对外担保问题提供参考与借鉴。

2. 实证研究方法。运用司法大数据对全国法院涉公司对外担保纠纷的裁判情况进行系统梳理，尤其针对最高人民法院以及各地高级人民法院和部分中级人民法院近五年来办理的几百件公司对外担保案件进行深入分析，就各地法院的审理思路、裁判口径、裁量尺度等进行实证调研，剖析公司对外担保案件适法不统一的具体类型、症结原因。

3. 规则分析方法。围绕公司对外担保规则本身所引发的争议，对《公司法》第 16 条本身进行文义、历史、功能以及体系等诸多方面的解释分析，认真探究该条款的立法本意，尤其在《民法典》出台后倡导在整个民商事法律体系下对其进行科学解读、准确适用。

4. 价值分析方法。深入研究与公司对外担保紧密相连的违法合同效力认定、公司意志代表以及公司决议外部拘束力等规则，研究基于这一问题所引发的民商事审判中的系统思维、商事思维、利益平衡思维以及交易安全思维，从推动经济高质量发展、维护社会整体安全、债权人整体保护观等层面来对公司对外担保行为进行分析评判。

第一章　公司对外担保的规范指引

自近代以来，我国《公司法》发展中带有法律移植的深刻痕迹。这种法律移植对探究公司法上诸多法律制度的设立背景、规范目的以及立法初衷等因素，多少会带来一定的困难与掣肘。但所幸的是，《公司法》第16条即公司对外担保的规定，几乎完全是本土发展的产物。这样一方面有助于梳理公司对外担保规范产生、发展的演变过程；另一方面也省却了法律移植与现实社会两重性的基本考量。[①] 对公司对外担保问题的研究，首先应当从立法例上进行规范层面的分析。

第一节　公司对外担保的法律法规规定

一、有关公司对外担保的法律规定

在《民法通则》（已废止，下同）颁布之前，我国基本上没有关

① 参见钱玉林：《公司法第16条的规范意义》，载《法学研究》2011年第6期。

于担保制度的立法。《民法通则》第 89 条[①]规定了四种担保形式,即保证、抵押、定金和留置。这是新中国在担保领域的首次立法。[②] 但《民法通则》并未就公司对外担保问题作出相应的规定。

(一)1993 年《公司法》有关公司对外担保的规定

1993 年《公司法》首次从法律层面就公司对外担保问题作出了明确规定。该法第 60 条第 3 款规定,董事、经理不得以公司资产为本公司的股东或者其他个人债务提供担保。同时在第 214 条第 3 款明确了违规提供担保的法律后果,即董事、经理违反《公司法》规定,以公司资产为本公司的股东或者其他个人债务提供担保的,责令取消担保,并依法承担赔偿责任,将违法提供担保取得的收入归公司所有。情节严重的,由公司给予处分。这体现了 1993 年《公司法》就公司董事、经理等对外提供担保的禁止立场。之所以作如此的制度安排,现存的立法资料并未有太多介绍。针对该条款,学界大多认为,相较于其他国家或者地区的公司立法例,1993 年《公司法》第 60 条第 3 款从董事、经理的义务和责任等角度来限制公司对外担保的立法模式,尤其第 214 条规定了违反第 60 条第 3 款的法律后果,用颇具行政化色彩的用语来叙述民事行为的法律后果,存在规范结构混乱、法理未明的缺陷,造成学说上和司法实践中对该规范的解释和适用

---

① 已废止,对应《民法典》第 394 条第 1 款、第 420 条第 1 款、第 425 条第 1 款、第 447 条第 1 款、第 586 条第 1 款、第 681 条。

② 参见刘贵祥:《民法典关于担保的几个重大问题》,载《法律适用》2021 年第 1 期。

存在比较激烈的争议。[①] 之后于1995年颁布的《担保法》(已废止,下同),对公司对外担保问题的规定主要集中在第10条,[②]即企业法人的分支机构、职能部门不得为保证人。企业法人的分支机构有法人书面授权的,可以在授权范围内提供保证。根据这一条款规定,企业法人的分支机构原则上不能为他人的债务提供保证,但经法人书面授权则可以。

(二)2005年《公司法》有关公司对外担保的规定

2005年《公司法》较之1993年《公司法》对公司对外担保问题作了实质性的调整。该法共有8个条文11处出现"担保"一词,其中第16条、第105条、第122条、第149条共同构成了公司对外担保的法律规范体系。这主要体现在:一是明确了允许公司对外提供担保的基本立场。第149条第1款第3项规定,董事、高级管理人员不得"违反公司章程的规定,未经股东会、股东大会或者董事会同意,将公司资金借贷给他人或者以公司财产为他人提供担保"。通过该条款可以反向推导出,董事、高级管理人员可以按照公司章程的规定,经董事会、股东会或者股东大会同意后以公司财产为他人提供担保。由此2005年《公司法》承认了公司具有对外提供担保的权利能力,改变了1993年《公司法》禁止公司董事、经理对外提供担保的立场。二是在总则部分明确了公司对外提供担保决议的形成规则。即第16条规定:"公司向其他企业投资或者为他人提供担保,依照公司章程的规

① 参见钱玉林:《公司法第16条的规范意义》,载《法学研究》2011年第6期。

② 已废止,对应《民法典》第74条第2款。

定，由董事会或者股东会、股东大会决议；公司章程对投资或者担保的总额及单项投资或者担保的数额有限额规定的，不得超过规定的限额。公司为公司股东或者实际控制人提供担保的，必须经股东会或者股东大会决议。前款规定的股东或者受前款规定的实际控制人支配的股东，不得参加前款规定事项的表决。该项表决由出席会议的其他股东所持表决权的过半数通过。”其中，第16条第1款是对公司为他人提供一般担保的规定，第2款则是对公司为股东或者实际控制人提供关联担保的规定。三是明确了股东大会对公司对外担保的决议权。即第105条规定，《公司法》和公司章程规定公司转让、受让重大资产或者对外提供担保等事项必须经股东大会作出决议的，董事会应当及时召集股东大会会议，由股东大会就上述事项进行表决。四是规定了公司对外担保的特殊情形。即第122条规定，“上市公司在一年内购买、出售重大资产或者担保金额超过公司资产总额百分之三十的，应当由股东大会作出决议，并经出席会议的股东所持表决权的三分之二以上通过”。就上市公司这一特殊主体，通过严格规范对外提供担保的担保金额、决议形成程序，借以保护中小股东和公司其他债权人的合法权益。2005年之后，《公司法》虽历经2013年、2018年两次修正，但其第16条规定并未发生变化。

针对2005年《公司法》有关公司对外担保的制度安排，有学者指出，立法者的期望并非放宽对公司董事、经理权力的限制，而是将公司对外担保这样一份风险与机遇并存的事务交由公司自主决定，以公司章程或者有权机构的决议保障其在不损害公司利益的正常轨道上运行，是从1993年《公司法》时代的“绝对禁止"到2005年《公司法》的"程序性控制"。[①] 也有学者提出,2005年《公司法》有明显改进,但也有疏漏:第一,从反面解释来看,《公司法》第149条解禁了公司对外担保行为,董事、高级管理人员可以按照公司章程的规定,经董事会或者股东会、股东大会同意后对外提供担保。但如果董事、高级管理人员违反公司章程的规定,未经董事会或者股东会、股东大会同意,擅自对外提供担保的,该越权担保行为在公司与被担保人之间效力如何,无法援引《公司法》予以解决。第二,《公司法》第16条第1款强调了公司章程在公司对外担保事项的规划功能,但在公司章程对公司对外提供担保事项未作任何规定时,公司应当遵循何种程序使其对外担保行为有效?以担保为业的担保公司,若其章程规定公司对外担保不必由董事会或股东会、股东大会决议,这是否会因违反第16条而陷入无效?公司章程对担保的总额及单项担保的数额有限额规定,但公司对外担保超过了限额的,该担保行为是有效、无效抑或效力待定?《公司法》并未对这些问题提供答案。第三,《公司法》第16条第2款和第3款严格控制公司的关联性担保,以防止董事会或者股东会、股东大会被公司股东或者实际控制人所操纵,但没有董事会和股东会的一人公司对外担保,是否适用第16条的规定?只设执行董事、不设董事会的有限责任公司,其章程能否授权执行董事决定对外担保?等等。《公司法》亦未对这些问题提供答案。第四,《公司法》第105条规定了公司就对外担保等重大事项的股东大会决议权,第

---

① 参见甘培忠、马丽艳:《公司对外担保制度的规范逻辑解析——从〈公司法〉第16条属性认识展开》,载《法律适用》2021年第3期。

122 条严格控制上市公司对外提供担保,借此保护中小股东的合法权益。而这两条是强制性规范抑或是任意性规则?违反此条款是否会影响公司对外提供担保行为的效力,诸多问题尚存疑义。[①] 对于上述商榷意见,依笔者看来,不宜一概而论。有些属于法律解释学的范畴,如针对《公司法》第 105 条或者第 122 条性质的理解,更多地需要交给司法机关来理解和适用;有些属于整个公司法律体系需要进一步细化明确的范畴,如专门从事担保业务的公司是否一体适用第 16 条等规定,是否作为特例处理;有些则属于其他法律需要解决的范畴,如违反《公司法》第 16 条规定签订的担保合同,其效力如何更多地应当交由《合同法》(已废止,下同)等交易法去解决,由《公司法》这样一部组织法来明确担保合同的效力问题,一定程度上属于其"不能承受之重"。这也是实践中《公司法》第 16 条引发诸多争议的重要原因。

二、有关公司对外担保的司法解释

(一)最高人民法院《关于适用〈中华人民共和国担保法〉若干问题的解释》

2000 年最高人民法院《关于适用〈中华人民共和国担保法〉若干问题的解释》(以下简称《担保法司法解释》已废止,下同)在 1993 年《公司法》和 1999 年《合同法》的基础上,就公司对外

① 参见曾大鹏:《公司越权对外担保的效力研究——基于法律解释方法之检讨》,载《华东政法大学学报》2013 年第 5 期。

担保问题作出了相应的规定。其中,《担保法司法解释》第 4 条[①]规定,董事、经理违反《公司法》第 60 条的规定,以公司资产为本公司的股东或者其他个人债务提供担保的,担保合同无效。除债权人知道或者应当知道的外,债务人、担保人应当对债权人的损失承担连带赔偿责任。第 11 条[②]规定,法人或者其他组织的法定代表人、负责人超越权限订立的担保合同,除相对人知道或者应当知道其超越权限的以外,该代表行为有效。单纯从这两个条款的文义表述看,第 4 条是对 1993 年《公司法》第 60 条第 3 款的进一步解释,而第 11 条则是对《合同法》第 50 条[③]立法精神的一种延续。由于这两个条款分别解释的对象——1993 年《公司法》第 60 条和 1999 年《合同法》第 50 条[④]的旨趣各异,前者禁止公司董事、经理对外担保,而后者认为构成表见代表的对外担保行为有效,[⑤]由此也导致这两个司法解释条款在适用上引发了一定的疑问。例如,在债权人不知道且不应当知道董事、经理越权代表公司对外担保时,依照《担保法司法解释》第 4 条[⑥]后段,债务人、担保人应当对债权人的损失承担连带赔偿责任,亦即公司对无效担保承担缔约过失责任;而依据《担保法司法解释》第

---

① 已废止,对应《民法典担保制度司法解释》第 7 条。

② 已废止,对应《民法典》第 504 条和《民法典担保制度司法解释》第 7～10 条。

③ 已废止,对应《民法典》第 504 条。

④ 已废止,对应《民法典》第 504 条。

⑤ 参见曾大鹏:《公司越权对外担保的效力研究——基于法律解释方法之检讨》,载《华东政法大学学报》2013 年第 5 期。

⑥ 已废止,对应《民法典担保制度司法解释》第 7 条。

11条[①],在上述情形中将成立董事、经理的表见代表,公司须承担有效担保的合同责任。

(二)《九民会纪要》

2017年12月,最高人民法院民事审判第二庭第七次法官会议就公司对外担保问题专门形成法官会议纪要(以下简称《会议纪要》)。《会议纪要》针对“公司法定代表人或者其他人员违反法定程序即未经股东(大)会或董事会决议而擅自实施的以公司名义对外担保行为的效力认定”问题,认为公司依照《公司法》第16条规定的程序为他人提供担保且不具有其他合同无效情形的,应认定担保合同有效。公司的法定代表人、其他人员等行为人未按《公司法》第16条的规定以公司名义为他人提供担保,但符合《合同法》第50条[②]、第49条[③]的规定或者公司事后予以追认的,应认定该担保行为有效;依法不构成表见代表、表见代理或者公司不予追认的,应认定该担保合同对公司不发生效力。[④]

2019年7月,最高人民法院审判委员会专职委员刘贵祥大法官在全国法院民商事审判工作会议上强调,关于公司为他人提供担保的合同效力问题,实践中裁判尺度不统一,严重影响了司法公信力,有必要予以统一。对于公司对外担保问题,他提出要把握以下三点:一是违反《公司法》第16条构成越权代表。在

---

① 已废止,对应《民法典》第504条和《民法典担保制度司法解释》第7~10条。

② 已废止,对应《民法典》第504条。

③ 已废止,对应《民法典》第172条。

④ 参见贺小荣主编:《最高人民法院民事审判第二庭法官会议纪要——追寻裁判背后的法理》,人民法院出版社2018年版,第190~193页。

他看来，《公司法》第 16 条为防止法定代表人随意代表公司对外提供担保给公司造成损失，损害中小股东利益，对法定代表人的代表权进行了限制。这意味着担保行为不是法定代表人所能单独决定的事项，而必须以公司股东(大)会、董事会等公司机关的决议作为授权的基础和来源。就体系解释的角度而言，法定代表人未经授权，自然构成越权代表，应适用《合同法》第 50 条[①]关于法定代表人越权代表的规定来认定担保合同的效力，而不应将《公司法》第 16 条理解为效力性强制性规定或者管理性强制性规定，再依据《合同法》第 52 条第 5 项[②]或者《民法总则》第 153 条[③]认定担保合同的效力。否则，法律关于越权代表的规定将被架空。在今后的民商事审判中，对《公司法》第 16 条的解释应当统一到"代表权的法定限制"的解释路径上来。二是相对人善意时，担保合同有效。根据《民法总则》第 61 条[④]及《合同法》第 50 条[⑤]的规定，在相对人为善意，法定代表人的行为构成表见代表的情况下，法定代表人超越权限与相对人签订担保合同有效，公司以法定代表人超越权限为由提出的抗辩不能得到支持。这就涉及对善意的判断问题。一般而言，善意应当是指相对人不知道或者不应当知道法定代表人越权签订担保合同。《公司法》第 16 条对关联担保和非关联担保的决议机关问题作了区别规定，因此对善意的判断亦应有所区别。一种情形是，为公司股

---

① 已废止，对应《民法典》第 504 条。
② 已废止，对应《民法典》第 153 条第 1 款。
③ 已废止，对应《民法典》第 153 条。
④ 已废止，对应《民法典》第 61 条。
⑤ 已废止，对应《民法典》第 504 条。

东、实际控制人等与公司有关联关系的主体提供担保,《公司法》第16条明确规定须由股东(大)会决议,未经股东(大)会决议的,构成越权代表。因此,相对人主张担保合同有效的,应提供证据证明其在订立合同时对股东(大)会文件进行了审查,文件所记载的内容符合《公司法》第16条的规定,即在排除被担保股东表决权的情况下,1/2以上股东表决同意。相对人能够提供上述证明的,应认定其构成善意。如果相对人仅能够证明其审查了董事会决议,即便董事会决议真实存在,因此时董事会非法定的决议机关,相对人亦不构成善意。另一种情形是,公司为不具有关联关系的其他主体提供担保,《公司法》第16条规定,由公司章程规定是董事会决议还是股东(大)会决议。无论章程是否对决议机关作了规定,也无论章程规定决议机关为董事会还是股东(大)会,由于《民法总则》第61条①规定,公司章程及公司机关对法定代表人代表权的限制,不得对抗善意相对人,因此,只要相对人能够证明其在签订担保合同时对董事会文件或股东(大)会文件的二者之一进行了审查,且文件记载内容符合《公司法》第16条的规定,即可认定相对人善意。但是,公司能够证明相对人明知公司章程对决议机关有明确规定的除外。他提出,上述两种情况对机关决议文件内容的审查一般限于形式审查,只要求尽到必要的注意义务,标准不宜太过严苛。公司以机关决议系行为人伪造或变造、决议形式程序违法、签章(名)不实、担保金额超过法定限额等事由抗辩的,人民法院不应支持。当然,公司能够证明相对人明知上述情形的,相对人显非善意。实

① 已废止,对应《民法典》第61条。

践中存在下列情形的,即便没有公司机关决议,也应当认定担保合同符合公司的真实意思表示,从而认定担保合同有效:第一,公司是以为他人提供担保为主营业务的担保公司,或者是开展独立保函业务的银行和非银行金融机构;第二,公司与主债务人之间存在相互担保等商业合作关系;第三,公司为其直接或间接控制的公司开展经营活动向债权人提供担保;第四,担保合同系由单独或者共同持有公司 2/3 以上有表决权的股东签字同意。三是关于公司担保无效的法律后果。法定代表人超越代表权限订立的担保合同无效,债权人请求公司承担担保责任的,人民法院不予支持,但可以按照《担保法》及有关司法解释关于担保无效的规定处理。公司举证证明债权人明知法定代表人超越权限或者机关决议系伪造或者变造,债权人请求公司承担合同无效后的民事责任的,人民法院不予支持。①

全国法院民商事审判工作会议之后,《九民会纪要》于 2019 年 9 月 11 日经最高人民法院审判委员会民事行政专业委员会第 319 次会议原则通过。《九民会纪要》本着“急用先立”的精神,围绕公司对外担保问题设置了 7 个条款。其中,第 17 条系“违反《公司法》第 16 条构成越权代表”条款,该条款是有关越权担保效力判断规则的一般性规定;第 18 条系“善意的认定”条款,主要涉及如何认定相对人的善意问题;第 19 条系“无须机关决议的例外情况”条款;第 20 条系“越权担保的民事责任”条款;第 21 条系“权利救济”条款;第 22 条系“上市公司为他人提供担

① 参见最高人民法院民事审判第二庭编著:《〈全国法院民商事审判工作会议纪要〉理解与适用》,人民法院出版社 2019 年版,第 74 ~ 76 页。

保”条款，主要涉及上市公司为他人提供担保的合同效力的认定；第23条系“债务加入准用担保规则”条款，主要就之前法律并未规定的债务加入行为如何处理提供一定的规范。

（三）《民法典担保制度司法解释》

为了配合和保障《民法典》的有效实施，2020年12月25日最高人民法院审判委员会第1824次会议审议通过了《民法典担保制度司法解释》。《民法典担保制度司法解释》第7～12条专门就公司对外担保问题作出了规定。其中，第7条系关于公司法定代表人超越权限为他人提供担保的效力规定，第8条系公司对外担保时无须机关决议的例外情形的规定，第9条系有关境内上市公司对外提供担保的规定，第10条系一人公司为其股东提供担保的效力及后果的规定，第11条系有关公司分支机构对外提供担保的效力规定，第12条是关于债务加入可以参照有关公司为他人提供担保的规则处理的规定。

相较于《九民会纪要》中有关公司对外担保的规定，《民法典担保制度司法解释》与《九民会纪要》在总的基调和观点上保持了一致性，都将《公司法》第16条定性为对公司法定代表人代表权进行限制的权限性规范，都主张对于法定代表人违规提供担保的行为采用越权代表的处理思路。但与此同时，《民法典担保制度司法解释》在继承《九民会纪要》的基础上，又作出了一些新的发展和创新。这种发展体现在：

第一，《民法典担保制度司法解释》依据《民法典》的规定对越权代表的法律效果进行了新的阐释。在《九民会纪要》中，法定代表人未经授权擅自为他人提供担保的，要区分订立合同时债权人是否善意分别认定合同效力：债权人善意的，合同有效；反之，合同无效。而《民法典担保制度司法解释》根据《民法典》第 61 条和第 504 条有关越权代表的新规定，明确相对人善意的，担保合同对公司发生效力；相对人非善意的，担保合同对公司不发生效力。尤其针对相对人“非善意”的情形下，法律效果由“合同无效”修改为“对公司不发生效力”，即将相对人善意与否与担保合同能否对公司发生效力相关联，而不是与担保合同效力本身相关联，①更加符合法律的精神实质。

第二，《民法典担保制度司法解释》结合我国公司治理实际限缩了无须公司决议的情形。《九民会纪要》为防止公司以缺乏决议为由，恶意逃避其担保责任，针对实践中虽然没有公司决议但对外担保并不违背公司真实利益的四种情形予以认可。经过一年多的实践，司法机关发现确有必要对无须公司决议的情形予以规范，同时也存在因范围过大而影响公司的运营安全，甚至出现一些公司尤其是上市公司法定代表人利用公司对外提供担保输送利益的情形。为此，《民法典担保制度司法解释》修订了《九民会纪要》有关“无需公司决议”的情形。一是删除了《九民会纪要》第 19 条第 3 项中“公司与主债务人之间存在相互担保等商业合作关系”的规定。这主要是因为相互担保极容易造成一家企业出事而全体参保企业跟着遭殃的不良社会后果，而且容易给人以两个违法行为反而导致合法效果的感觉。② 二是将

① 参见王毓莹：《公司担保规则的演进与发展》，载《法律适用》2021 年第 3 期。

② 参见最高人民法院民事审判第二庭：《最高人民法院民法典担保制度司法解释理解与适用》，人民法院出版社 2021 年版，第 143 页。

公司向下游公司提供担保的情形由《九民会纪要》中的“为其直接或者间接控制的公司开展经营活动向债权人提供担保”限缩为“为其全资子公司开展经营活动提供担保”,更有利于防止大股东通过公司担保进行利益输送,有利于保护公司及其中小股东的合法利益。三是明确规定上市公司对外提供担保,不适用《民法典担保制度司法解释》关于“公司为其全资子公司开展经营活动提供担保”和“担保合同系由单独或者共同持有公司三分之二以上对担保事项有表决权的股东签字同意”等无须公司决议的规定。

第三,《民法典担保制度司法解释》结合司法实践提高了审查义务标准。在公司对外担保问题上,《九民会纪要》课以债权人以形式审查义务,认为“只要求尽到必要的注意义务即可,标准不宜太过严苛”。这种形式审查义务只需要债权人对于公司对外提供担保时是否通过公司决议程序履行“必要的注意义务”,其标准相对宽松。《民法典担保制度司法解释》在《九民会纪要》关于善意认定标准上,并未简单沿袭,而是“进一步强化相对人的审查义务”①。一方面,审查义务的对象不再是“债权人”,而修改为“相对人”,范畴较之以往有所拓展;另一方面,相对人要“有证据证明已对公司决议进行了合理审查”,人民法院才“应当认定其构成善意”。这种“合理审查”显然比《九民会纪要》中所采用的“形式审查”标准内容更丰富、标准更高。

第四,《民法典担保制度司法解释》重塑了上市公司对外担

① 参见最高人民法院民事审判第二庭:《最高人民法院民法典担保制度司法解释理解与适用》,人民法院出版社 2021 年版,第 133 页。

保的规则。根据《民法典担保制度司法解释》,上市公司对外提供担保是否对公司发生效力,不仅要根据《公司法》第 16 条由董事会或者股东大会决议,而且要通过公告等形式对决议公开披露。换言之,就上市公司而言,无公告,即无责任。这主要是因为上市公司作为公众公司,有别于普通公司,涉及大量中小投资者的利益。上市公司违规对外提供担保,会严重影响投资者的利益和证券市场的健康发展,故《民法典担保制度司法解释》将上市公司是否履行信息披露等公告义务与担保合同的效力产生关联。首先,《民法典担保制度司法解释》对上市公司课以严格的信息披露义务,倒逼上市公司及时履行信息披露等公告义务,否则就将因信息披露不及时、缺乏公告而承担对外担保的合同责任。其次,《民法典担保制度司法解释》明确了与上市公司签订担保合同的相对人的审查义务,明确判断相对人是否具有善意,能否要求上市公司承担担保责任取决于上市公司是否发布过相关公告。因为根据《民法典担保制度司法解释》,对上市公司而言,虽然有公司决议,但没有发布公告,上市公司不需要承担担保责任;虽然没有公司决议,但发布过公告,上市公司仍然要承担担保责任。[①] 最后,对外担保不发生效力的后果不同。一般公司在担保合同对其不发生效力的情况下,虽然不承担担保责任,但仍需要承担一定的赔偿责任;但上市公司在担保合同对其不发生效力的情况下,不需要承担任何"担保责任或者赔偿责任"。

① 参见王毓莹:《公司担保规则的演进与发展》,载《法律适用》2021 年第 3 期。

三、有关公司对外担保的部门规章

鉴于我国之前在立法层面并未对公司对外担保问题予以有效规制，上市公司大股东“一股独大”，滥用控股优势，借助银行违规操作，以公司担保方式向上市公司转嫁风险，许多“提款机式”担保和“担保黑洞”层出不穷，[①]证监会等相关部门多次发布专门规制公司特别是上市公司对外提供担保的部门规章。

（一）中国证监会[②]《关于上市公司为他人提供担保有关问题的通知》

《关于上市公司为他人提供担保有关问题的通知》（证监公司字〔2000〕61 号）虽然已失效，但当时是针对上市公司的“限制担保令”。“为了保护投资者的合法权益和上市公司财产安全，防范证券市场风险”，就上市公司为他人提供担保作了 10 条规定。其中第 7 条规定，上市公司应当完善内部控制制度，未经公司股东大会或者董事会决议通过，董事、经理以及公司的分支机构不得擅自代表公司签订担保合同。并在第 2 条、第 4 条、第 5 条、第 10 条中强化了上市公司对外担保的“内控精神”，影响深远，为此后相关文件所沿袭和拓展。

（二）中国证监会《关于证券公司担保问题的通知》

《关于证券公司担保问题的通知》（证监发〔2001〕69 号，已

① 参见刘贵祥：《合同效力研究》，人民法院出版社 2012 年版，第 286 页。

② 2018 年机构改革后为中国银行保险监督管理委员会，下同。

废止)“为规范证券公司的担保行为,防范证券公司提供担保可能产生的风险”,就证券公司担保问题作了6条规定。该通知规定,根据《关于调整证券公司净资本计算规则的通知》①,净资本额达不到证监会规定的综合类证券公司净资本最低标准(人民币2亿元)的证券公司不得为他人提供担保。有条件提供担保的证券公司必须在会计报表附注和净资本情况的说明中详细披露其担保事项。证券公司提供的担保额不得超过其净资产额的20%。各证券公司应严格遵守中国证券业协会《关于禁止股票承销业务中融资和变相融资行为的行业公约》,禁止在股票承销过程中为企业提供贷款担保。证券公司不得为以买卖股票为目的的客户贷款提供担保。

(三)中国证监会、国务院国有资产监督管理委员会《关于规范上市公司与关联方资金往来及上市公司对外担保若干问题的通知》

《关于规范上市公司与关联方资金往来及上市公司对外担保若干问题的通知》(证监发〔2003〕56号,已被修改)系中国证券监督管理委员会、国务院国有资产监督管理委员会联合下发。② 该通知“为进一步规范上市公司与控股股东及其他关联方的资金往来,有效控制上市公司对外担保风险,保护投资者合法权益”作了5条规定。其中,第2条“严格控制上市公司的对外

---

① 已废止。

② 已被2017年12月7日中国证监会《关于修改、废止〈证券公司次级债管理规定〉等十三部规范性文件的决定》修改。

担保风险”中规定,“上市公司全体董事应当审慎对待和严格控制对外担保产生的债务风险,并对违规或失当的对外担保产生的损失依法承担连带责任。控股股东及其他关联方不得强制上市公司为他人提供担保。上市公司对外担保应当遵守以下规定:(一)上市公司不得为控股股东及本公司持股50%以下的其他关联方、任何非法人单位或个人提供担保。(二)上市公司对外担保总额不得超过最近一个会计年度合并会计报表净资产的50%。(三)上市公司《章程》应当对对外担保的审批程序、被担保对象的资信标准做出规定。对外担保应当取得董事会全体成员2/3以上签署同意,或者经股东大会批准;不得直接或间接为资产负债率超过70%的被担保对象提供债务担保。(四)上市公司对外担保必须要求对方提供反担保,且反担保的提供方应当具有实际承担能力。(五)上市公司必须严格按照《上市规则》《公司章程》的有关规定,认真履行对外担保情况的信息披露义务,必须按规定向注册会计师如实提供公司全部对外担保事项。(六)上市公司独立董事应在年度报告中,对上市公司累计和当期对外担保情况、执行上述规定情况进行专项说明,并发表独立意见”。

(四)中国证监会、中国银行业监督管理委员会《关于规范上市公司对外担保行为的通知》

《关于规范上市公司对外担保行为的通知》(证监发〔2005〕120号,已废止)“为规范上市公司对外担保行为和银行业金融机构审批由上市公司提供担保的贷款行为,有效防范上市公司对外担保风险和金融机构信贷风险”,就上市公司对外担保有关问题作出了相应的规定,进一步严格控制上市公司对外担保行为。主要表现在:第一,禁止上市公司的章程对公司对外担保事项保持“沉默”,要求上市公司对外担保必须经董事会或股东大会审议;且上市公司《公司章程》应当明确股东大会、董事会审批对外担保的权限及违反审批权限、审议程序的责任追究制度。第二,扩大了《公司法》第16条和第121条须经股东大会审批的对外担保事项。即“须经股东大会审批的对外担保,包括但不限于下列情形:1.上市公司及其控股子公司的对外担保总额,超过最近一期经审计净资产50%以后提供的任何担保;2.为资产负债率超过70%的担保对象提供的担保;3.单笔担保额超过最近一期经审计净资产10%的担保;4.对股东、实际控制人及其关联方提供的担保”。第三,课以被担保债权人审查义务,要求银行业金融机构必须认真审核相关事项,包括:由上市公司提供担保的贷款申请的材料齐备性及合法合规性;上市公司对外担保履行董事会或股东大会审批程序的情况;上市公司对外担保履行信息披露义务的情况;上市公司的担保能力;贷款人的资信、偿还能力等其他事项。根据该通知的规定,一方面将完善内部控制制度的要求从担保人上市公司扩及担保权人银行业金融机构,即从单控转变为双控。另一方面不但规定了银行业金融机构就上市公司对外担保履行董事会或股东大会审批程序的情况、履行信息披露义务的情况之“形式审查”义务,还规定了其对上市公司担保能力的“实质审查”义务。①

---

① 参见曾大鹏:《公司越权对外担保的效力研究——基于法律解释方法之检讨》,载《华东政法大学学报》2013年第5期。

（五）国务院批转证监会《关于提高上市公司质量意见的通知》

《关于提高上市公司质量意见的通知》（国发〔2005〕34 号）指出，上市公司是资本市场发展的基石。由于受体制、机制、环境等因素影响，相当一批上市公司法人治理结构不完善、运作不规范、质量不高，严重影响了投资者的信心，制约了资本市场健康稳定发展。“为全面深入贯彻落实《国务院关于推进资本市场改革开放和稳定发展的若干意见》[①]（国发〔2004〕3 号），切实保护投资者的合法权益，促进资本市场持续健康发展”，该意见就提高上市公司质量提出了 26 条意见。其中，在第 11 条“坚决遏制违规对外担保”中规定“上市公司要根据有关法规明确对外担保的审批权限，严格执行对外担保审议程序。上市公司任何人员不得违背公司章程规定，未经董事会或股东大会批准或授权，以上市公司名义对外提供担保。上市公司要认真履行对外担保情况的信息披露义务，严格控制对外担保风险，采取有效措施化解已形成的违规担保、连环担保风险”。

（六）国务院《关于进一步提高上市公司质量的意见》

《关于进一步提高上市公司质量的意见》（国发〔2020〕14 号）指出，提高上市公司质量是推动资本市场健康发展的内在要求，是新时代加快完善社会主义市场经济体制的重要内容。国务院批转证监会《关于提高上市公司质量意见的通知》印发以来，我国上市公司数量显著增长、质量持续提升，在促进国民经

① 已废止。

济发展中的作用日益凸显。但上市公司经营和治理不规范、发展质量不高等问题仍较突出,与建设现代化经济体系、推动经济高质量发展的要求还存在差距。该意见就提高上市公司的质量提出了 7 个方面 17 条意见。其中,在第五方面“解决上市公司突出问题”中提出,要“严肃处置资金占用、违规担保问题。控股股东、实际控制人及相关方不得以任何方式侵占上市公司利益。坚持依法监管、分类处置,对已形成的资金占用、违规担保问题,要限期予以清偿或化解;对限期未整改或新发生的资金占用、违规担保问题,要严厉查处,构成犯罪的依法追究刑事责任。依法依规认定上市公司对违规担保合同不承担担保责任。上市公司实施破产重整的,应当提出解决资金占用、违规担保问题的切实可行方案”。

四、有关公司对外担保的其他文件规定

作为特殊的公众公司,上市公司涉及众多中小投资者的利益。为了保护广大中小投资者的权益,上海证券交易所和深圳证券交易所等都在股票上市规则中就上市公司对外提供担保问题作出专门规定。例如,《上海证券交易所股票上市规则》(2022 年 1 月 7 日第 15 次修订,上证发〔2022〕1 号)第 6.1.10 条规定,上市公司发生“提供担保”交易事项,除应当经全体董事的过半数审议通过外,还应当经出席董事会会议的 2/3 以上董事审议通过,并及时披露。担保事项属于下列情形之一的,还应当在董事会审议通过后提交股东大会审议:(1)单笔担保额超过上市公司最近一期经审计净资产 10% 的担保;(2)上市公司及其控股子公司对外提供的担保总额,超过上市公司最近一期经审计净资产 50% 以后提供的

任何担保；(3)上市公司及其控股子公司对外提供的担保总额，超过上市公司最近一期经审计总资产30%以后提供的任何担保；(4)按照担保金额连续12个月内累计计算原则，超过上市公司最近一期经审计总资产30%的担保；(5)为资产负债率超过70%的担保对象提供的担保；(6)对股东、实际控制人及其关联人提供的担保；(7)本所或者公司章程规定的其他担保。上市公司股东大会审议前款第4项担保时，应当经出席会议的股东所持表决权的2/3以上通过。《深圳证券交易所股票上市规则》(2022年1月7日第12次修订，深证上〔2022〕12号)第6.1.10条规定，上市公司提供担保，除应当经全体董事的过半数审议通过外，还应当经出席董事会会议的2/3以上董事审议同意并作出决议，并及时对外披露。上市公司提供担保属于下列情形之一的，还应当在董事会审议通过后提交股东大会审议：(1)单笔担保额超过上市公司最近一期经审计净资产10%；(2)上市公司及其控股子公司对外提供的担保总额，超过上市公司最近一期经审计净资产50%以后提供的任何担保；(3)上市公司及其控股子公司对外提供的担保总额，超过上市公司最近一期经审计总资产30%以后提供的任何担保；(4)被担保对象最近一期财务报表数据显示资产负债率超过70%；(5)最近12个月内担保金额累计计算超过公司最近一期经审计总资产的30%；(6)对股东、实际控制人及其关联人提供的担保；(7)本所或者公司章程规定的其他情形。上市公司股东大会审议前款第5项担保事项时，应当经出席会议的股东所持表决权的2/3以上通过。第6.1.11条规定，上市公司的对外担保事项出现下列情形之一时，应当及时披露：(1)被担保人于债务到期后15个交易日内未履行还款义务的；(2)被担保人出现破产、清算及其他严重影响还款能力情形的。这些证券交易所发布的股票上市规则都对上市公司对外提供担保事宜，尤其担保事项的及时披露提出了明确的要求。

第二节 公司对外担保的典型案例指引

在我国，公司违规为他人提供担保并非2005年《公司法》第16条制定后才出现的纠纷。实际上，无论是1993年《公司法》第60条还是2005年《公司法》第16条，不仅未能为公司违规为他人提供担保的合同效力认定以及后续的效果归属提供清晰的裁判指向，而且有关争议随着2005年《公司法》第16条对1993年《公司法》第60条的全面取代，反而呈“升级之态势”。[①] 针对不断出现的涉公司对外担保纠纷，最高人民法院通过审理公司对外担保案件以及发布有关公司对外担保典型案例，为这类纠纷的实际处理提供了重要的参照指引。

案例一 福建省中福实业股份有限公司与中国工商银行福州市闽都支行及中国福建国际经济技术合作公司、福建九州集团股份有限公司借款担保纠纷案

【案号】最高人民法院（2000）经终字第186号

【基本案情】

1996年12月5日，中国工商银行福州市闽都支行（以下简

---

① 参见罗培新：《公司担保法律规则的价值冲突与司法考量》，载《中外法学》2012年第6期。

称闽都支行)的前身中国工商银行福州市分行第二营业部(以下简称营业部)为贷款人,中国福建国际经济技术合作公司(以下简称中福公司)为借款人签订了一份《人民币短期借款合同》,约定借款金额4000万元,借款期限为1996年12月5日至1997年6月25日。同年12月31日,双方又签订了一份借款合同,借款金额210万元,借款期限为1996年12月31日至1997年6月25日。营业部按约发放贷款,中福公司未按期还贷。1998年7月28日,营业部(甲方)与中福公司(乙方)签订了一份《还款协议书》,约定:甲、乙双方贷款总数为4210万元,贷款均已逾期。由于乙方暂无力归还欠款,向甲方申请分期归还,并提供福建九州集团股份有限公司(以下简称九州公司)和福建省中福实业股份有限公司(以下简称实业公司)作为承担连带责任的还款保证人。甲乙双方在还款协议中约定了本金、利息、还款期限,并约定乙方如未按约定归还欠款本息,除承担复息、罚息外,还应按违约金额的5%向甲方支付违约金,甲方有权提前收回全部欠款本息。甲、乙双方及九州公司和实业公司负责人均在协议上签名并加盖单位公章。因赵某当时兼任中福公司、九州公司和实业公司的董事长,所以《还款协议书》上代表债务人中福公司以及两家保证人九州公司和实业公司签字的均是赵某一人。该协议书中福公司未完全履行。截至1999年年底,中福公司尚欠本金3910万元和利息17,448,873.51元未归还。1998年8月31日,九州公司和实业公司与营业部根据上述合同签订了书面《保证合同书》,保证期限二年。该保证书也是赵某以董事长的身份同时代表九州公司和实业公司签字。

中福公司向营业部的借款原由江苏八达房地产开发有限公

司提供的土地使用权抵押担保,在中福公司与营业部签订还款协议时,改由实业公司、九州公司提供连带责任的保证以替代抵押担保。

实业公司属于上市企业,中福公司是实业公司的具有控股地位的大股东。实业公司在提供担保时有实业公司董事会关于提供担保的决议文件,但实业公司的公司章程第 80 条规定,董事"除经公司章程规定或者股东大会在知情的情况下批准,不得同本公司订立合同或者进行交易","不得以公司资产为本公司的股东或者其他个人债务提供担保"。闽都支行在与中福公司商谈担保事项时,收到中福公司提交的文件中,就有实业公司的公司章程。

1999 年 12 月 5 日,闽都支行向福建省高级人民法院起诉,请求判令中福公司偿还所欠贷款本金和利息,并承担诉讼费;实业公司和九州公司承担连带责任。

福建省高级人民法院经审理认为,《还款协议书》及《保证合同书》系各方当事人自愿行为,未违反有关法律规定,应确认有效。实业公司称该公司的保证行为违反《公司法》(1993年)第 60 条第 3 款及第 214 条第 3 款的规定,应属无效。因本案的保证系经董事会研究的公司行为,也并非董事、经理为公司股东或其他个人债务提供担保的行为。《公司法》(1993 年)第 60 条、第 214 条主要是规范公司内部董事、经理的行为,不能作为对外要求免责的抗辩事由。因此,实业公司的抗辩理由不能成立。对于欠款事实及利息计算,到庭各方并无异议,闽都支行的诉讼请求应予支持。福建省高级人民法院判决:一、中福公司应偿还闽都支行贷款本金 3910 万元,利息 17,448,873.51 元

（截至1999年11月21日，之后的利息按以上利息方法计至判决生效后十日止）；二、实业公司、九州公司对中福公司的还款义务承担连带责任。

实业公司不服福建省高级人民法院的上述判决，向最高人民法院提起上诉称，中福公司利用其控股地位致使实业公司为其巨额债务提供担保，损害了其他中小股东的利益，也违反了《公司法》第60条关于"董事、经理不得以公司资产为本公司的股东或者其他个人债务提供担保"的规定。实业公司为中福公司提供担保的董事会决议违反实业公司的公司章程规定，对此闽都支行是明知的，实业公司的董事赵某、蔡某兼任中福公司的董事，在董事会表决时未按照《上市规则》和本公司章程的规定进行回避，并且决议上董事孙某的签字是伪造的，因此董事会决议无效。闽都支行提交的实业公司关于同意董事会办理有关银行信贷及担保事宜的临时股东大会决议无股东签字，没有效力。中国证券监督管理委员会《关于上市公司为他人提供担保有关问题的通知》（已废止）第5条规定，上市公司为他人担保必须经董事会或股东大会批准。董事会应当比照公司章程有关董事会投资权限的规定，行使对外担保权。超过公司章程规定权限的，董事会应当提出预案，并报股东大会批准。该通知表明上市公司对外担保必须依公司章程规定的权限进行。为此，请求最高人民法院撤销福建省高级人民法院的（1999年）闽经初字第39号民事判决第2项，改判实业公司不承担担保责任。

最高人民法院认为，《公司法》（1993年）第60条第3款对公司董事、经理以本公司财产为股东提供担保进行了禁止性规定,实业公司的公司章程也规定公司董事非经公司章程或股东大会批准不得以本公司资产为公司股东提供担保,因此,实业公司以赵某为首的五名董事通过形成董事会决议的形式代表实业公司为大股东中福公司提供连带责任保证的行为,因同时违反法律的强制性规定和实业公司章程的授权限制而无效,所签订的保证合同也无效。对此,《担保法司法解释》第 4 条①已作了明确规定。上诉人实业公司关于保证合同无效的上诉理由成立,应当予以支持。闽都支行答辩主张《公司法》(1993 年)第 60 条第 3 款的规定系禁止董事、经理个人以本公司财产为股东提供担保,并非针对公司董事会。最高人民法院认为,法律已明文禁止公司董事以公司财产为股东提供担保,则董事在以公司财产为股东提供担保上无决定权。董事会作为公司董事集体行使权力的法人机关,当现行法律对董事会为股东提供担保无授权性规定,公司章程或股东大会对董事会无授权时,董事会也必然因法律对各个董事的禁止性规定而无权作出以公司财产对股东提供担保的决定。因此,《公司法》(1993 年)第 60 条第 3 款的禁止性规定既针对公司董事,也针对公司董事会。这符合我国《公司法》规范公司关联交易、限制大股东操纵公司并防止损害中小股东利益的立法宗旨。另外,在最高人民法院审理期间,闽都支行提交了一份实业公司股东大会的临时决议,作为证明实业公司的董事会得到了对外提供担保的授权。但该份股东大会的临时决议无股东大会会议记录和出席会议的董事签名作为佐证,对该份证据最高人民法院不予采信。实业公司与闽都支

① 已废止,对应《民法典担保制度司法解释》第 7 条。

行的保证合同因实业公司董事违反我国《公司法》的规定和实业公司章程的规定而无效，实业公司对董事的无效行为应当承担过错责任。当法律有禁止性规定时，任何人均不得以不知法律有规定或宣称对法律有不同理解而免于适用该法律。实业公司系上市公司，其公司章程公开，闽都支行也收到过中福公司提供的实业公司章程，故闽都支行对实业公司章程中关于限制董事为股东担保的规定应当知道。因此保证合同无效，闽都支行也有过错。

【法院判决】

2001 年 11 月 17 日，最高人民法院作出判决：一、撤销福建省高级人民法院（1999）闽经初字第 39 号民事判决第二项中对实业公司的判决。改判为：实业公司与闽都支行的保证合同无效，实业公司对中福公司的还款义务承担不超过该公司不能清偿部分的 1/2。二、维持福建省高级人民法院（1999）闽经初字第 39 号民事判决的其余内容。

【分析】

最高人民法院对中福实业公司担保案作出判决的背景是：20 世纪我国颁布的《担保法》和《公司法》都未关注公司的担保能力问题，并未就此作出相应的规定，即在 2005 年《公司法》修订前，公司只要在担保合同上盖章合同就生效，法律对公司的担保能力不作限制；即便公司内部对公司担保有所限制，也不具有对抗效力，由此造成公司对外滥保的行为难以避免。虽然 1993 年《公司法》第 60 条第 3 款规定，董事、经理不得以公司资产为本公司的股东或者其他个人债务提供担保，但相当长一段时间里就该条款究竟是限制董事、经理的行为还是限制公司的行为,法学界展开了讨论甚至论战。① 通过中福实业公司担保案的判决,最高人民法院明确表达了最高司法机关对1993 年《公司法》第 60 条第 3 款规定的理解,既有力地支持了相关监管部门的执法,抑制了大股东通过上市公司担保占有优质资产的行为,也反映出最高人民法院运用社会学解释方法对《公司法》目的解释的结果——《公司法》应当保护中小股东和其他债权人的利益。② 中福实业公司担保案的终审判决书可以推导出,一方面,第 60 条第 3 款禁止的是公司为股东或者个人提供的担保,但公司为非股东的其他法人提供担保不在禁止之列,也不禁止股东为公司的担保;另一方面,第 60 条第 3 款禁止董事、经理对外提供担保,禁止对象可以拓展至董事会,但并未涉及公司股东大会能否对外提供担保的问题。即第 60 条第 3 款明确的是公司董事、经理以及公司董事会无权决定以公司财产为公司股东或者其他个人提供担保,除非法律、公司章程或股东大会授权或者同意此项担保。这实际间接承认了公司具有对外提供担保的行为能力,一定程度上回应了实践中有关 1993 年《公司法》第 60 条第 3 款是针对董事行为的限制还是针对公司行为的限制的争议,同时这种思路也被 2005 年《公司法》第 16 条所吸纳。

---

① 参见曹士兵:《我国新公司法关于公司担保能力的规定评述——重温最高人民法院"中福实业公司担保案"》,载《法律适用》2006 年第 6 期。

② 参见曹士兵:《公司法修订前后关于公司担保规定的解读》,载《人民司法(应用)》2008 年第 1 期。

案例二 中国进出口银行与光彩事业投资集团有限公司、四通集团公司借款担保合同纠纷案[①]

【案号】最高人民法院(2006)民二终字第49号

【基本案情】

2001年12月25日,中国进出口银行(以下简称进出口银行)与四通集团公司(以下简称四通集团)签订《出口卖方信贷借款合同》,合同约定:进出口银行向四通集团提供出口卖方信贷额度1.8亿元,期限13个月;由光彩事业投资集团有限公司(以下简称光彩集团)提供还款保证,如四通集团不能按期偿还到期贷款本息,则由光彩集团偿还。四通集团董事长段某代表四通集团在该借款合同上签字。同日,进出口银行与光彩集团签订《保证合同》,约定:光彩集团为四通集团在上述借款合同项下的一切债务提供连带责任保证;保证期间为贷款本息全部到期后两年。例如贷款展期,保证期间随之变更。光彩集团向进出口银行提交了光彩集团董事会于2001年10月23日作出的为四通集团提供担保的董事会决议,有6人在决议上签字,其中5名董事,1名股东单位代表。四通集团董事长段某作为光彩集团的董事在该决议上签字。

2003年12月26日,进出口银行与四通集团、光彩集团签订《贷款重组协议》,作为对上述《出口卖方信贷借款合同》和《保证合同》的修改和补充。协议约定:贷款重组金额为1.6亿元,初始利率为4.23%,以后每年度根据人民银行规定的贷款利率

---

① 参见《最高人民法院公报》2006年第7期。

执行;四通集团保证按以下还款计划偿还债务,即2004年6月和12月各偿还2000万元,2005年6月和12月各偿还2500万元,2006年6月和12月各偿还3500万元;四通电信有限公司提供北京一处房地产作为抵押担保;光彩集团对四通集团在重组协议项下的全部债务提供连带责任保证,保证期间为重组协议项下全部债务到期之日起两年;若四通集团未按约定偿还债务并支付利息,或未能在2004年6月30日前办理房地产抵押手续,则进出口银行有权宣布全部债务到期并要求四通集团立即清偿全部债务,要求光彩集团清偿债务。四通集团董事长段某代表四通集团在《贷款重组协议》上签字。光彩集团向进出口银行提交了光彩集团董事会于2003年11月3日作出的为四通集团提供担保的董事会决议,内容是:同意为四通集团原借款合同项下贷款本金余额1.6亿元继续提供还本付息连带责任保证。有2名董事在决议上签字。

2003年12月29日,进出口银行依据上述《贷款重组协议》重新为四通集团办理了1.6亿元的贷款手续。四通电信有限公司未为进出口银行办理房地产抵押手续。截至2005年9月1日(进出口银行向一审法院提起诉讼时),四通集团依《贷款重组协议》偿还了到期贷款的利息和2400万元贷款本金,其余本金未按约定的期限偿还。进出口银行遂依《贷款重组协议》的规定,宣布全部债务到期,并向法院提起诉讼,请求四通集团和光彩集团清偿全部债务本金1.36亿元及利息。进出口银行起诉后,四通集团于2005年9月21日偿还利息1,747,416.01元。

另查明,光彩集团由11家法人股东出资设立,公司注册资本5亿元。其中山东泛海集团出资3.56亿元,出资比例为

71.2%;四通集团出资100万元,出资比例为0.2%。光彩集团董事会由11名董事组成,董事由各股东单位委派,大股东山东泛海集团公司董事长卢某为光彩集团董事长。光彩集团公司章程规定:每次召开董事会会议,应当于会议召开10日以前通知全体董事,并通告会议议程、地点和时间;董事会会议须有2/3以上董事参加方能召开;董事会按出资比例行使表决权;董事因故不能参加,可以书面形式委托其他董事参加会议并行使表决权;董事会决议须经持有2/3以上股权的董事表决通过方能生效。董事会每次会议决议和纪要,由到会董事签名确认。

光彩集团董事会于2001年10月23日作出的为四通集团提供担保的董事会决议上,签字的5名董事(包括董事长卢某)和1名股东单位代表所代表的股东单位共持有光彩集团93.6%股权;2003年11月3日作出的为四通集团提供担保的董事会决议上,签字的2名董事(包括董事长卢某)所代表的股东单位共持有光彩集团91.2%股权。

一审法院经审理认为,2001年12月25日进出口银行与四通集团签订的借款合同,以及2003年12月26日进出口银行与四通集团、光彩集团签订的《贷款重组协议》中关于贷款关系的约定,是进出口银行和四通集团的真实意思表示,且不违反法律法规的强制性规定,故应认定合法有效。四通集团未按《贷款重组协议》约定的还款期限归还贷款,构成违约。进出口银行有权宣布全部债务到期并要求四通集团立即清偿全部债务。四通集团应向进出口银行偿还尚欠贷款本金1.36亿元及相应利息。鉴于四通集团于2005年9月21日偿还利息1,747,416.01元,故此笔款项应在进出口银行请求的利息中予以扣除。

光彩集团通过董事会决议的形式作出为股东四通集团提供连带责任保证的决定,并于2001年12月25日与进出口银行签订《保证合同》,于2003年12月26日与进出口银行和四通集团在《贷款重组协议》中约定保证条款。根据《公司法》(2004修正)第60条第3款关于“董事、经理不得以公司资产为本公司股东或其他个人债务提供担保”的强制性规定,公司为公司股东提供担保须经股东会同意或章程有特别规定。董事在以公司资产为股东提供担保事项上无决定权,董事会作为公司董事集体行使权力的法人机关,在法律对董事会对外提供担保上无授权性规定,公司章程或股东大会对董事会无授权时,亦因法律对各个董事的禁止性规定而无权作出以公司资产对股东提供担保的决定。《公司法》(2004修正)第60条第3款的禁止性规定既针对公司董事,也针对公司董事会。因此,光彩集团通过形成董事会决议的形式为股东四通集团提供连带责任保证的行为,因违反《公司法》(2004修正)的强制性规定而无效,所签订的《保证合同》和《贷款重组协议》中的保证条款亦无效。光彩集团对保证合同无效应当承担过错责任。

四通集团董事长段某在与进出口银行签订的借款合同、《贷款重组协议》上代表四通集团签字;在光彩集团提交给进出口银行的光彩集团2001年10月23日董事会决议上,段某作为光彩集团的董事签字。故应认定进出口银行在接受光彩集团担保时,对借款人四通集团系担保人光彩集团股东的事实是明知的,因此进出口银行在法律明文禁止董事以公司资产为本公司股东提供担保的情况下,仍接受光彩集团为其股东四通集团提供的担保,对于《保证合同》及保证条款的无效亦有过错。根据《担保法司法解释》第7条[①]的规定，光彩集团应向进出口银行承担四通集团不能清偿债务部分的1/2的赔偿责任。

股东会是公司的权力机构，董事会是公司的经营决策机构，从光彩集团的公司章程来看，两者职权不同。光彩集团2003年11月3日召开的为四通集团提供连带担保的董事会，参会董事人数未达到光彩集团公司章程规定的可以召开董事会的最低出席比例，存在严重程序瑕疵，从程序上讲，所形成的董事会决议亦应为无效决议。故即使光彩集团董事会与股东会的组成人员有重合，也不能推定出光彩集团为其股东提供担保系经过股东会的同意，故进出口银行关于董事会决议及保证条款有效的主张不予支持。基于此，北京市高级人民法院作出一审判决：一、四通集团于判决生效后十日内偿还进出口银行借款本金1.36亿元及利息（自2005年9月1日至款项全部付清之日止，以本金1.36亿元为基数，按《贷款重组协议》约定的年利率4.23%计息，扣除四通集团于2005年9月21日偿还的利息1,747,416.01元）；二、进出口银行与四通集团、光彩集团签订的《贷款重组协议》中的保证条款无效；三、光彩集团对四通集团不能清偿上述判决第一项债务的部分承担二分之一的赔偿责任，光彩集团承担赔偿责任后，有权向四通集团追偿。

进出口银行不服一审判决，向最高人民法院提起上诉。在二审过程中，进出口银行称未收到光彩集团2001年12月25日作出的、由四通集团董事长段某作为光彩集团董事签名的董事会决议，不知四通集团为光彩集团的股东。光彩集团也没有证

① 已废止，对应《民法典担保制度司法解释》第17条。

据证明其将该决议交予进出口银行,故对此事实最高人民法院不予认定。除以上事实外,最高人民法院对原审法院查明的其他事实予以确认。

最高人民法院经审理后认为,四通集团系本案借款合同的主债务人,其未按合同约定偿还进出口银行贷款,进出口银行依约定有权宣布全部贷款到期,该公司在二审中对原审判决确定的欠款本金及利息均无异议,故对原审判决第一项应予维持。本案光彩集团为四通集团的债务进行担保的行为发生在《公司法》修订前,故本案适用修订前《公司法》及《担保法》、《担保法司法解释》。修订前《公司法》第60条第3款规定"董事、经理不得以公司资产为本公司的股东或者其他个人债务提供担保"。该条规定是对公司董事、高管人员未经公司批准,擅自为公司股东及其他个人债务提供担保的禁止性规定。但该规定并非一概禁止公司为股东担保,对有限责任公司而言,符合公司章程,经过公司股东会、董事会批准,以公司名义进行关联担保,《公司法》(2004修正)并未明确加以禁止。上述条款的立法目的是限制大股东、控股股东操纵公司与自己进行关联交易,损害中小股东的利益,以维护资本确定原则和保护中小股东权益。对经公司股东会、董事会同意以公司资产为小股东进行担保当不属禁止和限制之列。从价值取向的角度考量,在衡平公司债权人与公司股东利益冲突时,应优先保护公司债权人的利益。

根据该案查明的事实,光彩集团公司作为有限责任公司,公司注册资本5亿元,其中山东泛海集团公司出资3.56亿元,出资比例为71.2%;潍坊宝顺建设有限公司出资1亿元,出资比例20%;四通集团出资100万元,出资比例为0.2%。其公司章程未规定公司不得为股东进行担保。该章程规定,董事会是该公司法人机关,董事会成员由股东单位委派人员组成,董事会的表决程序采用资本多数决的形式。公司11家股东中10家股东单位委派其法定代表人担任该公司董事,一家为股东单位代表。光彩集团提供的证据表明,在该公司同意为四通集团进行担保的2001年12月25日、2003年12月26日的两次董事会上,分别持有该公司93.6%和91.2%股权的董事同意为四通集团担保,符合公司章程的规定。董事会决议加盖了董事会公章,在《保证合同》及《贷款重组协议》上加盖了光彩集团公章,光彩集团对上述公章的真实性均不持异议。应当认定光彩集团签署上述《保证合同》及《贷款重组协议》是其真实意思表示,不违背占资本绝大多数股东的意志,该保证行为亦不违反法律和行政法规的禁止性规定,应为有效。关于光彩集团提出的根据该公司章程,董事会至少8名董事参加方能召开,而上述两次董事会决议只分别有5名和2名董事签字,故董事会会议召开无效,董事会决议亦无效问题,最高人民法院认为,分别有5名和2名董事在董事会决议上签字,并不能证明只有5名或2名董事参加董事会会议。光彩集团应对该公司2001年12月25日、2003年12月26日的两次董事会的召开是否符合章程规定的董事出席人数负有举证责任,但该公司始终未提供两次董事会的纪要或原始记录,应承担举证不能的责任。且即使董事会决议有瑕疵,也属其公司内部行为,不能对公司的对外担保行为效力产生影响。故光彩集团在本案诉讼中提出的董事会决议无效,公司为其股东担保无效的主张没有事实和法律依据,且违反民事诉讼中的禁止反言规则,法院不予支持。进出口银行关于光彩集团为四通集团提供担保不违反法律的禁止性规定,是有效担保,光彩集团应对四通集团的本案债务承担连带责任的上诉理由成立,法院予以支持。

【法院判决】

2006年5月15日,最高人民法院作出判决:一、维持北京市高级人民法院(2005)高民初字第1182号民事判决主文第一项;二、撤销上述民事判决主文第二项;三、变更上述民事判决主文第三项为:光彩集团对四通集团的上述债务承担连带保证责任。光彩集团承担连带保证责任后,有权向四通集团追偿。

【分析】

进出口银行与四通集团、光彩集团借款担保合同纠纷案,虽然判决作出在2005年《公司法》修订后,但根据担保行为发生时间等因素仍适用《公司法》(2004修正)的相关内容,并刊登在《最高人民法院公报》上。该案的“裁判摘要”明确:修订前的《公司法》第60条第3款关于董事、经理不得以公司资产为本公司的股东或者其他个人债务提供担保的规定,是指公司董事、高级管理人员未经公司批准,不得擅自为公司股东或者其他个人债务提供担保。该规定的立法本意是为了防止大股东、控股股东操纵公司与自己进行关联交易,损害中小股东的利益。该规定并非一概禁止公司为股东担保。就有限责任公司而言,当公司债权人与公司股东的利益发生冲突时,应当优先保护公司债权人的利益,对于符合公司章程,经公司股东会、董事会批准,以公司资产为本公司股东或其他个人债务提供的担保的,可以认定有效。[1] 在光彩集团担保案中，最高人民法院就《公司法》(2004 修正)第 60 条第 3 款的阐释，基本延续了中福实业公司担保案的观点，[2]即该条款“并非一概禁止公司为股东担保”，对于符合公司章程，经公司股东大会、董事会批准，可以以公司名义提供关联担保。同时，明确了该条款系“为了限制大股东、控股股东操纵公司与自己进行关联交易，损害中小股东的利益，以维护资本确定原则和保护中小股东权益”。并在此基础上，光彩集团担保案引申出这样一个观点，“经公司股东会、董事会同意以公司资产为小股东进行担保当不属禁止和限制之列”，进一步增强了公司对外担保的开放度。这种开放，一方面是允许对外提供担保的主体上从“中福实业公司担保案”的“股东会”扩展至“公司股东会或者董事会”；另一方面是公司对外提供担保的对象也从“中福实业公司担保案”中的“非股东法人”扩展至“公司小股东”。除此之外，光彩集团担保案在公司对外提供担保所涉及的利益冲突上，也较为清晰地传递出优先保护担保债权人的裁判倾向，即就有限责任公司而言，当公司债权人与公司股东的利益发生冲突时，应当优先保护公司债权人的利益，这符合保护交易安全、维护交易秩序的需要。

---

① 参见《最高人民法院公报》2006 年第 7 期。

② 也有观点认为，“中福实业公司担保案”和“光彩集团担保案”存在冲突，或者说后者改变了过去的裁判思路，参见曹士兵：《公司法修订前后关于公司担保规定的解读》，载《人民司法(应用)》2008 年第 1 期。还有观点认为，“光彩集团担保案”裁判时，《公司法》已经修订完毕，新裁判思路必然受到新《公司法》立法思路的影响，参见刘贵祥：《公司担保与合同效力》，载《法律适用》2012 年第 7 期。

案例三 中建材集团进出口公司诉北京大地恒通经贸有限公司、北京天元盛唐投资有限公司、天宝盛世科技发展(北京)有限公司、江苏银大科技有限公司、四川宜宾俄欧工程发展有限公司进出口代理合同纠纷案[①]

【案号】北京市高级人民法院(2009)高民终字第1730号

【基本案情】

2005年,中建材集团进出口公司(以下简称中建材公司)与北京大地恒通经贸有限公司(以下简称恒通公司)签订五份《进口项目委托代理协议书》,对中建材公司代理恒通公司进口新加坡GXD公司工业计算机服务系统有关事宜进行了约定。2006年10月10日,中建材公司与恒通公司、北京天元盛唐投资有限公司(以下简称天元公司)签订《备忘录》,确认截至2006年9月30日,恒通公司应向中建材公司支付上述五份《进口项目委托代理协议书》项下的代理进口货款、各项费用(含代理费)共计34,279,548.21元,逾期利息2,706,280元,恒通公司已支付18,077,891.29元,共欠中建材公司18,907,936.92元;恒通公司承诺于2006年10月归还200万元,每周还50万元,2006年11月归还1000万元,每周还250万元,2006年12月归还800万元,每周还200万元,并将10月至12月的逾期利息一并结清;天元公司为恒通公司还款提供连带责任担保;恒通公司、天元公司承诺在还款期间,由广州海港大酒店代其每日还款,到期恒通公司未足额还款时,由江苏银大科技有限公司(以下简称银大科技

① 参见《最高人民法院公报》2011年第2期。

公司)无条件代为支付剩余欠款及利息,直至全部还清。《备忘录》的附件1是恒通公司的应付款(至2006年8月30日)的明细表,附件2是恒通公司付款情况表,附件3是利息及罚息的金额并载明利息罚息按每日万分之五计算。

2006年10月19日出具,加盖有"江苏广兴达银大科技有限公司"印章和法定代表人何某签字的《承诺书》载明:"中建材集团进出口公司:依照贵司于2006年10月10日星期二下午在北京市朝阳区大屯路风林绿洲西奥中心北京大地恒通经贸有限公司会议室与北京大地恒通经贸有限公司和北京天元盛唐投资有限公司签署的备忘录,现我司承诺如下:如若北京大地恒通经贸有限公司和北京天元盛唐投资有限公司在上述备忘录的还款期限到期时未能足额还清贵司债务,本公司——江苏银大科技有限公司将无条件代为支付剩余全部欠款及利息等,还款期限20天,直至全部还清。本承诺书作为上述备忘录的补充文件,经我司盖章和法人代表签字后,与原备忘录具有同等效力。"何某在《承诺书》复印件上签字确认。

2008年6月4日,天元公司向中建材公司出具《承诺函》,承诺为恒通公司向中建材公司归还《备忘录》中约定的剩余欠款及利息、违约金、损害赔偿金、诉讼费用和实现担保债权的费用等提供连带责任保证,直至款项全部还清。

2008年6月6日,天宝盛世科技发展(北京)有限公司(以下简称天宝公司)、四川宜宾俄欧工程发展有限公司(以下简称俄欧公司)分别向中建材公司出具《承诺书》,两公司均承诺对恒通公司根据《备忘录》对中建材公司的全部应偿还债务(包括但不限于本金及违约金、利息、追索债权费用)承担连带还款责任,该连带还款责任是独立的不可撤销的,直至债务全部还清。

前述《备忘录》《承诺函》《承诺书》签订和出具后,恒通公司仅向中建材公司归还欠款本金70万元,剩余欠款本金和利息未向中建材公司支付,天元公司、天宝公司、俄欧公司、银大科技公司亦未向中建材公司履行担保责任。庭审中,恒通公司和中建材公司共同确认,截至2007年12月31日,恒通公司的欠款本金为15,501,656.92元,利息为6,304,904元。中建材公司主张自2008年1月1日起按日万分之五计算欠款本金15,532,175.94元(其中包括2007年底新增加的费用30,519.02元)的利息,恒通公司对中建材公司主张的欠款本金总计15,532,175.94元予以认可,但主张自2008年1月1日起计算新增加的费用30,519.02元的利息没有依据,该笔费用应自判决生效之日起计算利息。

银大科技公司原名称为江苏广兴达银大科技有限公司,于2005年5月变更为现名称。2005年5月至2007年6月,何某系银大科技公司法定代表人。庭审中,银大科技公司虽主张2006年10月19日《承诺书》上加盖的印章并非其公司印鉴,但经一审法院释明,银大科技公司表示不申请鉴定。银大科技公司就原"江苏广兴达银大科技有限公司"印章的去向向一审法院提交的书面说明中表述,该印章存放在银大科技公司档案室。

北京市第二中级人民法院一审认为,本案一审争议焦点是:1.涉案债务的本金以及利息数额应当如何确定;2.银大科技公司在本案中是否应当承担保证责任。

关于第一个争议焦点。中建材公司与恒通公司签订的《进口项目委托代理协议书》,中建材公司与恒通公司、天元公司签订的《备忘录》，天元公司向中建材公司出具的《承诺函》以及天宝公司、俄欧公司向中建材公司出具的《承诺书》均系各方当事人真实意思表示，合法有效，对各方当事人均具有约束力。恒通公司未按《备忘录》约定向中建材公司偿还债务，构成违约，应向中建材公司承担偿还债务本金及利息的责任。对于恒通公司认可的欠款本金及利息数额，予以确认。关于2007年底新增加费用的计息起始时间问题，中建材公司未举证证明双方对该笔费用的支付期限进行过约定，亦未举证证明在该笔费用发生后其曾向恒通公司进行过催收，故该笔费用应自判决生效之日起计息。根据涉案《承诺函》《承诺书》，天元公司、天宝公司、俄欧公司与中建材公司之间均存在合法保证合同关系，天元公司、天宝公司、俄欧公司应当对恒通公司的债务本息向中建材公司承担连带清偿责任。

关于第二个争议焦点。根据本案查明的事实，2006年10月19日的《承诺书》出具时，何某系银大科技公司法定代表人，其在加盖有银大科技公司印鉴的《承诺书》复印件上签字的行为，表示其对该《承诺书》复印件真实性予以认可。江苏广兴达银大科技有限公司与银大科技公司仅系公司名称变更的关系，两个名称所指向的为同一公司，银大科技公司虽对该《承诺书》上"江苏广兴达银大科技有限公司"印鉴的真实性和效力质疑，但庭审时表示不申请鉴定，且在银大科技公司名称变更后，原名称"江苏广兴达银大科技有限公司"的印鉴并未销毁而是由其自行保存，银大科技公司未能提交有效证据证明其原名称的公章不再使用，故银大科技公司应承担相应不利的法律后果，对其关于《承诺书》在形式要件上不能成立的主张，不予采信。银大科技公司主张何某无权签署《承诺书》,但未能提交有效证据证明银大科技公司在内部权限划分上,对法定代表人对外担保、订立担保合同进行了明确限制。故本案现有证据不能证明何某系超越权限签署《承诺书》,因此《承诺书》对银大科技公司有效,银大科技公司应对恒通公司的债务本息向中建材公司承担连带清偿责任。综上所述,北京市第二中级人民法院依法判决:一、恒通公司于判决生效之日起十日内偿付中建材公司欠款本金人民币15,532,175.94元;二、恒通公司于判决生效之日起十日内向中建材公司支付逾期付款利息(截至2007年12月30日的利息数额为人民币6,304,904元;自2008年1月1日起至判决生效日的前一日止,按照日万分之五计算欠款本金人民币15,501,656.92元的利息;自判决生效之日起至欠款全部付清之日止,按照日万分之五计算欠款本金人民币15,532,175.94元未付部分的利息);三、天元公司、天宝公司、银大科技公司和俄欧公司对判决第一项、第二项内容承担连带清偿责任;四、天元公司、天宝公司、银大科技公司和俄欧公司承担保证责任后,有权向恒通公司追偿;五、驳回中建材公司的其他诉讼请求。

银大科技公司不服一审判决,向北京市高级人民法院提起上诉。北京市高级人民法院经二审,确认了一审查明的事实。另查明,2004年8月18日恒通公司向北京市工商行政管理局提交的企业变更(改制)登记申请书载明:恒通公司由原名称北京广恒天一科技发展有限公司变更为恒通公司;法定代表人由王某变更为何某。2005年8月26日恒通公司向北京市工商行政管理局提交的企业变更(改制)登记申请书载明:恒通公司法定代表人由何某变更为钟某。北京市工商行政管理局备案中有一份恒通公司第二届第二次股东会决议,该决议载明:免除何某执行董事及总经理的职务。

2006年银大科技公司的公司章程载明,鉴于2005年修订的《公司法》于2006年1月1日正式实施,特修订银大科技公司章程。股东名称为北京唯美星计算机安全保护技术有限公司、何某、唐某、郭某和郝某。银大科技公司的注册资本为3058万元。何某作为股东占银大科技公司股份的19.5%。此外,银大科技公司公司章程第三十四条第二款约定:"董事、高级经理人员不得有《公司法》第一百四十九条规定的行为。"

北京市高级人民法院二审认为,二审的争议焦点是银大科技公司是否构成合法有效的第三人保证问题。首先,涉案《承诺书》复印件具备相应的形式要件。本案中,虽然中建材公司提供的《承诺书》是复印件,但该承诺提供担保的函件得到当时银大科技公司法定代表人何某的签字确认,故根据《合同法》第32条[①]关于"当事人采用合同书形式订立合同的,自双方当事人签字或者盖章时合同成立"的规定,银大科技公司出具的《承诺书》有效成立。此外,公司的行为能力及意思表示通过法定代表人以公司的名义所为的行为,是公司法人的法律行为,由此产生的权利义务对公司法人具有约束力,故根据《民法通则》第38条[②]关于"依照法律或者法人组织章程规定,代表法人行使职权的负责人,是法人的法定代表人"以及《民法通则》第43条[③]关于"企

① 已废止,对应《民法典》第490条。

② 已废止,对应《民法典》第61条第1款。

③ 已废止,对应《民法典》第61条第2款、第3款以及第170条。

业法人对它的法定代表人和其他工作人员的经营活动,承担民事责任”的规定,银大科技公司法定代表人何某的行为在法律上即视为银大科技公司自身的行为,其在《承诺书》上签字的行为应当认定为银大科技公司对《承诺书》的确认。江苏广兴达银大科技有限公司与银大科技公司仅系公司名称变更的关系,两个名称所指向的为同一公司,江苏广兴达银大科技有限公司的签章应当视为银大科技公司的签章。此外,银大科技公司一审、二审均未申请鉴定何某在涉案《承诺书》复印件上签名的时间,故对银大科技公司关于其并非该《承诺书》的签章人、该《承诺书》在形式要件上不能成立以及法定代表人何某在《承诺书》复印件上签字的行为无效的上诉主张,不予采信。

其次,银大科技公司提供担保的承诺应为有效。虽然本案的《进口项目委托代理协议书》签订于2005年,但本案涉及的《备忘录》以及银大科技公司出具的《承诺书》签订于2006年10月,故本案应适用2005年修订的《公司法》。2005年修订的《公司法》第16条第1~2款规定:“公司向其他企业投资或者为他人提供担保,依照公司章程的规定,由董事会或者股东会、股东大会决议;公司章程对投资或者担保的总额及单项投资或者担保的数额有限额规定的,不得超过规定的限额。公司为公司股东或者实际控制人提供担保的,必须经股东会或者股东大会决议。”第一,该条款并未明确规定公司违反上述规定对外提供担保导致担保合同无效;第二,公司内部决议程序,不得约束第三人;第三,该条款并非效力性强制性的规定;第四,依据该条款认定担保合同无效,不利于维护合同的稳定和交易的安全。此外,关于公司违反这一规定对外提供担保的合同效力问题,根据最高人民法院《关于适用〈中华人民共和国合同法〉若干问题的解释(一)》(以下简称《合同法司法解释一》已废止,下同)第4条关于"合同法实施以后,人民法院确认合同无效,应当以全国人大及其常委会制定的法律和国务院制定的行政法规为依据,不得以地方性法规、行政规章为依据"以及最高人民法院《关于适用〈中华人民共和国合同法〉若干问题的解释(二)》(以下简称《合同法司法解释二》已废止,下同)第14条关于"合同法第五十二条第(五)项规定的'强制性规定',是指效力性强制性规定"的规定,在《合同法》的基础上进一步明确缩小了合同因违反法律、行政法规的强制性规定而无效的情形。因此,2005年修订的《公司法》第16条并非效力性强制性规定。在2005年修订的《公司法》没有明确规定公司违反2005年修订的《公司法》第16条的对外提供担保无效的情形下,对公司对外担保的效力应予确认。此外,根据《合同法》第50条①关于"法人或者其他组织的法定代表人、负责人超越权限订立的合同,除相对人知道或者应当知道其超越权限的以外,该代表行为有效"以及《担保法司法解释》第11条②关于"法人或者其他组织的法定代表人、负责人超越权限订立的担保合同,除相对人知道或者应当知道其超越权限的以外,该代表行为有效"的规定,公司的法定代表人违反公司章程的规定对外提供担保应认定为有效。可见,对于公司法定代表人越权对外提供担保的情形,公司对外仍应对善意第三人承担民事责任,故本案银大科技公司的担保责任不能

① 已废止,对应《民法典》第504条。

② 已废止,对应《民法典》第504条和《民法典担保制度司法解释》第7~10条。

免除。

中建材公司应为善意第三人。有限责任公司的公司章程不具有对世效力,有限责任公司的公司章程作为公司内部决议的书面载体,它的公开行为不构成第三人应当知道的证据。强加给第三人对公司章程的审查义务不具有可操作性和合理性,第三人对公司章程不负有审查义务。第三人的善意是由法律所推定的,第三人无须举证自己善意;如果公司主张第三人恶意,应对此负举证责任。因此,不能仅凭公司章程的记载和备案就认定第三人应当知道公司的法定代表人超越权限,进而断定第三人恶意。故在银大科技公司不能举证证明中建材公司存在恶意的情形下,应当认定中建材公司为善意第三人,中建材公司已经尽到合理的审查义务。

可见,银大科技公司出具的《承诺书》担保形式完备,内容不违反法律、法规有关效力性强制性法律规定,应认定为构成合法有效的第三人保证,银大科技公司应承担连带保证责任。故银大科技公司上诉关于其法定代表人何某对外提供担保,其行为违反公司章程的规定,并没有经过股东会、股东大会或者董事会同意,故何某对外担保因违反《公司法》第16条的强制性法律规定,应为无效担保的上诉请求以及中建材公司未能尽到审慎的审查义务,不能作为善意的第三人要求银大科技公司承担保证责任的上诉请求,不予支持。

【法院判决】

2009年9月22日,北京市高级人民法院作出判决,驳回银大科技公司要求不承担保证责任的上诉请求,维持原判。

【分析】

中建材公司与恒通公司、天元公司、天宝公司、银大科技公司、俄欧公司进出口代理合同纠纷案虽然系地方法院判决的案件,但入选了《最高人民法院公报》,这就意味着该案例所阐释的审判思路、裁判观点得到了最高人民法院的认可,具有相当的典型性。这种典型性在于:一是该案例对《公司法》(2005修订)第16条进行规范属性上的定性,不仅提出《公司法》第16条并未明确规定公司违反上述规定对外提供担保导致担保合同无效,公司内部决议程序不得约束第三人,依据该条款认定担保合同无效不利于维护合同的稳定和交易的安全;并且运用《合同法司法解释二》等相关规定,将《公司法》第16条定性为"非效力性强制性规定",违反了并不影响合同效力。二是该案明确有限责任公司的公司章程不具有对世效力,推定与公司签订担保合同的第三人系善意的,且第三人对公司章程不负审查义务,提出"强加给第三人对公司章程的审查义务不具有可操作性和合理性"。从一定程度上讲,银大科技公司担保案对实践中将《公司法》(2005修订)第16条理解为管理性强制性规定或者非效力性强制性规定起到了一定的推动作用。一段时间内不少法院在办理公司违规对外担保案件时都参考该案的裁判思路,从《公司法》(2005修订)第16条规范属性、维护交易安全等角度出发,倾向于将公司违规提供担保签订的担保合同认定为有效合同。[①]

---

① "银大科技公司担保案"后,认定公司担保有效的判决多模仿或照搬该案的裁判理由。参见陈敏、李珍珠:《公司对外担保效力认定的裁判转向——以债权人审查义务为中心》,载《法律适用》2018年第24期。

案例四 招商银行股份有限公司大连东港支行与大连振邦氟涂料股份有限公司、大连振邦集团有限公司借款合同纠纷案①

【案号】最高人民法院(2012)民提字第156号

【基本案情】

2006年4月30日,招商银行股份有限公司大连东港支行(以下简称招行东港支行)与大连振邦集团有限公司(以下简称振邦集团公司)签订借款合同,约定:借款金额为1496.5万元人民币,借款期限自2006年4月30日至6月30日,如贷款放出的实际日期与上述起始日期不一致,则贷款起止日期以借款借据确定的起止日期为准,借款用途为债权转化(借新还旧),贷款利率为年利率6.435%,振邦集团公司未按期偿还贷款的,对其未偿还部分从逾期之日起按在原利率基础上加收50%计收,贷款期间若遇中国人民银行调整贷款利率,则按中国人民银行调整贷款利率的有关规定执行。2006年6月8日,大连振邦氟涂料股份有限公司(以下简称振邦股份公司)出具了《不可撤销担保书》,承诺对上述贷款承担连带保证责任,保证范围包括借款本金、利息、罚息、违约金及其他一切相关费用。保证期间为自本保证书生效之日起至借款合同履行期限届满另加两年。2006年4月30日,招行东港支行与振邦股份公司分别签订了两份《抵押合同》,该合同规定以振邦股份公司所有的位于大连市甘井子区郭家沟村182,559平方米的国有土地使用权及大连市甘井子区

---

① 载《最高人民法院公报》2015年第2期。

17 套 24,361.09 平方米的房产作抵押。2006 年 6 月 6 日在大连市国土资源和房屋局甘井子分局对位于大连市甘井子区郭家沟村 182,559 平方米的土地办妥了抵押登记,6 月 8 日在大连市房地产登记发证中心对位于大连市甘井子区 17 套 24,361.09 平方米的房产办理了抵押登记,担保范围包括但不限于借款本金、利息、罚息、违约金、损害赔偿金及实现债权的费用。招行东港支行在中国银行之后为第二抵押权人。

2006 年 6 月 8 日,招行东港支行按照合同约定将 1496.5 万元贷款如数转入振邦集团公司账户内。贷款到期后,振邦集团公司未能偿还借款本息。振邦股份公司也没有履行担保义务。

振邦股份公司的股东共有 8 个,分别为振邦集团公司、天津环渤海创业投资管理有限公司、中绿实业有限公司、辽宁科技创业投资有限责任公司、泰山绿色产业有限公司、大连科技风险投资基金有限公司、王某、张某。振邦股份公司的股东之一大连科技风险投资基金有限公司在 2003 年 5 月 23 日将名称由"大连科技风险投资有限公司"变更为现名称"大连科技风险投资基金有限公司"。《股东会担保决议》的决议事项并未经过振邦股份公司股东会的同意,振邦股份公司也未就此事召开过股东大会。

2008 年 6 月 18 日,招行东港支行以振邦集团公司和振邦股份公司为被告,向大连市中级人民法院提起诉讼,请求判令振邦集团公司偿还贷款本金 1496.5 万元及至给付之日的利息(包括逾期利息);要求振邦股份公司对上述债务承担连带责任;要求两被告承担诉讼费、保全费等。

大连市中级人民法院一审认为,招行东港支行与振邦集团公司签订的借款合同系双方当事人真实意思表示,合法有效。

招行东港支行依约发放了借款,振邦集团公司理应按约定的期限偿还借款本息,其未能按合同约定履行义务系违约行为,应依法承担违约责任。关于招行东港支行与振邦股份公司签订的抵押合同以及振邦股份公司出具的不可撤销担保书的效力一节,因振邦集团公司系振邦股份公司的股东,鉴于振邦股份公司《章程》及股东会对公司为其股东或实际控制人即振邦集团公司提供担保均无特别授权,依照《公司法》的规定,振邦股份公司为其股东振邦集团公司提供担保,必须要经振邦股份公司的股东会决议通过,而招行东港支行提供的《股东会担保决议》系无效决议,因此振邦股份公司法定代表人周某无权订立涉案的抵押合同及不可撤销担保书,即涉案的抵押合同及不可撤销担保书系周某超越权限订立,对于周某超越权限订立抵押合同及不可撤销担保书,招行东港支行是知道或者应当知道的,理由如下:1. 招行东港支行虽然获取了《股东会担保决议》,但按照《公司法》(2005 修订)第 16 条第 2 款"公司为公司股东或者实际控制人提供担保的,必须经股东会或者股东大会决议"的规定,招行东港支行对《股东会担保决议》中存在的一些明显瑕疵却尽到合理的形式审查义务,例如,《股东会担保决议》中有一枚名称为"辽宁科技创业投资责任公司"的印章,按《公司法》规定不可能存在"责任公司"这种名称,招行东港支行对此瑕疵依法应能审查出来,结果却未审查出来,庭审中招行东港支行也承认对此存在疏忽。2. 振邦股份公司的股东之一大连科技风险投资基金有限公司,在 2003 年其名称已经由"大连科技风险投资有限公司"变更为"大连科技风险投资基金有限公司",而《股东会担保决议》形成于 2006 年,故其上所盖的名为"大连科技风险投资有限公司”的印章系作废旧印章，对此招行东港支行应进行审查，但实际其并未尽到审查义务。3. 根据《公司法》(2005 修订)第 16 条第 3 款的规定，“前款规定的股东或者受前款规定的实际控制人支配的股东，不得参加前款规定事项的表决”，振邦集团公司作为振邦股份公司的股东，本不应参加此担保事项的表决，但《股东会担保决议》上却盖有振邦集团公司的印章，对此《公司法》有明确规定，招行东港支行亦应进行审查，结果招行东港支行同样未尽审查义务。综上所述，对于上述明显瑕疵，招行东港支行经审查便能很容易审查出，但其却未尽到应有的审查义务，故可以确定招行东港支行知道或应当知道周某系超越权限订立抵押合同及不可撤销担保书。根据《担保法司法解释》第 11 条①“法人或者其他组织的法定代表人、负责人超越权限订立的担保合同，除相对人知道或者应当知道其超越权限的以外，该代表行为有效”的规定，涉案抵押合同及不可撤销担保书应认定为无效。由于振邦股份公司作为担保人给招行东港支行提供的《股东大会担保决议》上盖的“天津环渤海创业投资管理有限公司”“中绿实业有限公司”“辽宁科技创业投资责任公司”“大连科技风险投资有限公司”的印章均系虚假印章，其对抵押合同及不可撤销担保书的无效显然存在过错，招行东港支行作为债权人由于未尽到相应的审查义务也存在过错，故根据《担保法司法解释》第 7 条②“主合同有效而担保合同无效，债权人无过错的，担保人与债务人对主合同债权人的经济损失，承担连带赔偿责任；

① 已废止，对应《民法典》第 504 条和《民法典担保制度司法解释》第 7～10 条。

② 已废止，对应《民法典担保制度司法解释》第 17 条。

债权人、担保人有过错的,担保人承担民事责任的部分,不应超过债务人不能清偿部分的二分之一”的规定,振邦股份公司应当对振邦集团公司不能清偿部分的债务承担1/2的赔偿责任。基于此,2009年12月3日大连市中级人民法院作出一审判决:一、振邦集团公司自判决生效之日起10日内偿还招行东港支行借款本金1496.5万元人民币及利息(自2006年6月8日至8月8日按年利率6.455%计算,自2006年8月9日至判决生效日止按中国人民银行规定的同期逾期贷款利率计算)。如果未按判决指定的期间履行义务,应当按照《民事诉讼法》第229条①之规定加倍支付迟延履行期间的债务利息。二、在振邦集团公司不能清偿上述款项时,由振邦股份公司对振邦集团公司不能清偿部分的1/2承担赔偿责任。三、驳回招行东港支行的其他诉讼请求。

招行东港支行不服上述一审判决,向辽宁省高级人民法院提起上诉。辽宁省高级人民法院除认定一审查明事实外,另查明:根据振邦股份公司的申请,一审法院委托辽宁德恒物证司法鉴定所对《股东会担保决议》中盖有的“天津环渤海创业投资管理有限公司”和“中绿实业有限公司”二枚印章进行鉴定,其鉴定意见为:《股东会担保决议》上盖印的“天津环渤海创业投资管理有限公司”印章印文与样本《2006年度年检报告书》上盖印的“天津环渤海创业投资管理有限公司”印章印文不是同一枚印章所盖。《股东会担保决议》上盖印的“中绿实业有限公司”的印章印文与样本《2006年度年检报告书》上盖印的“中绿实业有限

① 已修改,对应现行《民事诉讼法》第260条。

公司”的印章印文不是同一枚印章所盖。又查明:沈阳市工商行政管理局提供的企业变更的登记情况查询卡片记载,2004年2月26日至2006年8月18日,辽宁科技创业投资有限责任公司没有变更企业名称。而《股东会担保决议》中盖有的印章是辽宁科技创业投资责任公司。大连市工商行政管理局高新园区分局出具的内资企业变更内容查询卡记载,原大连科技风险投资有限公司于2003年5月23日已变更为大连科技风险投资基金有限公司。根据大连市工商行政管理局高新园区分局出具的2002年7月22日振邦股份公司章程修正案中,股东原大连科技风险投资有限公司所盖的印章有数码,而《股东会担保决议》所盖大连科技风险投资有限公司的印章没有数码。再查:振邦股份公司的8个股东中,王某和泰山绿色产业有限公司没有在《股东会担保决议》上签字盖章。根据振邦股份公司章程,振邦集团公司占总股本的61.5%,振邦集团公司系振邦股份公司的股东和实际控制人。

辽宁省高级人民法院审理后认为,招行东港支行与振邦集团公司所签订的借款合同是真实意思表示,合法有效。振邦集团公司未按合同约定履行义务,应当承担违约责任。振邦股份公司为振邦集团公司的借款提供了连带责任保证和抵押担保,由于该担保行为属于股份公司为其股东提供担保,故对其效力的认定应适用《公司法》的有关规定。《公司法》(2005修订)第16条第2款规定,“公司为公司股东或者实际控制人提供担保的,必须经股东或者股东大会决议”。第3款规定,“前款规定的股东或者受前款规定的实际控制人支配的股东,不得参加前款规定事项的表决。该项表决由出席会议的其他股东所持表决权的半数通过”。据此,作为债权人的招行东港支行应对借款人提供的借款抵押合同及《股东会担保决议》等相关资料的真实性从程序上、形式上进行审查。《股东会担保决议》中共盖有5枚印章,除振邦集团公司外所盖印章均不是真实的。《股东会担保决议》中盖有的股东天津环渤海创业投资管理有限公司和中绿实业有限公司印章,经司法鉴定均不是真实的。股东名称为“辽宁科技创业投资有限责任公司”,而《股东会担保决议》上所盖股东印章名称为“辽宁科技创业投资责任公司”,没有“有限”二字,与股东名称明显不符。股东大连科技风险投资有限公司在2003年就已经将名称由“大连科技风险投资有限公司”变更为现名称“大连科技风险投资基金有限公司”,其所盖印章名称虽系更名前的名称,但并不是更名后作废的旧印章。因该公司更名前的旧印章上有数码标志,而《股东会担保决议》所盖旧印章却没有数码标志,招行东港支行应当审查出来。另外,振邦集团公司是振邦股份公司的股东和实际控制人,在《股东会担保决议》上也加盖公司印章,违背《公司法》的规定,招行东港支行应是明知的。综上所述,《股东会担保决议》所盖5枚印章均无效,一审确认《股东会担保决议》事项并未经过股东会的同意,因该《股东会担保决议》缺乏真实性导致担保合同无效正确。招行东港支行没有尽到审查义务,存在过错,对担保合同无效,应当承担相应责任。根据《担保法司法解释》第7条①“主合同有效而担保合同无效,债权人无过错的,担保人与债务人对主合同债权人的经济损失,承担连带赔偿责任;债权人、担保人有过错的,担保人承

---

① 已废止,对应《民法典担保制度司法解释》第17条。

担民事责任的部分,不应超过债务人不能清偿部分的二分之一”的规定,该案中招行东港支行和振邦股份公司对担保合同无效均存在过错,故一审判决振邦股份公司应当对振邦集团公司不能清偿部分的债务承担1/2的赔偿责任,并无不当。招行东港支行所提一审法院适用法律错误,其不存在过错的上诉理由,不能成立,法院不予采纳。综上,一审认定事实清楚,证据确实充分,审判程序合法,应予维持。辽宁省高级人民法院判决:驳回上诉,维持原判。

招行东港支行不服辽宁省高级人民法院上述民事判决,向最高人民法院申请再审。最高人民法院除认定一审、二审查明事实外,另查明:在再审期间,招行东港支行向最高人民法院提交一份新证据,即振邦股份公司股东会成员名单及签字样本,证明振邦股份公司提供给招行东港支行的股东会决议上的签字及印章与其提供给招行东港支行的签字及印章样本一致。

最高人民法院认为,本案各方争议的焦点是担保人振邦股份公司承担责任的界定。鉴于案涉借款合同已为一审、二审法院判定有效,申请再审人对此亦无异议,故对案涉借款合同的效力直接予以确认。案涉《抵押合同》及《不可撤销担保书》系担保人振邦股份公司为其股东振邦集团公司之负债向债权人招行东港支行作出的担保行为。作为公司组织及公司行为当受《公司法》调整,同时其以合同形式对外担保行为亦受《合同法》及《担保法》的制约。案涉公司担保合同效力的认定,因其并未超出平等商事主体之间的合同行为的范畴,故应首先从《合同法》相关规定出发展开评判。关于合同效力,《合同法》

第 52 条[①]规定“有下列情形之一的,合同无效……(五)违反法律、行政法规的强制性规定”。关于前述法律中的“强制性”,《合同法司法解释二》第 14 条则作出如下解释规定:“合同法第五十二条第(五)项规定的‘强制性规定’,是指效力性强制性规定”。因此,法律及相关司法解释均已明确了将是否违反法律或行政法规中效力性强制性规范作为合同效力的认定标准之一。公司作为不同于自然人的法人主体,其合同行为在接受《合同法》规制的同时,当受作为公司特别规范的《公司法》的制约。《公司法》(2005 修订)第 1 条开宗明义规定“为了规范公司的组织和行为,保护公司、股东和债权人的合法权益,维护社会经济秩序,促进社会主义市场经济的发展,制定本法”。《公司法》(2005 修订)16 条第 2 款规定:“公司为公司股东或者实际控制人提供担保的,必须经股东会或者股东大会决议”。上述《公司法》规定已然明确了其立法本意在于限制公司主体行为,防止公司的实际控制人或者高级管理人员损害公司、小股东或其他债权人的利益,故其实质是内部控制程序,不能以此约束交易相对人。故上述规定宜理解为管理性强制性规范。对违反该规范的,原则上不宜认定合同无效。另外,如作为效力性规范认定将会降低交易效率和损害交易安全。譬如股东会何时召开、以什么样的形式召开、何人能够代表股东表达真实的意志,均超出交易相对人的判断和控制能力范围,如以违反股东决议程序而判令合同无效,必将降低交易效率,同时也给公司动辄以违反股东决议主张合同无效的不诚信行为留下了制度缺口,最终危害交

① 已废止,对应《民法典》第 146 条、第 153 条等。

易安全，不仅有违商事行为的诚信规则，更有违公平正义。故本案一审、二审法院以案涉《股东会担保决议》的决议事项并未经过振邦股份公司股东会的同意，振邦股份公司也未就此事召开过股东大会为由，根据《公司法》(2005 修订)第 16 条规定，作出案涉不可撤销担保书及抵押合同无效的认定，属于适用法律错误，最高人民法院予以纠正。

在案事实和证据表明，案涉《股东会担保决议》确实存在部分股东印章虚假、使用变更前的公司印章等瑕疵，以及被担保股东振邦集团公司出现在《股东会担保决议》中等违背《公司法》规定的情形。振邦股份公司法定代表人周某超越权限订立抵押合同及不可撤销担保书，是否构成表见代表，招行东港支行是否善意，亦是本案担保主体责任认定的关键。《合同法》第 50 条[①]规定："法人或者其他组织的法定代表人、负责人超越权限订立的合同，除相对人知道或者应当知道超越权限的以外，该代表行为有效。"本案再审期间，招行东港支行向法院提交的新证据表明，振邦股份公司提供给招行东港支行的股东会决议上的签字及印章与其为担保行为当时提供给招行东港支行的签字及印章样本一致。而振邦股份公司向招行东港支行提供担保时使用的公司印章真实，亦有其法人代表真实签名。且案涉抵押担保在经过行政机关审查后也已办理了登记。至此，招行东港支行在接受担保人担保行为过程中的审查义务已经完成，其有理由相信作为担保公司法定代表人的周某本人代表行为的真实性。《股东会担保决议》中存在的相关瑕疵必须经过鉴定机关的鉴定

① 已废止，对应《民法典》第 504 条。

方能识别、必须经过查询公司工商登记才能知晓、必须谙熟《公司法》相关规范才能避免因担保公司内部管理不善导致的风险,如若将此全部归属于担保债权人的审查义务范围,未免过于严苛,亦有违《合同法》《担保法》等保护交易安全的立法初衷。担保债权人基于对担保人法定代表人身份、公司法人印章真实性的信赖,基于担保人提供的股东会担保决议盖有担保人公司真实印章的事实,完全有理由相信该《股东会担保决议》的真实性,无须也不可能进一步鉴别担保人提供的《股东会担保决议》的真伪。因此,招行东港支行在接受作为非上市公司的振邦股份公司为其股东提供担保的过程中,已尽到合理的审查义务,主观上构成善意。本案周某的行为构成表见代表,振邦股份公司对案涉保证合同应承担担保责任。关于案涉《抵押合同》的担保责任,鉴于该案一审、二审期间招行东港支行仅提出相对人承担连带赔偿责任的诉讼主张,并未提出对案涉抵押物享有优先受偿权的诉讼请求,故其再审中请求享有案涉抵押担保物权的主张已超出原审诉请范围,因此法院再审中不予审理。

【法院判决】

2014年4月22日,最高人民法院作出判决:一、撤销辽宁省高级人民法院(2010)辽民二终字第15号民事判决、大连市中级人民法院(2009)大民三初字第36号民事判决第(二)项、第(三)项;二、维持大连市中级人民法院(2009)大民三初字第36号民事判决第(一)项;三、振邦股份公司对振邦集团公司上述债务承担连带担保责任。

【分析】

招行东港支行诉振邦集团公司、振邦股份公司借款合同纠纷案被视为公司对外担保的典型案例。其典型之处在于：一是该案例指出了公司对外提供担保问题的特殊性，即“公司作为不同于自然人的法人主体，其合同行为在接受《合同法》规制的同时，当受作为公司特别规范的《公司法》的制约”，实际上这也是公司对外担保问题复杂性的根源之一。二是该案例就《公司法》(2005 修订)第 16 条第 2 款明确理解为管理性强制性规定，提出违反该规范的，原则上不宜认定合同无效。三是该案例进一步阐释了担保权人的审查义务标准——形式审查义务，即将公司印章瑕疵等必须经鉴定机关的鉴定方能识别、必须经过查询公司工商登记才能知晓、必须谙熟《公司法》相关规范才能避免因担保公司内部管理不善导致的风险排除在担保权人的审查范围之外。因此，振邦股份公司担保案使实践中有关公司对外担保纠纷的审理思路、分析视角更为开阔。这种开阔，一方面体现在裁判依据上，明确了公司对外担保的裁判依据需要综合《合同法》、《担保法》以及《公司法》的相关规定；另一方面针对《公司法》(2005 修订)第 16 条第 2 款的理解向公司内部控制程序方面延伸，特别是针对相对人审查义务的分析，更是为实践中对交易相对人“善意”的认定、对公司印章崇拜等传统理念的消解提供了参考思路。

案例五　姜某英与中鑫汇通商业保理有限公司、运盛(上海)医疗科技股份有限公司、钱某高民间借贷纠纷案

【案号】上海市第一中级人民法院(2018)沪 01 民终 10784 号

【基本案情】

出借人姜某英与借款人中鑫汇通商业保理有限公司(以下

简称中鑫公司)签订借款协议,借期协议担保人处加盖有上市公司运盛(上海)医疗科技股份有限公司(以下简称运盛医疗公司)的印章以及该公司原法定代表人钱某高的印章。此前,运盛医疗公司已经对外发布了原法定代表人钱某高辞职公告和法定代表人变更信息。因中鑫公司未还款,姜某英向法院起诉要求中鑫公司归还借款500万元及利息50万元,并要求运盛医疗公司、钱某高对上述债务承担连带还款责任。一审法院经审理后,判决:(1)中鑫公司于判决生效之日起10日内归还姜某英借款500万元。(2)中鑫公司于判决生效之日起10日内支付姜某英截至2018年4月23日的借款利息50万元。(3)运盛医疗公司对中鑫公司的上述债务承担连带清偿责任。运盛医疗公司承担保证责任后,有权向中鑫公司追偿。(4)驳回姜某英的其余诉讼请求。判决后,运盛医疗公司提出上诉。

二审法院经审理后认为:(1)依照《公司法》第16条第1款的规定,公司向其他企业投资或者为他人提供担保,依照公司章程的规定,由董事会或者股东会、股东大会决议。根据运盛医疗公司在本案中提供担保前对外公布的公司章程规定,运盛医疗公司对外担保的单笔金额不超过3000万元,由董事会审议,并应当取得董事会全体成员2/3以上签署同意;而在案事实表明,本案中运盛医疗公司在提供担保前未经董事会审议,也未经董事会决议授权或追认。(2)各方当事人在签订系争协议前,运盛医疗公司已对外公布了法定代表人变更信息,即便钱某高代表运盛医疗公司在系争协议上加盖公章及法定代表人公章,考虑到运盛医疗公司在此之前对外发布了钱某高辞职公告及法定代表人变更信息,法院认定姜某英理应知晓运盛医疗公司原法定代表人钱某高系超越权限代表公司为中鑫公司提供担保。(3)运盛医疗公司属于公众性的上市公司，该公司对外提供担保未经该公司董事会决议授权或追认，也剥夺了其他股东的知情权和决策权，如运盛医疗公司一旦对外承担担保责任又得不到追偿，将严重危害大多数股东和广大中小公众股东及公司债权人的利益。且上述涉系争担保的相关法律规定和公司章程均是通过公众媒体公示的，违反这些法规、章程为大额债务提供担保可能严重危害其他股东和社会公众利益，姜某英在签订系争协议时应完全有所意识并作为善意相对人为防止社会公众利益受损，同时也为防范自身商业风险，应尽到基本的形式审查义务。鉴于此，法院认定本案中系争协议所涉及的担保对运盛医疗公司不发生效力，运盛医疗公司不应承担连带保证责任。

【法院判决】

2019年4月26日，上海市第一中级人民法院作出判决，驳回姜某英要求运盛医疗公司承担担保责任的诉讼请求。本判决已生效。

【分析】

姜某英与中鑫公司、运盛医疗公司、钱某高民间借贷纠纷案是《人民法院报》评选出的2019年人民法院十大商事案件。该案件的典型性在于凸显了上市公司对外提供担保时应当遵循的特殊规则——“违规以上市公司名义为他人担保的公司不承担民事责任”。作为特殊的公司类型，上市公司是违规对外提供担保的集聚区，其法定代表人及其他人员违规以上市公司名义提供担保，是我国资本市场长期以来的“毒瘤”，严重损害投资者和上市公司的合法权益。相关机构如上海证券交易所、深圳证券交易所等都在不断完善规则,使上市公司对外担保有着不同于普通公司的规范要求,尤其是对外担保事项的及时"公开披露"义务。赵旭东教授在点评该案时就指出:现实经济生活中,上市公司对外提供重大担保,都会在召开股东会或者董事会后及时发布公告,债权人完全可以在看到公告后再签订担保合同,以确保担保合同有效。债权人根据上市公司公开披露的担保事项已经董事会或者股东大会决议通过的信息订立的担保合同,应当认定有效。债权人在接受上市公司为他人债务提供担保时,其审查义务是实质审查,即必须审查、了解行为人是否享有相应的代表或者代理权限,必须审查是否经股东大会、董事会或者公司授权。① 在此基础上,上市公司已经对外发布信息公告,而债权人未履行相应的审查义务,并未结合公告信息内容签订担保合同的,公司则不承担责任。② 本案所确立的裁判规则,不仅对推动提高我国上市公司质量、促进我国证券市场的持续健康发展具有重要意义,同时也对与上市公司签订担保合同的相对人特别是其审查行为产生了规范作用。

案例六 彭某与陈某川、湖南嘉茂房地产开发有限公司股权转让纠纷案

【案号】湖南省高级人民法院(2019)湘民终290号

---

① 参见《人民法院报》2020年1月18日,第4版。

② 《民法典担保制度司法解释》第9条第2款明确规定,相对人未根据上市公司公开披露的关于担保事项已经董事会或者股东大会决议通过的信息,与上市公司订立担保合同,上市公司主张担保合同对其不发生效力,且不承担担保责任或者赔偿责任的,人民法院应予支持。这就意味着,上市公司在担保合同对其不发生效力的情况下,不承担任何责任。

【基本案情】

湖南嘉茂房地产开发有限公司(以下简称嘉茂公司)股东登记为彭某、陈某川及案外人孙某江、肖某雄,陈某川为公司法定代表人。2015年7月20日,彭某、陈某川、孙某江、肖某雄、嘉茂公司签订《股权转让协议书》,约定彭某将其占嘉茂公司42%的股份以人民币4000万元的价格全部转让给陈某川、孙某江、肖某雄,并对具体转让事宜进行了约定。2017年4月19日,彭某与陈某川、嘉茂公司签订《补充协议书》,约定嘉茂公司自愿对陈某川所欠彭某的全部股权转让款本息承担连带给付责任。后因陈某川未按约定支付股权转让款,彭某向法院提起诉讼,请求判令陈某川支付股权转让款及利息暂合计2648.9199万元,嘉茂公司承担连带给付责任。一审法院经审理后,判决:(1)陈某川于判决生效之日起10日内向彭某支付股权转让款1873.5714万元及利息;嘉茂公司对上述1873.5714万元股权转让款及利息的支付承担连带责任。(2)嘉茂公司承担责任后,有权向陈某川追偿。(3)驳回彭某的其他诉讼请求。判决后,嘉茂公司、陈某川提出上诉。

二审法院经审理后认为,彭某在与陈某川签订《补充协议书》时,明知嘉茂公司并非只有陈某川一位股东,其本应审查陈某川以嘉茂公司名义为其个人提供担保是否符合《公司法》第16条第2款规定,是否已经该公司股东会决议同意,但其未要求陈某川出示嘉茂公司同意担保的股东会决议,也未提供证据证明其有理由相信该行为已经嘉茂公司股东会决议同意,故其自身存在明显过错,属于《合同法》第50条①、《担保法司法解释》

① 已废止,对应《民法典》第504条。

第 11 条[①]规定的应当知道陈某川的行为属于超越权限的相对人,不属于善意相对人。故嘉茂公司上诉认为其不应当承担连带清偿责任的理由成立,依法应予支持。

【法院判决】

2019 年 7 月 10 日,湖南省高级人民法院作出判决,驳回彭某要求嘉茂公司承担连带清偿责任的诉讼请求。

【分析】

彭某诉陈某川、嘉茂公司股权转让纠纷案系《人民法院报》评选出的 2019 年人民法院十大商事案件。[②] 该案的典型之处在于相对人非善意的情况下,公司承担责任的形态。根据维护交易安全的要求,在相对人系善意的情况下,公司对相对人基于有效担保合同承担担保责任,自不待言;但在相对人非善意时,公司是否承担责任以及承担责任的形态一直存在争议。王利明教授在点评该案时指出,根据《公司法》第 16 条的规定,公司法定代表人不能单独决定公司担保行为事项,该事项必须以公司股东(大)会、董事会等公司机关的决议作为授权的基础。公司法定代表人未经授权擅自为他人提供担保的,构成越权代表,在判断越权代表行为的效力时,人民法院应当根据《合同法》第 50 条[③]关于法定代表人越权代表的规定,区分订立合同时债权人是否善意分别认定合同效力:债权人为善意的,则应当认定合同有效;反之则应当认定合同无效。而债权人善意的标准就是债权

① 已废止,对应《民法典》第 504 条和《民法典担保制度司法解释》第 7 ~ 10 条。

② 参见《人民法院报》2020 年 1 月 18 日,第 4 版。

③ 已废止,对应《民法典》第 504 条。

人是否对决议进行了形式审查。本案中,彭某和陈某川都是嘉茂公司股东。彭某要求嘉茂公司对陈某川应支付其的股权转让款进行担保,属于公司为股东担保,必须经公司股东会同意,然而公司并没有召开股东会,这显然违反了《公司法》第 16 条第 2 款的规定。由于彭某明知没有召开股东会,也明知陈某川是越权以公司提供担保,此种情形下,陈某川虽然形式上是公司的法定代表人,但该越权代表行为不应当对公司发生效力,公司也不应当对该行为承担法律责任。[①] 本案不仅明确划定了公司与股东之间关系的界限,对于推动我国公司治理现代化、提升市场主体投资兴业信心、提高产权司法保护水平具有典型意义;更为重要的是,在作为债权人的相对人非善意的情况下,作为担保人的公司是否承担民事责任,该案明晰了审判规则,即此时担保人“不承担连带给付责任”。

针对公司对外担保问题,无论 1993 年《公司法》第 60 条第 3 款抑或 2005 年修订的《公司法》第 16 条都无法给司法实践中形形色色的需求一一提供相应的制度供给。在此情况下,典型案例的参考指引功能就凸显出来。上述六个案例既有针对 1993 年《公司法》第 60 条第 3 款理解与适用的“中福实业公司担保案”和“光彩集团担保案”,也有针对现行《公司法》第 16 条理解与适用的“银大科技公司担保案”和“振邦股份公司担保案”;既有针对普通公司的担保纠纷,也有“运盛医疗公司担保案”等针对上市公司的担保情形;既有涉及公司对外担保合同效力认定的纠纷,也有“嘉茂房地产公司担保案”等涉及相对人非善意情

① 参见《人民法院报》2020 年 1 月 18 日,第 4 版。

况下公司是否承担责任的纠纷,涵盖了公司对外担保的诸多情形。最高人民法院通过审理上述典型案件以及发布典型案例,既在《九民会纪要》和《民法典担保制度司法解释》出台前,回应了司法实践中的规则需求,又结合实践中涌现出的诸多问题,从肯定公司的对外担保能力、特定情形下董事会对公司对外担保事项的决定权、《公司法》第16条的性质、相对人的审查义务范围、上市公司对外担保规则特殊性以及相对人非善意情况下公司的责任形态等方面,大大拓展了人们对公司对外担保纠纷的认知范围。最高人民法院作为最高审判机关,赋予这些案例的处理规则相当的权威性,也为各级人民法院处理公司对外担保纠纷提供了一定的参考指引。

第二章　公司对外担保的域外考察

公司对外提供担保是各国和地区普遍存在的经济和法律现象。但源于各国和地区在法律构造、现实背景上的不同,加之公司对外提供担保往往属于超越公司日常经营范围的行为,因此各国和地区在对待公司对外担保问题上也存在一定差异。有些国家和地区就公司对外担保问题直接作出了规定,有些国家和地区对待这一问题的立场则掩映在公司超越法人目的以及公司董事等代表人超越职权等其他相关法律规范之内,需要我们结合它们就上述问题的法律规定和相关判例,间接推导出其面对公司对外担保时的态度。

第一节　英美法系有关公司对外担保的立场及做法

一、英国公司法上的公司对外担保

英国是现代公司制度的发源地。2006 年英国对公司法进行了大规模的修订,形成了多达 1300 条、历史上篇幅最长的公司法。但即便如此,英国《2006 年公司法》中并未有我国《公司法》第 16 条那般针对公司对外担保的直接、单独的规定,其对公司担保的规范散落在对公司董事越权和公司向董事提供贷款等相关规定之间。因此就英国公司法对公司对外提供担保行为的态度,需要从对公司贷款、董事越权以及公司超越经营范围等相关判例法及法律规定中去探寻答案。

(一)英国公司法关于公司超越经营范围的态度

针对公司超越经营范围的行为效力问题,英国公司法经历了从以保护债务人公司为基础的"推定知悉"规则,逐步转变为以保护债权人为基础的"内部管理"规则,甚至出现了限缩交易相对人恶意认定的强保护规则的发展历程。早在 1857 年,英国公司法就通过"欧内斯特案"确立了"推定知悉"规则,即公司章程一旦公开就意味着向第三人发出了通知,进而推定第三人应当知道并理解其中的内容,所以章程中有关公司的义务范围(目的条款)等所有内容均可对抗第三人。之所以产生这种规则,在于早期的观点认为公司只是股东为了实现其有限的宗旨设立的,为了保护股东,公司不能违背股东的意愿而超越公司章程行事,一旦超越则行为无效。与"推定知悉"规则相配套的则是英国公司法所确立的公司"越权无效"原则。这一原则是 1875 年英国上议院在审理"黎希案"(Ashtray Railway Carriage and Iron Company Ltd v. Riche 案)时所确立的。其大致内容为:依据英国《1862 年公司法》设立的公司,仅可在公司大纲规定的目标条款内实施交易;凡超越目标条款的交易,无论相对人是善意或恶意,自始无效;即使全体股东一致追认,也不能例外。针对该案,凯恩斯法官指出:(1)公司的法人人格由法律赋予,公司并不当然地享有普通法上的固有权力。(2)公司目的范围一经注册,便意味着法律授予公司在目的范围内活动的权力,公司不得超越该目的范围而活动。(3)合同完全超越了章程规定的目的范围,本案不是合同非法的问题,而是公司缺乏缔约能力的问题。法庭第一次清晰地对超越公司能力的行为与超越董事职权范围的行为进行区分。在公司越权情况下,由于公司缺乏能力,即使全体股东一致追认,合同对公司亦不产生约束力;若公司董事在公司权力范围内活动但超出了公司对董事的授权,则行为可以由股东加以追认从而对公司产生约束力。①

"越权无效"原则的确立,原本是为了防止公司财产基于设立目的以外的活动而招致不当减少,进而保护公司股东及债权人的利益。但其实施过程中却产生了与初衷相背离的效果:一方面,这一原则成为禁锢公司自由经营的枷锁。受制于设立目的,公司不能灵活地捕捉其他商业机会,影响了公司的发展与成长。另一方面,它助长了毁约和失信行为。"越权无效"原则在"推定知悉"规则的加持下,对交易相对人而言,无疑是一个陷阱:与公司缔结合同的当事人会因未曾阅读公司大纲,或者虽然阅读了但可能未理解它,而遭受不测损害。② 这严重影响了商事交易的安全和便捷。因此,自确立以来,"越权无效"原则就不断受到商界和法律界的抵制和批判。③ 即便在奉行"推定知悉"规

① 参见何美欢:《香港合同法》,北京大学出版社 1995 年版,第 367 页。

② 参见朱广新:《法定代表人的越权代表行为》,载《中外法学》2012 年第 3 期。

③ 参见孙英:《公司章程效力研究》,法律出版社 2013 年版,第 172 页。

则的时期,英国判例法也未完全遵循该规则,而是参照"代理法"来对该规则进行修正,为此判例法区分了"默示的授权"(implied authority)①和"显而易见的授权"(apparent authority)等两大类,在很大程度上修正了"推定知悉"规则。②

而在修正"推定知悉"规则及"越权无效"原则对公司经营发展所带来的桎梏方面,影响深远的当属英国皇家银行诉图尔宽德(Royal British Bank v. Turquand)案。在该案中,银行董事根据已作登记的财产授予契约,依据公司股东会决议向第三人图尔宽德发行公债。然而银行提出诉讼请求,声称董事会这一行为并没有获得公司股东会所通过决议的批准,因此应当认定无效。杰维斯法官并不赞同这一诉求。他认为,即使董事会在决定发行公债时,事实上没有得到股东会的批准,但该行为也应视为有效。因为对于交易第三人而言,他有权依赖于外部文件的表征,而相信董事会获得此种授权。并且,杰维斯法官在此

① 例如,在 Hely-Hetchinson v. Brayhead Ltd. 一案中,Richards 是 Brayhead 公司的董事长,他代表公司签署了一份融资协议,但是公司董事会并未通过相关决议授权该行为,从而拒绝承认该契约对于公司具有约束力。丹宁勋爵认为,公司授权分为明示授权和默示授权,默示授权取决于案件的具体情况,可以从代理人的职位和各方的客观行为等推定出来。本案中,Richards 是公司董事长,董事长一职的权力通常只限于主持董事会会议,而不能代表公司订立契约,除非获得董事会的授权。但从各方的行为模式和其他相关案件情况来看,Richards 仍然拥有默示的实际授权。长期以来,Richards 一直管理公司的融资事务,并行使最终的决策权,然后向董事会报告。因此虽然他名义上只是董事长,但也是事实上的管理董事,董事会一直默认了该事实。最终丹宁勋爵判决融资契约对公司有效。参见黄辉:《现代公司法比较研究——国际经验及对中国的启示》,清华大学出版社 2020 年版,第 135 页。

② 参见吴越:《法定代表人越权担保行为效力再审——以民法总则第 61 条第三款为分析基点》,载《政法论坛》2017 年第 5 期。

案中对交易第三人因信赖外部文件获得保障给出了经典的理由:"我们现在可以理所当然地认为,人们在与公司从事交易时不像他们与合伙组织进行交易时一样。因为,人们在与公司进行交易时,会有义务去阅读公司的法定文件包括财产授予契约。但是他们没有必要比这做得更多。然而在此,即便与公司交易的人阅读了公司的财产授予契约,他们也不能找到有关禁止借贷的条文规定,因为公司财产授予契约规定一定条件下的借贷权。当事人以为此种借贷权的批准已经被董事会取得,因为具有完善性。因此,他们有理由假定,基于公司文件表面上的授权,公司董事会在与自己从事此种交易时已经完全获得了公司股东大会决议的通过。"①根据这一判例,英国普通法确立了公司"内部管理"规则,又称为"图尔宽德规则",即与公司进行交易的第三人,被假定为在从事交易前已经查阅或知悉公司登记的公共文件,并且他们确信他们与公司所从事的交易没有冲突。除此之外,他们无须付出更多的代价,以探听公司是否仍有其他内部规定。如果他们所查阅的公司公共文件已然明确董事会的授权内容,并且依据这些授权与代表公司的董事进行交易,即使公司内部对这些授权附有其他条件或者程序方面的限制,交易第三人也无须查找这些内部文件或程序限制。"图尔宽德规则"的确立,一方面为交易第三人提供了稳定剂和安心丸,不必对公司内部的管理规则忧心忡忡,有所顾虑;另一方面也对商业便捷效率产生了较大的激励,促使第三人在与公司进行交易时,不必花费太多时间和精力探寻公司内部文

---

① 张民安:《现代英美董事法律地位研究》,法律出版社 2007 年版,第 296 页。

件,而只需依据公开文件便可决定。这无疑可以节省大量时间,提高商业效率。[①] 因此,即使在英国奉行"推定知悉"规则的时期,鉴于"推定知悉"加重了交易相对人的注意义务和举证责任,严重损害了交易安全,因此也不得不用"图尔宽德规则"进行修正,以维护交易安全。换言之,"推定知悉"规则一直不能贯穿始终。[②] 同时,为了减少"越权无效"原则所带来的弊端,1968 年欧洲共同体《第一公司法》指令要求各成员国废除越权制度。1972 年《欧洲共同体法》第 9 条贯彻了指令的要求。该条第 1 款规定,公司应承受其机关实施的行为,即使这些行为不在公司的目标之内,除非此种行为超越了法律授予或法律允许授予公司机关的权力。[③] 这些都对英国公司法上"越权无效"原则带来了重大影响,进而也影响了与之相关的公司对外担保行为的效力判断。

(二)英国《2006 年公司法》关于董事越权行为的规定

英国《2006 年公司法》第 40 条是有关"董事约束公司的权力"的规定。其中第(1)节规定,为了有利于善意与公司交易的人,董事约束公司或者授权他人这样做的权力,视为不受公司宪章之下的任何限制。即无论公司宪章对董事权力作出何种限制,只要与公司交易的人出于善意,该交易对公司即产生约束

---

① 参见林少伟:《英国现代公司法》,中国法制出版社 2015 年版,第 455 页。

② 参见吴越:《法定代表人越权担保行为效力再审——以民法总则第 61 条第三款为分析基点》,载《政法论坛》2017 年第 5 期。

③ 参见朱广新:《信赖保护原则及其在民法中的构造》,中国人民大学出版社 2013 年版,第 144 页。

力。换言之,与没有授权或者超出授权范围的董事进行交易的第三人须持善意之心;如其恶意,则不符合此条款,交易对公司不产生约束力。为了保护第三人利益,确保第三人不因法院擅自解读“善意”而被置于不利地位,英国《2006 年公司法》第 40 条第(2)节进一步规定,为了实现上述目的,与公司交易的人:(1)没有义务询问董事约束公司或者授权他人这样做的权力;(2)被推定为已善意行事,除非另有所证;(3)不能仅由于他知道行为超越公司宪章之下的董事权力而视为恶意行事。

根据英国《2006 年公司法》第 40 条第(2)节的规定,首先,第三人无须查询董事的授权限制。这实际上削弱甚至推翻了普通法上的“推定知悉”规则。在普通法中,根据“推定知悉”规则,法院可以推定第三人知晓该限制。在以往交易中为了保护自身利益,第三人须花费时间和精力进行事先调查,以防止对方超出权限而导致自身利益受损,而今则无必要。其次,在善意认定方面,采取了事先推定第三人为善意的立场,除非有相反证据证明其怀有恶意。这实际上转移了证明责任,将证明第三人为恶意的负担转移给公司。最后,也是最令人惊讶的是,即使第三人知道对方超越公司宪章授予的权限,也不能仅仅以此证明其恶意行事。这实际上否定了“知情 = 恶意”的传统司法,也增加了公司证明第三人恶意的难度。至于如何证明第三人怀有恶意?鉴于第三人仅仅知情不足以证明其恶意行事,除此之外,尚需其他条件方能证明其怀有恶意。对此普通法认为,如第三人与董事相互串通或者共谋图取私利,则为恶意;如第三人知悉对方已超出权限,且行为有不当目的,但仍与之交易,也构成恶意。[①] 还有学者提出,英国《2006 年公司法》第 40 条并不是说“明知”不可以成为证明存在恶意的一个要素,但它的确不允许将“明知”与“恶意”简单地等同起来。正如 Nourse 法官在论及 1972 年《欧洲共同体法》第 9 条的同样表述时称:“它所要表达的是,如果一个人无论如何本应知道公司无权与其开展该交易,但仍然与公司进行了交易,则此人不一定是出于善意而行事。他有时,或者经常不是出于善意而行事。如果他实际上知道公司无权开展交易,则更不一定是出于善意而行事。”在 Ford v. Polymer Vision Ltd 一案中,法官判断存在恶意的方式则是通过调查第三人是否获悉董事行事可能违背了其义务,而不是调查第三人是否获悉董事会的召开可能违背了公司章程的规定。[②] 还有观点提出,第三人在与董事进行磋商交易时,应当持相当谨慎态度,在合同签订前应事先了解对方是否拥有足够的授权代表公司签订此合同,因事先未做好调查而导致的风险属于正常的商业风险。这种质疑虽不无道理,却可能因小失大。因为假如要求每个交易人都要事先做好充分的调查,则不仅需要耗费大量的时间和精力,也须付出不小的费用。这显然不利于提高商业效率。出于交易效率和交易安全的双重考量,即使缺乏授权,也应给予第三人必要的保护。[③]

---

① 参见林少伟:《英国现代公司法》,中国法制出版社 2015 年版,第 447 ~ 449 页。

② 参见[英]保罗·戴维斯、[英]莎拉·沃辛顿:《现代公司法原理》,罗培新等译,法律出版社 2016 年版,第 169 页。

③ 参见林少伟:《英国现代公司法》,中国法制出版社 2015 年版,第 448 页。

英国《2006年公司法》的修正意味着，英国过去判例法中曾经奉行的“推定知悉”规则已经被抛弃。一方面是由于市场经济发展到一定层次以后交易规则的自身演变所致；另一方面则因为其相关的配套措施在很大程度上填补了“推定知悉”规则退出后所留下的制度空当。比如在英国，登记与公示是公司对外提供担保的必经程序。英国《2006年公司法》第860条第1款规定：“设立本条所适用之抵押的公司，必须在允许登记期间结束之前，为了登记而向登记官提交抵押的规定详情，连同设立或证明抵押之文件。”第892条第2款还规定：“文件和登记册必须被置备于下列地点，以供查阅——(A)公司登记住所，或者(B)第1136条之下的规章所指定的地点。”[①]换言之，正是由于登记或者公示配套系统的发达，填充了“推定知悉”规则最初不合理或者不符合商业交易发展的内容，为英国《2006年公司法》有关第三人保护规则得到较好的贯彻落实提供了有力支撑。当然，当董事没有授权或者超出授权范围与他人交易时，就已违背了公司法关于董事须在权力内行事的义务，他须承担因违反此义务而产生的责任。如英国《2006年公司法》第40条第(5)节就进一步确认第40条不影响董事或任何其他人由于董事超越权力而产生的任何责任。第41条第(3)节对董事可能承担的责任作了进一步规定，即董事须向公司缴纳其直接或者间接从该交易中取得的任何收益，且向公司补偿因该交易而造成的任何损失或者损害。

---

① 《英国2006年公司法》，葛伟军译，法律出版社2012年版，第540～558页。

(三)英国《2006年公司法》关于公司贷款、准贷款等规定

英国《2006年公司法》中关于公司担保较为接近的规定属于"贷款、准贷款和信用交易"的内容。如第197条(对董事的贷款:成员批准之要求)就规定:(1)公司不得对公司或其控股公司的董事提供贷款,或者提供与任何人对该董事的贷款相关联的保证或担保,除非交易已经被公司成员的决议批准。(2)如果董事是公司之控股公司的董事,交易必须同时已经被控股公司成员的决议批准。依据第213条(贷款等:违反的民事后果)规定,公司违反第197条、第198条、第200条、第201条或第203条而签订交易或安排时,公司有权申请撤销上述交易或者安排,除非(A)归还系交易或安排之标的的任何款项或者其他资产,不再可能;(B)从交易或安排中产生的任何损失或损害,公司已经得到了赔偿;或者(C)不是交易或安排一方的人在不知道违反的情况下善意有偿取得的权利,将受到撤销的影响。而且,无论交易或安排是否已经被撤销,对此负有责任的公司董事或与董事相关联的人均负有将其直接或间接从交易或安排中获取的任何收入归还公司,并就公司因此所受的任何损失或者损害承担共同连带民事责任。[①] 从该条文字表述来看,英国《2006年公司法》对公司向董事贷款提供的保证和担保原则上是禁止的,除非已经"公司成员的决议批准",甚至必要时还需要经"被控股公司成员的决议批准"。但法律规定

---

① 参见《英国2006年公司法》,葛伟军译,法律出版社2012年版,第118~119页。

并不仅限于此，英国《2006 年公司法》又在第 204 条、第 205 条、第 206 条、第 207 条、第 208 条、第 209 条等设置了“公司业务开支”“诉讼答辩等开支”“与监管行动或调查相关联的开支”“小型和商业交易”“集团内部交易”“贷款公司”等诸多例外情形。根据英国《2006 年公司法》，在这些例外情形下的担保行为，通常并不要求第 197 条、第 198 条或第 200 条之下的批准。例如，根据第 207 条规定，公司提供贷款或准贷款，或者提供与贷款或准贷款相关联的保证或担保，如果交易的价值以及任何其他相关交易或安排的价值的总额，不超过 10,000 英镑，则不要求获得第 197 条、第 198 条或第 200 条所规定的相关批准。由此可以看出，总体上英国《2006 年公司法》是允许公司对外提供担保的，只是在某些具体担保类型方面，出于资本维持和防范利益冲突的考量，才对特定类型的公司担保予以限制或者禁止。[①]

二、美国公司法上的公司对外担保

（一）美国立法对公司对外担保的态度

在美国，公司的成立与内部事务管理主要依据注册地州法律，而非联邦法律。美国没有统一的公司法，而是由各州独立制定公司法，且各州法院又积累和创造了丰富的判例原则，外加美

① 参见周伦军：《公司担保的法律解释论》，载最高人民法院民事审判第二庭编：《商事审判指导》2012 年第 4 辑（总第 32 辑），人民法院出版社 2013 年版，第 33 页。

国律师协会起草的标准公司法,[①]供各州自由选择。在美国各州公司法发展过程中,较为突出的特征在于各州公司法之间围绕吸引公司注册等目标而展开了州际竞争。而美国公司法之所以能够达到今天的高度,与各州之间在漫长历史时期内,在公司立法和执法层面保持着持续的竞争有直接关系。[②] 其中,第一轮竞争发端于19世纪80年代,至20世纪30年代达到高潮。这一轮竞争主要表现为公司法的自由化改革,促进各州公司法基本完成了从"管制型"向"赋权型"的转变,代表者为新泽西州。第二轮竞争则肇始于20世纪60年代,一直延续到现在,代表者为特拉华州。[③] 从各州公司法的立法规定来看,基本都秉持了对公司对外担保较为宽松的态度。无论《标准公司法》还是各州制定的公司法,普遍赋予公司对外担保的权利能力,大多规定公司可以为其关联公司的利益对外提供担保。如美国《标准公司法》第3.02节就规定,"除非公司章程另有规定,所有公司以其公司名义永久存续,并有权像自然人一样进行所有必要和便于执行其业务和事务的事宜"。其中,第(5)项允许公司以其全部或者部分财产设定抵押或者质押,第(7)项则允许公司为公司义务提供

---

① 美国律师协会成立了一个由著名法官、律师和教授组成的美国标准商事公司法专业委员会。该委员会成员来自不同的州,定期开会,根据上次会议以后公司法领域发生的新情况,及时地对"标准"提出修改意见,供各州立法者修改州公司法时参考。因此,美国《标准公司法》本身只是一个科研成果。1950年,公司法委员会首次发布《标准公司法》,1969年对《标准公司法》进行大规模的修订,并于1984年完成对《标准公司法》的全面修订。

② 参见沈四宝编译:《最新美国标准公司法》,法律出版社2006年版,第251页。

③ 参见杨成良:《州际竞争与美国公司法的发展》,载《比较法研究》2017年第1期。

保证。[①] 当然，根据该法第八章第6节有关董事利益冲突交易行为的法律规制，如果子公司董事在母公司强大压力下以子公司财产对母公司提供了担保，就有可能构成利益冲突交易，就要接受相关法律规则的制约。如果公司为其股东提供担保的行为对公司是公平的，不损害公司的利益，遵循了信息披露的要求，则可以得到法律确认。[②] 美国《标准公司法》虽然不是可以直接适用的法律，但往往为各州的立法所借鉴。

在美国各州中，特拉华州素以"公司天堂"闻名于世。该州虽然面积小，但其在公司设立竞争中的优势引人注目。截至2014年年底，美国超过半数的上市公司和65.6%的500强公司都在特拉华州注册。[③] 其中，特拉华州公司法起到了至关重要的作用。而《特拉华州普通公司法》就对公司对外提供担保持开放态度。该法第143条【向雇员和高级职员贷款；为雇员和高级职员的债务担保】就规定，董事会认为，如果向公司或者子公司的高级职员或者其他雇员（包括担任公司或者子公司董事的高级职员或者雇员）提供贷款，为其债务提供担保，或者以其他形式

---

① 美国《标准公司法》第3.02节公司"一般权力"的第(5)项规定：销售、转让、抵押、质押、租赁、交换以及处置全部或者部分财产的其他方式；第(7)项规定：订立合同和出具保证书、承担债务、借钱、出具公司票据、债券及其他义务（可以转换为或者包含购买公司其他证券的选择权），以及用公司的任何财产、特许经营权或者以抵押或者质押方式为公司义务提供担保。参见沈四宝编译：《最新美国标准公司法》，法律出版社2006年版，第31页。

② 参见刘俊海：《新公司法的制度创新：立法争点与解释难点》，法律出版社2006年版，第104页。

③ 参见杨成良：《州际竞争与美国公司法的发展》，载《比较法研究》2017年第1期。

提供帮助,则可以合理地期待将为公司带来利益的,公司可以提供此类贷款、担保或者帮助。贷款、担保或者其他形式的帮助既可以计利息,也可以不计利息;既可以无担保,也可以要求以董事会批准的方式提供担保,包括(但不限于)以公司的股份质押。本条的任何内容不得视为否认或者限制公司在普通法或者其他制定法中的担保能力。① 由此可见,在特拉华州公司法中,只要董事会能够“合理地期待为公司带来利益”,公司就可以为其职员或者雇员提供贷款或者担保。这无疑是对公司对外担保最鲜明的支持态度。

除此之外,《纽约州公司法》第 202 条也规定,如果对公司有利,公司有权为其他公司或个人的债务提供担保。美国一些州公司法还创造了所谓“安全港条款”,以确保在一定条件下公司担保行为的有效性。这些“安全港”条款规定,即使不是以“促进公司为目的”所提供的担保,但如果得到一定数量以上的股东同意,则担保仍属于有效。如纽约州和新泽西州要求持有 2/3 以上股权的股东批准,而罗得岛则规定必须超过 50% 股权的股东批准。美国德克萨斯州的法律则明确允许保证公司的董事会可以保证母公司、子公司或者关系企业的债务,只要这些公司彼此之间以百分之百股权持有关系相互牵连即为已足,而无论系争保证是否为保证公司带来直接或者间接的利益。② 这些立法情

① 参见《特拉华州普通公司法》(最新全译本),徐文彬等译,中国法制出版社 2010 年版,第 44 页。

② 参见刘连煜:《论公司保证之有效性》,载刘连煜:《公司法理论与判决研究》,法律出版社 2002 年版,第 182 页。

况,都对原有的未经全体股东一致同意不得将公司资产无偿赠与他人的古老公司法原则进行了修正。

(二)美国司法对公司对外担保的态度

在司法领域,美国法院通过判例对公司担保合同确立了一系列规则,总体上呈现从严格管制到趋于宽松的发展态势。对于公司担保行为的有效性,美国法院采取利益标准来加以判断,即衡量公司利益是否因担保行为而有所促进。[①] 存在“利益”的,则系争担保行为有效,否则即为无效。早期的判例要求债权人须证明公司担保对于公司具有直接利益,即公司为他人担保时必须对自己有直接的好处。但这种对“直接好处”的理解与解读,相对比较宽松。比如,在 Woods Lumber. v. Moore, 191P. 905,907(Cal. 1920)一案中,一家服装公司为一家电影戏剧公司所欠木材公司的债务提供了担保。法院认为,担保对服装公司的生意有直接的好处,因为一旦电影戏剧公司使用木材搭建舞台,服装公司就可以向电影戏剧公司提供戏装。这一推理将三个几乎风马牛不相及,至少也是关系十分遥远的行业——服装、木材、电影戏剧牵扯在一起,认为服装公司为电影戏剧公司担保对自己有好处。可见,美国法院对公司担保的限制是较为宽松的,因为公司对外提供担保是公司自己的商业决策,公司知道该怎么处置自己的资产。公司在对自己没有好处的情况下是不会

---

① 参见周伦军:《公司担保的法律解释论》,载最高人民法院民事审判第二庭编:《商事审判指导》2012 年第 4 辑(总第 32 辑),人民法院出版社 2013 年版,第 32 页。

为他人提供担保的。[①]

在后来的发展中,有关公司利益的解释有所扩大,间接利益也包含在其中,例如,美国明尼苏达州法律表明,同一集团内"资金转移"被视为对集团内的每一分子公司皆属有利;华盛顿州法律亦规定,公司得对其股东以及任何关系企业的债务进行保证,但其前提条件为"此一保证行为得合理被期待对保证公司直接地或间接地具有利益"。[②] 在公司担保对公司仅有间接利益或者隐性利益方面,美国司法实践中又逐渐发展出"合理营业判断""为促进公司之目的"等宽松认定公司利益的方法。[③] 一些案例更进一步发展出判断"利益"是否存在的标准,即在公司董事们的营业判断下,以系争保证行为是否可被视为该公司业务经营所必需的或者附随的而定。[④] 这一判断标准被为数颇多的法院所采纳。这些因素都表明,在公司对外提供担保问题上,美国司法实践基本上持开放和宽容的态度,更多地将其作为公司商业决策的一部分内容来对待。比如,就集团内部企业之间的保证而言,针对"向下游之保证",即母公司对子公司的债务加以保证的,美国多数法院认为,母公司保证子公司的债务,应属于母公司保护或者提升其在子公司的股权利益,该保证行为显然归属

① 参见朱锦清:《公司法学》(上),清华大学出版社 2017 年版,第 252 页。

② 刘连煜:《论公司保证之有效性》,载刘连煜:《公司法理论与判决研究》,法律出版社 2002 年版,第 181 页。

③ 参见朱谦:《论我国公司对外担保立法存在的问题及其完善》,载梁慧星主编:《民商法论丛》(第 23 卷),金桥文化出版(香港)有限公司 2002 年版,第 158 ~ 159 页。

④ 参见刘连煜:《论公司保证之有效性》,载刘连煜:《公司法理论与判决研究》,法律出版社 2002 年版,第 183 页。

"乃为母公司利益而为,而非为他人之利益而为",其合法有效性得到广泛承认。针对"向上游之保证",即子公司对母公司的债务加以保证的,美国法院均支持其有效性,其理由往往强调当事公司彼此"在结构与功能上的密切结合"、"在业务上的紧密相连"以及两公司在"董事与重要职员上的共通性"等。在美国法院看来,当母公司的信用加强后,子公司的利益即可随之获得提升。针对"横向之保证",即属同一集团的子公司之间的保证情形,从美国案例分析,即使子公司存有少数股东的问题,只要系争关系企业、姊妹公司业务互有牵连,判例皆从公司法角度上承认"横向之保证"的法律效力。[①] 总之,根据美国法院的判例,只要各分子公司之间存在经济上的结合关系,则集团企业内的保证,就符合"利益"的要件,属于有效保证行为。

第二节　大陆法系有关公司对外担保的立场和做法

一、日本公司法上的公司对外担保

现行日本公司法制定于 2005 年。在日本《公司法》中,与公司对外提供担保关联最为密切的条款当属其第 356 条。日本《公司法》第 356 条系关于"竞业及利益冲突交易的限制"的规

① 参见刘连煜:《论公司保证之有效性》,载刘连煜:《公司法理论与判决研究》,法律出版社 2002 年版,第 185～193 页。

定。该条第1款明确:在下列情形下,董事须在股东大会上就该交易披露重要事实,并取得其同意:(1)董事拟为自己或第三人从事属于股份有限公司事业类型交易的;(2)董事拟为自己或第三人与股份有限公司从事交易的;(3)股份有限公司拟保证董事的债务,以及与董事以外的人从事股份有限公司与该董事的利益冲突的交易的。根据这一条款的文字表述,我们不难发现:一方面,日本《公司法》将股份有限公司对"董事的债务"的保证纳入"利益冲突交易"的调整范围之内;另一方面,日本《公司法》并不禁止股份有限公司为"董事的债务"提供保证,但其前提在于董事要在股东大会上披露这一"重要事实"并取得大会同意。但较为遗憾的是,与我国《公司法》第16条类似,如果违反了"利益冲突交易"的限制,其法律后果又当如何,日本《公司法》第356条同样并未直接提供答案。对于这个问题的解答,我们不妨结合违反"利益冲突交易"限制,以及与之相关联的违反"法人目的"限制和"法定决议事项"限制三个方面,来探讨日本《公司法》针对公司违规提供担保的态度和立场。

(一)关于违反利益冲突交易限制的态度

在日本法上,代表人实施利益冲突的交易,即代表人为了自己或者第三人的利益试图与法人进行直接交易的情形,或者代表人试图在与代表人以外的人进行与法人利益冲突的间接交易的情形,应当取得所规定的机关的承认。这些所规定的机关主要涉及:在未设置理事会的一般社团法人为社员大会,在设置理事会的一般社团法人为理事会,在未设置董事会的公司为股东大会,在设置董事会的公司为董事会,等等。但问题在于,针对代表人未得到必要承认的情况下实施了利益冲突行为时，其交易效果是否归属于法人，又存在“相对无效说”“内部限制说”“效果不归属说”三种观点。其中，“相对无效说”是目前日本学界的主流观点。[①] 该学说认为，之所以规定代表人从事利益冲突交易需要得到有关机关的承认，是为了限制代表人的代理权。因此，当代表人未征得必要承认的情形下实施了利益冲突的交易时，构成无权代理，交易的效果不归属于法人。当然，原封不动地贯彻这一观点将危害交易安全，为此这种学说进而认为，当相对人明知没有必要的承认的情形时，法人可以主张效果不归属于法人。[②] 日本学者近藤光男对此提出，在公司与第三人之间的交易属于间接交易时，如果没有董事会的承认就一律将其认定为无效，必定影响交易安全，有失妥当。在日本公司法的既往判例中，原告除了证明公司在实施相关交易时没有获得董事会的同意以外，还必须证明交易对手方的第三人具有恶意（明知相关交易未获得董事会的同意），以此方能向第三人主张交易无效。在有关直接交易的案例中，法院采取了“相对无效说”，且在不适用善意取得的不动产交易中，法院也往往采用“相对无效说”。[③]

而“内部限制说”认为，之所以规定利益冲突交易需要规定

---

① 参见贺小荣主编：《最高人民法院民事审判第二庭法官会议纪要——追寻裁判背后的法理》，人民法院出版社 2018 年版，第 204 页。

② 参见［日］山本敬三：《民法讲义 · 总则》，解亘译，北京大学出版社 2012 年版，第 398 ~400 页。

③ 参见［日］近藤光男：《最新日本公司法》，梁爽译，法律出版社 2016 年版，第 238 ~239 页。

机关的承认,不是为了制约代表人的代理权,只不过是确定了法人的内部义务而已。按照这种观点,无论是否征得了必要的承认,代表人实施行为的效果,原则上都归属于法人。

"效果不归属说"则认为,包括自己契约、双方代理在内,利益冲突交易中代表人违反了内部关系中其对法人负担的忠实义务。对代表人未获必要的承认而实施了利益冲突交易时,法人可以主张效果的不归属,但当相对人主张、举证自己就未获得必要的承认一事为善意且无重大过失时,不认可法人主张的效果不归属。2009 年以日本民法学者为核心的民法(债权法)改正检讨委员会发表的《债权法改正的基本方针》就将民法中有关自己契约、双方代理的规定,修改为适用于一般利益冲突交易的规定,并在此基础上提出利益冲突交易行为并不全部为无权代理,而是采用效果不归属之主张的构成——"本人可以主张该行为对自己不生效力"。一般而言,相对人通常知道违反忠实义务的行为;即便不知,至少也有重大过失。为此,上述基本方针提出应当允许证明责任的转换,在相对人主张、举证自己为善意且无重大过失时,不认可本人主张的效果不归属。①

(二)关于违反法人目的限制的态度

日本《民法典》第 34 条规定,法人在按照法令规定、章程等其他约定中规定的目的范围内,享有权利,承担义务。这是有关

---

① 参见[日]山本敬三:《民法讲义·总则》,解亘译,北京大学出版社 2012 年版,第 398~400 页。

所有法人的一般性规定，意味着公司必须在公司目的范围之内享有权利并履行义务。但如果公司以自己行为属于公司目的范围外的行为为理由，要求否定公司的权利能力，从而要求认定其行为无效，则必然会影响交易安全。对此，日本既往判例的立场是：为了保护交易安全而扩大公司目的范围。在他们看来，为实施公司目的行为时的必要行为也可视作公司目的范围内的行为。其结果就导致在现行法律框架下，法院认定公司行为属于章程规定的目的范围外的行为而判决公司行为归于无效的案例数几乎为零。例如，日本最高裁判所在一起合资公司案件的判决书中就提出，假设公司行为本身不属于公司章程所记载的公司目的行为，但是为实现（实施）公司目的行为而作出的行为，也应该被认定为属于社团目的范围内的行为。有关公司的上述行为与公司实施目的行为之间的必要性问题，不应以公司章程所记载的社团目的的现实必要性为基准，而应对公司章程的记载进行观察，从客观且抽象的角度来分析该行为对于公司实施目的行为是否有必要。[①] 这无疑大大压缩了因公司超越目的范围而导致合同无效的可能性。

（三）关于违反法定决议事项限制的态度

日本法上，“在设置理事会的一般社团法人、一般财团法人以及设置董事会的公司，理事会、董事会不能将作重要财产处分、受让、大额借款等执行重要业务的决定委任给理事、

① 参见［日］近藤光男：《最新日本公司法》，梁爽译，法律出版社2016年版，第7页。

董事”。[①] 但违反这种限制,代表人未经理事会、董事会的决议而实施的重要交易,其效果是否归属于公司,也存在内部限制说和代理权限制说等两种学说。其中,“内部限制说”认为,代表人未经必要的决议而为重要交易,不过是欠缺内部的意思决定,原则上对公司有效,效果归属于公司;但如果相对人知道或者能够知道未经必要的决议时无效,效果不属于公司。而“代理权限制说”认为,就公司而言,将重要的交易作为理事会、董事会的决议事项,恰恰意味着代表人没有意思决定的权限,应当将此作为限制其代表权的规定。当然也存在例外情形,即相对人善意无过失。要让对公司产生重大影响的交易拘束公司,就需要相对人的信赖正当。在此情形,就未经必要决议一事相对人善意无过失时,效果归属于公司。[②]

二、我国台湾地区“公司法”上的公司对外担保

我国台湾地区“公司法”第 16 条(公司为保证人之限制)规定:(1)公司除依其他“法律”或公司章程规定得为保证者外,不得为任何保证人。(2)公司负责人违反前项规定时,应自负保证责任,如公司受有损害时,亦应负赔偿责任。对于这一规定,可以从三个层面进行解读:一是公司原则上不得为保证行为。我国台湾地区“公司法”第 16 条第 1 项规定,旨在避免公司负责人

① [日]山本敬三:《民法讲义・总则》,解亘译,北京大学出版社 2012 年版,第 400 页。

② 参见[日]山本敬三:《民法讲义・总则》,解亘译,北京大学出版社 2012 年版,第 400 ~ 401 页。

擅用公司名义为他人作保，以稳定公司财务。因此公司不得为票据之保证人、民法之保证人、纳税之保证人，亦不可承受他人之保证契约。二是公司在特殊情形下可以为他人提供保证，即公司在依其他“法律”或者公司章程规定的情况下，可例外为保证人。因此实务中，一般公司之章程往往有此“标准条款”，规定公司得对外保证，且其行使上亦无任何限制。[①] 三是违反了保证规定的效力。根据我国台湾地区“公司法”第16条第2款的规定，公司负责人违反保证限制时，应自负保证责任，如公司受有损害时，亦应负赔偿责任。换言之，公司无须负保证责任，亦不必与公司负责人负连带赔偿之责。[②]

我国台湾地区“公司法”第16条之所以就公司对外担保问题采取“原则禁止、例外许可”的模式，在于借助严格的规定来达到维持公司资本的目的，避免因保证行为而危及公司财务，直接保护公司的利益，亦间接维护公司股东及债权人之权益。[③] 然而，这种做法遭到了学界的诸多质疑。有学者认为，此种规范方法是否能够达到原本所预期的规范目的，实不无疑问。[④] 尤其第16条准许公司以章程规定对外保证，但对于行使此项保证权能并未有任何设防，因此胡乱保证之情事势难完全避免。经济生

---

① 参见刘连煜：《论公司保证之有效性》，载刘连煜：《公司法理论与判决研究》，法律出版社2002年版，第177页。

② 参见王文宇：《公司法论》，台北，元照出版有限公司2016年版，第125～126页。

③ 参见周伦军：《公司担保的法律解释论》，载最高人民法院民事审判第二庭编：《商事审判指导》2012年第4辑（总第32辑），人民法院出版社2013年版，第42页。

④ 参见刘连煜：《论公司保证之有效性》，载刘连煜：《公司法理论与判决研究》，法律出版社2002年版，第177页。

活中公司基于发展的需要,相互融资或者担保现象屡见不鲜,使“公司法”第16条第1项的规定形同虚设。[①] 也有学者提出,我国台湾地区只针对保证及贷放资金的“行为类型”作出严格规定,却忽略了“造成保证或贷放资金之原因关系”,以至于从违反层面观察,似乎不必要地提升至权利能力问题之位阶,而从商业实务观察,却未能防堵真正弊端之所在,在规范上似乎未能精准掌握其神韵。[②] 为解决公司保证规定所产生的问题,我国台湾地区有关部门曾拟议就“公司法”第16条加以修正,建议仍准许公司为保证,但须就个案取得股东同意或经股东会决议,以保障公司股东及债权人之利益。[③]

在公司对外担保的司法实务中,我国台湾地区“司法院大法官解释”第59号认为,公司除依其他“法律”或者公司章程规定以保证为业务者,不得为任何保证人。公司负责人如违反该条规定,以公司名义作出保证,既不能认为公司之行为,对于公司自不发生效力。相关判例也大致遵循了这一思路。如1959年台上字第1919号判例认为,被上诉人公司非以保证为业务,其负责人违反“公司法”的规定以公司名义为保证,依“司法院大法官解释”第59号,其保证行为对于公司不生效力,则上诉人除因该负责人无权代理所为之法律行为而受有损害时,得依第110条之规定请求赔偿外,并无仍依原契约主张,应由被上诉人负其

---

① 参见李建伟:《关联交易的法律规制》,法律出版社2007年版,第171页。

② 参见曾宛如:《论公司之转投资、保证与资金贷放》,载王保树、王文宇主编:《公司法理论与实践:两岸三地观点》,法律出版社2010年版,第163页。

③ 参见刘连煜:《论公司保证之有效性》,载刘连煜:《公司法理论与判决研究》,法律出版社2002年版,第178页。

保证责任之余地。[①] 又如，1980 年台上字第1676 号判例认为，公司除依其他“法律”或公司章程规定，以保证为业务者外，不得为任何保证人，为“公司法”第 16 条第 1 项所明定。本件被上诉人公司系以某报之出版发行等为业务，而非以保证为业务，自有上开禁止规定之适用。且所谓不得为任何保证人，非仅指公司本身与他人订立保证契约为保证人，即承受他人之保证契约，而为保证人之情形，亦包括在内。1985 年台上字第 703 号判例认为，“公司法”第 16 条第 1 项规定公司除依其他“法律”或公司章程规定以保证为业务者，不得为任何保证人，旨在稳定公司财务，用杜公司负责人以公司名义为他人作保而生流弊，倘公司提供财产为他人设定担保物权，就公司财务之影响而言，与为他人保证人之情形无殊，仍应在上开规定禁止之列。[②] 2006 年台上字第2113 号判例也指出，“公司法”第 16 条第 1 项规定……故原则上，公司不得为任何保证人……公司提供财产为他人设定担保物权，就公司财务之影响而言，与为他人保证之情形无殊，应为相同之解释。[③] 依据我国台湾地区“公司法”第 16 条就公司保证权利能力所作之限制，加之“司法院大法官解释”第 59 号之解释，第三人在接受公司对外担保之前，有必要审查公司是否具有对外担保能力，起码要审查公司章程中是否有“公司得对外保证”记载。尽管这使我国台湾地区就公司对外担保能力上所持

---

① 参见王泽鉴:《民法学说与判例研究》(重排合订本),北京大学出版社 2015 年版,第 278 页。

② 参见王泽鉴:《民法总则》,中国政法大学出版社 2001 年版,第 279 页。

③ 参见曾宛如:《论公司之转投资、保证与资金贷放》,载王保树、王文宇主编:《公司法理论与实践:两岸三地观点》,法律出版社 2010 年版,第 162 页。

有态度似乎过于保守,但无论是有意还是无意,却也在客观上使越权对外担保在我国台湾地区不致成为一个严重的问题。[①] 更值得注意的是,我国台湾地区在针对代表人未经股东会批准即“让与全部或主要部分之营业或财产”的越权代表效力上,大多按照“无权限之行为”处理,而非直接认定合同无效,如 2009 年台上字第 1981 号判决认为,非经公司股东会之特别会议,对于公司不生效力。尽管少数判决认为“公司未经股东会上开特别决议通过即为主要财产之处分,系属无效行为”,[②]但“上开大法官会议之解释与判例均认为,公司负责人违反‘公司法’规定以公司名义为保证,对公司不生效力”[③]——代表行为不能归属于公司,根本没有必要也不应该对担保合同有效无效进行判断。[④] 考虑到对外担保属于公司的非常规交易,亦属于对公司财产的处分,这种司法裁判倾向对于公司代表人越权提供担保的处理具有一定的参考价值。

三、德国公司法上的公司对外担保

德国法没有像英美法那样规定,法人的权利能力受其经营

---

① 参见何欢:《再议代表人越权对外担保的法律效力——基于公司担保法律规则的体系化解读》,载《交大法学》2015 年第 2 期。

② 参见何欢:《再议代表人越权对外担保的法律效力——基于公司担保法律规则的体系化解读》,载《交大法学》2015 年第 2 期。

③ 参见王泽鉴:《民法学说与判例研究》(重排合订本),北京大学出版社 2015 年版,第 278 页。

④ 参见何欢:《再议代表人越权对外担保的法律效力——基于公司担保法律规则的体系化解读》,载《交大法学》2015 年第 2 期。

目标和经营范围的限制,德国法也没有规定公司的经营目标和经营范围会进一步限制董事会的代表权。在德国法看来,原则上法人具有无限的法律权利能力。[①] 但同英国公司法相类似,德国公司法上并没有专门针对公司对外担保的直接规定。有关德国公司法对待公司担保行为的态度考察,需要结合公司为董事提供贷款等相关行为规范中推导出。如德国《股份法》第 89 条(为董事提供贷款)规定:“(1)公司只能基于监事会的决议为其董事提供贷款。决议只能针对特定的贷款行为或者贷款行为种类,并且不能提前三个月以上作出决议。决议中应规定贷款的利率和偿还事项。超过董事应得薪酬的提取许可相当于提供贷款,薪酬预付款的提取许可也同样相当于提供贷款。该规定不适用于不超过月薪数额的贷款。(2)公司只有在经监事会同意才允许向其经理和全权代办人提供贷款。控制公司只有经监事会许可,才可以向一个从属企业的法定代表人、经理或者全权代办人提供贷款,从属企业只有经控制企业的监事会许可,才可以向控制企业的法定代表人、经理或者全权代办人提供贷款。参照适用第(1)款第 2 句至第 5 句的规定。(3)第(2)款也适用于向董事、其他法定代表人、经理或者全权代办人的配偶、已登记的同性生活伴侣或者未成年子女提供的贷款。此外,该款也适用于向为上述当事人之计算或者为董事、其他法定代表人、经理或者全权代办人之计算而行事的第三人提供的贷款。(4)董事、经理或者全权代办人同时也是其他法人的法定代表人或者监事

① 参见[德]托马斯·莱塞尔、[德]吕迪格·法伊尔:《德国资合公司法》,高旭军等译,上海人民出版社 2019 年版,第 85 页。

或者人合商事公司的股东的,公司只有经监事会许可,才能向该法人或者该人合商事公司提供贷款;参照适用第(1)款第2句和第3句的规定。该法人或者该人合商事公司与公司是关联企业的,或者贷款是为了支付公司向该法人或者该人合商事公司提供的货物的货款而提供的,不适用上述规定。"[①]通过上述规定,我们可以发现德国《股份法》对公司向其董事、经理以及全权代办人,甚至其配偶、生活伴侣或未成年人子女等提供贷款并不禁止,但要经"监事会决议"或"监事会同意"。在这一问题上,德国《有限责任公司法》的态度则更为积极。德国《有限责任公司法》第43A条(以公司财产提供贷款)规定,不得以维持基本资本必要的公司财产向业务执行人、其他法定代表人、经理人或者被授权从事全部业务活动的代办权人提供贷款。违反第1句规定提供的贷款应立即予以返还,无论是否存在相反的约定。[②] 从该规定可以看出,德国《有限责任公司法》不仅不禁止向公司董事提供贷款,而且禁止贷款的财产也被限制在"维持基本资本必要的公司财产"之内,即"维持基本资本必要的公司财产"之外的财产亦可作为公司向业务执行人等提供贷款的来源。虽然德国《股份法》、德国《有限责任公司法》并未有关于公司对外担保的直接规定,但通说认为,既然对公司向其董事会成员提供信用贷款都不加禁止,那么对公司提供担保的行为则更不应在法律禁

---

① 《德国商事公司法》,胡晓静、杨代雄译,法律出版社2014年版,第104~105页。

② 参见《德国商事公司法》,胡晓静、杨代雄译,法律出版社2014年版,第43~44页。

止之列。[①]

除上述国家和地区外,法国法律原则上也是允许公司对外提供担保的,但禁止公司为特殊利益相关方提供担保。[②] 如法国《商事公司法》第51条第1款规定:“禁止经理(有限责任公司不设董事)或法人以外的股东……让公司对他们向第三人承担的义务提出担保,否则契约无效。”第106条就股份公司担保规定:“除公司经营金融事业外,禁止公司为董事、总经理、法人董事的常任代理人及他们的亲属向第三人承担的义务提供物的担保和保证。”

第三节　公司对外担保域外考察的启示

一、允许公司对外提供担保为基本发展态势

从英国、美国以及日本、德国等有关规定与做法来看,允许公司对外提供担保已成为较为普遍的法律现象。有的国家和地区直接表明了对公司对外担保行为的支持态度,如美国《特拉华州普通公司法》第143条;有的国家和地区的态度和立场则需要通过其法律规定的内涵推导而出,如日本《公司法》第356条。英美法系对于公司担保行为的有效性问题,往往以公司利益是

① 参见朱晓娟:《论我国公司担保制度的规范属性与司法适用》,载《中国政法大学学报》2012年第5期。

② 参见余尘:《公司人格论——以公司担保制度为中心》,法律出版社2018年版,第219页。

否因对外担保行为而有所促进为断。在早期案例中,当事人必须证明担保对保证人有直接利益,方符合此项要件;后来发展为包括所谓的“间接利益”在内。[①] 其中,美国对公司对外担保的规定最为宽松,无论美国《标准公司法》还是各州公司法,都赋予了公司对外担保的权利能力;英国《2006 年公司法》也并未“一刀切”地禁止公司为董事提供担保,更多地是从程序上进行规制。就大陆法系而言,日本《公司法》认可股份有限公司为董事债务提供保证的行为;法国公司法虽然禁止公司为其董事、总经理、法人董事的常任代理人及他们的亲属的对外债务提供担保,但可为法人性质的股东的对外债务提供担保;德国《有限责任公司法》等虽然并未就公司对外担保作出直接规定,但亦未明文禁止,根据“举重以明轻”的法理,可以推定经董事会批准公司可以为其关联公司(包括法人股东)提供担保;[②]我国台湾地区原则上禁止公司提供担保,并对公司负责人设置了较为严厉的法律责任——自负保证责任同时对公司负赔偿责任,但这种“原则禁止”也存在例外情形,即在“法律”或公司章程有规定的情况下可以提供保证,且这种例外情形“并无任何行使上的条件限制”。总之,尽管存在不同模式,但各国和地区都允许公司享有对外提供担保的能力,当然也对公司对外担保行为予以了限制和规范。这种限制和规范是经济发展对交易安全需求的客观反映,也具

① 参见刘连煜:《论公司保证之有效性》,载刘连煜:《公司法理论与判决研究》,法律出版社 2002 年版,第 183 页。

② 参见郭志京:《公司对外担保规则在我国的发展变迁》,载《理论探索》2013 年第 6 期。

有深刻的社会基础。

二、公司对外担保纠纷与公司治理结构存在较大关联

相较域外公司担保情况,我国公司对外担保问题表现得较为突出,与我国公司股权结构以及内部治理存在密切关联。在英国、美国、法国等国家,股权结构相对分散,控股股东滥用控制权的现象较为少见。例如,在澳大利亚,据2004年的调查显示,大约44%的成年人直接持有上市公司的股票,加上间接(通过购买基金)持有股票的人数,这一比例上升到55%;同一时期,美国的这一比例为50%,加拿大为46%,股权非常分散。另外,英美法系国家的机构投资者非常强大。据1997年的一项研究显示,澳大利亚的机构投资者在上市公司中的总体持股比例为34.6%,加上海外机构投资者,这一比例将高达45%(2010年以来澳大利亚机构投资发展迅猛,现在的数据应当更高);美国和英国机构投资的同期比例分别为52%和60%。[①] 这种股权分散的结构,使在治理模式上股东与公司管理层之间关系较远,呈现出"强管理者、弱所有者"的特点,所以在这些国家和地区,公司治理的重心在于解决"所有者—管理者"之间的代理成本问题。比如在美国,由特拉华州所引领的第二轮州际公司法竞争中,除了延续自由化改革外,"亲管理层"倾向的发展就成为其重要特点。各州竞相扩大管理层权力、为他们提供更全面的诉讼费用补偿与责任保险,进而直接限制甚至免除他们因职务行为而可

---

① 参见黄辉:《现代公司法比较研究——国际经验及对中国的启示》,清华大学出版社2020年版,第152~153页。

能承担的个人责任,这些无疑都是亲管理层倾向的体现。① 相比较而言,我国公司的股权结构高度集中,公司控制权往往掌握在控股股东手中,“一股独大”高度集中的金字塔式的股权结构特征明显。2002 年的一份研究就表明,我国上市公司的股权集中度很高,大约 15% 的上市公司具有一个持股超过 66% 的大股东,42% 的公司具有一个持股超过 50% 的大股东,74% 的公司具有一个持股超过 30% 的大股东。② 公司董事会大多受到控股股东的控制,难以在与控股股东有关的关联交易中形成独立判断。据报道,在 2017 年曝光的亿阳信通违规担保案中,公司控股股东为达到上市公司不经决议为其提供关联担保目的,连续撤换多名不敢签字的董事长,最后迫使继任董事长以上市公司名义为其违规关联担保 44.82 亿元,最终导致公司被证券监管部门给予行政处罚,被实施退市风险警示。③ 因此我国公司治理的首要问题是控股股东与中小股东的利益冲突,然后才是因经营者与所有者分离而产生“代理成本”问题。这一现象与欧美国家公司治理注重规范董事、经理行为,防范代理行为人自利交易的取向有较大差别。

---

① 这引发了一定的批评和质疑。有人指责特拉华州引领的州际公司法竞争形成损害股东利益的“逐底竞赛”,也有人将特拉华州的领先地位视作公司法领域劣币驱逐良币的结果。参见杨成良:《州际竞争与美国公司法的发展》,载《比较法研究》2017 年第 1 期。

② 参见黄辉:《现代公司法比较研究——国际经验及对中国的启示》,清华大学出版社 2020 年版,第 154 页。

③ 参见最高人民法院民事审判第二庭编著:《〈全国法院民商事审判工作会议纪要〉理解与适用》,人民法院出版社 2019 年版,第 179 页。

三、公司对外担保效力大多通过代表或代理制度予以评价

考察域外公司法对待公司对外提供担保问题,虽然认可和支持成为基本态势,但同时又予以规范和限制。而这种规范和限制的过程大都通过将公司违规提供担保转换为公司代表人或者负责人越权问题,进而通过代表或者代理等制度来加以解决的。例如,区分公司越权和董事超越权限,长期为英国公司法所采纳,并对英联邦诸国、美国公司法,甚至日本民法上的法人制度产生重要影响。[①] 英国和美国公司目的范围从对公司能力的限制基本转化为对董事权限的限制,废除"越权无效"原则的实际效果是将"公司越权"转化为"董事越权",从而将公司越权问题转换为普通法上的代理问题。[②] 在日本,与公司违规提供担保相关的情形往往体现为公司代表人未征得必要承认而实施利益冲突行为,或者公司代表人未经理事会、董事会决议实施重要交易等。而在这一点上,我国台湾地区"公司法"阐述得更加明确,其第 16 条直接点明了公司违规提供担保往往是"公司负责人"违反法律或公司章程规定的行为结果。这种将公司违规提供担保的规范转换为对公司代表人或者负责人等的行为矫正,一方面符合承认公司具备担保能力的基本趋势,另一方面也契合了公司作为民事主体的特殊构造,即公司在从事民商事活动时需

---

① 参见朱广新:《信赖保护原则及其在民法中的构造》,中国人民大学出版社 2013 年版,第 144 页。

② 参见张开平:《英美公司董事法律制度研究》,法律出版社 1998 年版,第 135 页。

要借助自然人的行为来完成，而公司越权提供担保的具体实施者往往是公司代表人或者负责人。同时在这一基础上，具体评价公司违规提供担保的行为效力和效果归属时，又因各国和地区对于公司本质的不同认知而存在差异。在坚持法人实在说的国家和地区，往往在代表制度框架下来处理公司代表人或者负责人违规提供担保问题；而坚持法人拟制说的国家和地区则往往通过代理制度来评价公司违规提供担保的行为效力和效果归属问题。如英国、日本的立法发展就表明，对于未经决议程序的担保交易，在制度设计和学术讨论上均以民法上的无权代理制度作为基本的制度框架；[①]而我国台湾地区的相关做法，也基本沿袭了无权代理的处理思路。如 1985 年台上字第 2014 号判例认为，代表与代理固不相同，唯关于公司机关之代表行为，解释上应类推适用关于代理之规定，故无权代表人代表公司所为之法律行为，若经公司承认，即对于公司发生效力。[②]

---

① 参见贺小荣主编：《最高人民法院民事审判第二庭法官会议纪要——追寻裁判背后的法理》，人民法院出版社 2018 年版，第 203～205 页。

② 参见王泽鉴：《债法原理》，中国政法大学出版社 2001 年版，第 313 页。

第三章　公司对外担保的实践剖析

第一节　公司对外担保的适法不一

近年来,公司对外提供担保被评价为民商事案件中适法不统一的典型问题。《九民会纪要》就指出,关于公司为他人提供担保的合同效力问题,审判实践中裁判尺度不统一,严重影响了司法公信力,有必要予以规范。在最高人民法院发布的相关司法文件中,用“严重影响了司法公信力”这一表述,用语措辞之“严重”,是不多见的,由此也可以看出公司对外担保适法不统一的复杂性和严峻性。借助“中国裁判文书网”进行高级检索,在“理由”部分输入“公司 担保”作为关键词,以“2007 年 4 月 22 日——2021 年 12 月 21 日”为搜索日期,可以搜索到最高人民法院作出的公司对外担保的二审判决书、再审判决书以及申请再审裁定书 200 余篇,各地高级人民法院针对公司对外担保的二审判决书近 400 篇,相关中级人民法院的二审判决书达 2600 余篇。通过对上述部分裁判文书进行分析,笔者发现实践中基于《公司法》第 16 条的不同分析进路,针对违反《公司法》第 16 条签订的担保合同效力以及效果归属确实呈现多样态的评价结果。

一、公司违规提供担保的合同效力评判

合同作为典型的法律行为,成立后其效力状态包括有效、无效、可撤销、未生效等诸多情形。而实践中公司违规对外提供担保的效力评判也涵盖了上述各种情形。

(一)公司违规提供担保的合同被认定为无效

例如,在“渤海银行股份有限公司大连分行、大连福美贵金属贸易有限公司金融借款合同纠纷二审民事判决书”[①]中,法院指出,案外人大连控股作为出质资金的实际权利人,以其控制的福美公司为形式上的出质人,为其股东长富瑞华公司提供担保。该担保事宜未经过大连控股股东大会决议通过,未履行法定程序,对此中国证券监督管理委员会大连监管局《行政处罚决定书》以及大连控股对该处罚决定书的公告亦已明确。因此,在三份质押协议未经大连控股股东大会决议通过,违反《公司法》第16条第2款的强制性规定,属于无效协议。又如,在“赵某、太湖县新某汽车城有限责任公司民间借贷纠纷再审审查与审判监督民事裁定书”[②]中,法院认为,从内容来看,对账单属于赵某与张某林对先前债权债务的结算,而赵某并不能提供相关的原始借款凭证,不能证明赵某系在新某公司提供担保的前提下出借款

---

① 最高人民法院民事判决书,(2020)最高法民终532号。

② 浙江省高级人民法院民事裁定书,(2015)浙民申字第2988号。

项,也不能证明新某公司对张某林向赵某借款一事进行了充分了解。从对账单的形式来看,新某公司未在对账单中加盖公章,赵某亦未要求其加盖公章,也未要求其出示授权或董事会、股东会决定,故赵某未尽审慎的注意义务,涉案担保行为应认定无效。类似判决之所以认定公司违规提供担保的合同无效,主要基于以下理由点:一是《公司法》第16条对法定代表人或者授权代表人在担保事项上的代表权作出了明确限定。鉴于法律已明确规定公司为股东提供担保必须经股东会决议,故第三人理应知晓并遵守该规定。[①] 二是《公司法》第16条关于公司为他人提供担保的规定属于强制性规范,根据《合同法》第52条第5项[②]的规定,违反《公司法》强制性规定的担保合同无效。三是根据《担保法司法解释》第4条[③]的规定,董事、经理违反《公司法》规定,以公司资产为本公司的股东或者其他个人债务提供担保的,担保合同无效。四是公司对外提供担保属于单务行为,可能显著增加公司的经营风险,危及公司资本充实,因此《公司法》基于资本维持原则向担保接受方分配更高的注意义务符合公司法原则和一般法律原理。[④] 对于认定公司违规提供担保合同无效的做法,学界也有不少支持的观点。如刘俊海教授就认为,任何人均不得以其不知公开的法律规则为由而主张抗辩。既然《公司法》要求公司为他人提供担保,依照公司章程的规定,由董事会

---

① 参见潘亚伟、成志昀:《公司违规为实际控制人提供担保无效》,载《人民司法》2020年第11期。

② 已废止,对应《民法典》第153条第1款。

③ 已废止,对应《民法典担保制度司法解释》第7条。

④ 参见刘贵祥:《公司担保与合同效力》,载《法律适用》2012年第7期。

或者股东会、股东大会决议,就应当推定债权人知道或者应当知道自己与担保公司签订担保合同时应当要求担保公司出具股东会或者董事会决议。倘若债权人置若罔闻,拒绝或者怠于要求担保公司出具相应的决议,就不能享受表见代表制度或者表见代理制度的保护。[①] 赵旭东教授也认为,公司章程并不具有对外公示和对抗的效力,也无权为第三人设定义务。但一旦这种决策程序由公司内部要求提升为《公司法》的要求时,其效力范围就发生了改变。法律具有普遍适用的效力,第三人与公司签订协议时,应当注意到法律的既有规定。法定限制推定相对人知晓,相对人未审查决议推定其知晓代表权瑕疵,故该情形下的担保行为无效。[②] 这些理论界的观点和意见都强调了公司对外担保规则基于《公司法》第16条的法律规定享有了外部的拘束力。

(二)公司违规提供担保的合同被认定为有效

例如,在"安徽阜阳保利汉铭投资有限公司、邵轶群企业借贷纠纷再审审查与审判监督民事裁定书"[③]中,法院认为,《公司法》第16条规定的立法本意在于限制公司主体行为,防止公司的实际控制人或者高级管理人员损害公司、小股东或其他债权

---

① 参见刘俊海:《新公司法的制度创新:立法争点与解释难点》,法律出版社2006年版,第106页。

② 参见赵旭东:《中国大陆上市公司转投资、担保、借贷的法律问题》,载王保树、王文宇主编:《公司法理论与实践:两岸三地观点》,法律出版社2010年版,第155页。

③ 最高人民法院民事裁定书,(2018)最高法民申4686号。

人的利益,故其实质是内部控制程序,不能以此约束交易相对人,故上述规定宜理解为管理性强制性规范。对违反该规范的,原则上不宜认定合同无效。在法律、行政法规没有明确规定公司违反《公司法》第 16 条对外提供担保无效的情形下,即使本案没有保利公司同意对外担保的股东会决议的证据佐证,也不能以此否认保利公司对外担保的效力。又如,在“仁寿县民庆烟花爆竹连锁有限公司、浙江民泰商业银行股份有限公司成都分行金融借款合同纠纷再审审查与审判监督民事裁定书”[①]中,法院也指出,《公司法》第 16 条第 2 款规定,公司为公司股东或者实际控制人提供担保的,必须经股东会或者股东大会决议。上述规定在于防止公司的实际控制人或者高级管理人员损害公司、小股东或其他债权人的利益,其实质是内部控制程序,并非效力性强制性规定,不能对外约束第三人,亦不能据此认定公司对外签订的担保合同无效。持类似裁判结论的主要理由在于:一是《公司法》第 16 条系规范公司内部决策程序的管理性规定,而非效力性强制性规定,既不能约束作为外部第三人的担保权人,也不应据此认定违规担保合同无效。[②] 二是公司内部行为与外部行为所形成的法律关系存在差异。违反公司内部规范的行为,并不必然导致与该内部行为有牵连的外部行为无效。《公司法》第 16 条所调整的是公司内部的法律关系,而非公司与第三人之

① 最高人民法院民事裁定书,(2019)最高法民申 3309 号。

② 参见詹巍:《公司担保案件裁判规则的反思与重构——基于交易成本的分析视角》,载黄红元、卢文道主编:《证券法苑》(第 18 卷),法律出版社 2016 年版,第 439 页。

间的外部法律关系,因此无论《公司法》第16条的性质如何,并不能直接决定或者影响公司与第三人之间法律行为的效力。[①]例如,在"周某与青海贤成矿业股份有限公司、西宁市国新投资控股有限公司等民间借贷纠纷二审民事判决书"[②]中,法院就提出,应严格区分公司的对内关系与对外关系,否则会损害交易安全,与公司交易的第三人应当不受其内部程序性规定的约束。三是《公司法》是组织法,核心在于解决公司的内部治理问题。《公司法》第16条确立了公司对外提供担保时应当遵循的程序规则,担保人是否召开股东会并作出决议,并不会对外进行宣示或披露,不能对抗外部第三人,也不能因此影响担保合同的效力。

(三)公司违规提供担保的合同被认定为效力待定

例如,在"山煤国际能源集团华南有限公司、中国民生银行股份有限公司广州分行金融借款合同纠纷二审民事判决书"[③]中,法院指出,《公司法》第16条第1款规定,公司向其他企业投资或者为他人提供担保,依照公司章程的规定,由董事会或者股东会、股东大会决议;公司章程对投资或者担保的总额及单项投资或者担保的数额有限额规定的,不得超过规定的限额。上述关于公司机关决议程序的规定,意味着担保行为不是法定代表

---

① 有学者认为,公司违反《公司法》第16条为他人提供担保,本质上只涉及董事会决议或者股东大会决议的效力问题,而不直接牵涉公司与第三人担保行为的效力问题。参见钱玉林:《公司法实施问题研究》,法律出版社2014年版,第80页。

② 最高人民法院民事判决书,(2014)民一终字第270号。

③ 最高人民法院民事判决书,(2019)最高法民终837号。

人所能单独决定的事项，违反这一法定限制所签订的担保合同应为效力待定合同。公司事后未予追认的，应认定该担保合同对公司不发生效力。持类似裁判结论的主要观点认为，越权担保合同是公司法定代表人或其他职员未经公司有效决议，擅自以公司名义对外签订的担保合同，影响合同效力的原因在于签约当事人缺乏有效代表或代理权限造成的，并不存在合同内容不合法或损害社会公共利益的情形，故其性质属于效力待定合同，而非无效合同。在符合法律规定的表见代表或表见代理要件时，应认定为有效合同。①

（四）公司违规提供担保的合同被认定为未生效

这主要是部分司法机关将股东会决议等作为公司对外提供担保合同的生效要件来对待，由此认定未经股东会决议同意的担保合同未生效，由公司承担缔约过失责任。例如，2008 年 4 月 21 日发布的北京市高级人民法院《关于审理公司纠纷案件若干问题的指导意见》（京高法发〔2008〕127 号）第 6 条规定："公司提供担保未履行《公司法》第 16 条规定的公司内部决议程序，或者违反公司章程规定的，应认定担保合同未生效，由公司承担缔约过失责任。担保权人不能证明其尽到充分注意义务的，应承担相应的缔约过错责任。"对此叶林教授也认为，对于未履行公司内部决议程序或者违反公司章程规定的公司担保，均应认定为未获得公司权力机构对担保的授权，担保合同未生效，由公司承担缔约过失责任；交易相对人不能证明其尽到充分注意义务

① 参见刘贵祥：《公司担保与合同效力》，载《法律适用》2012 年第 7 期。

的,应当承担相应的过错责任。[①]

二、公司违规提供担保的效果归属认定

公司违规提供担保,特别是担保合同被认定为无效或不发生效力后,担保相对人属于善意的,从促进交易发生、维护交易安全等角度出发,相对人要求公司承担担保责任的,一般不存在争议。但如果相对人亦非善意,作为担保人的公司应否承担民事责任及如何承担的问题,在司法实践中同样存在较大分歧。最高人民法院曾选取2006年至2015年全国法院审结的455件公司未经法定程序对外提供担保的商事案件进行分析,其中认定担保合同有效的判决占49.8%,而认定担保合同无效的判决占50.2%。在担保合同被认定为无效的案件中,判令公司对担保相对人承担部分责任的占67.4%,承担连带责任的占23.6%,公司不承担责任的占9%。由此可以看出,在担保合同被认定为无效或不发生效力后,有关效果归属上存在三种观点:[②]第一种观点认为,只要公司法定代表人或者授权代表在担保合同上签字,合同上加盖公司印章,该合同即为有效合同。基于担保合同有效,公司应当承担相应的担保责任。相对人不应当承担审查公司决议的义务,即便是形式审查义务也不应当承担。这种观点一度时间里对司法实践影响很深,也与中国人崇尚公章等传统观念存在较大关系。第二种观点认为,法定代表

① 参见叶林:《公司法研究》,中国人民大学出版社2008年版,第150页。

② 参见最高人民法院民事审判第二庭编著:《〈全国法院民商事审判工作会议纪要〉理解与适用》,人民法院出版社2019年版,第191页。

人签订担保合同的效力不归属于公司，公司不应承担任何民事责任。这种观点主要是参照无权代理的处理规则。在无权代理的情况下，被代理人不承担任何责任。我国台湾地区“公司法”第 16 条对此亦有相应规定。第三种观点则认为，公司应当承担担保合同被认定无效的民事责任。根据法定代表人是公司机关的理论以及《合同法》上越权代表的相关规定，来决定公司是否承担责任。[①] 即在担保合同无效或不发生效力的情况下，公司存在过错的，也应当承担部分责任。

第二节　公司对外担保的分析进路

公司对外担保的合同效力之所以产生无效、有效、效力待定、未生效等不同的评判结果，与围绕这一问题存在不同的分析进路密不可分。实践中，针对公司违规提供担保问题主要存在三个方面的分析进路。

一、规范性质的分析进路

针对公司对外担保的合同效力评判，实践中较为流行的分析进路是将《合同法》及其司法解释中有关分析合同效力的思路引致到对《公司法》第 16 条属性的评判上。就有关法律法规的属性问题，尤其是涉及影响合同效力的法律法规性质问题，2009

① 参见最高人民法院民事审判第二庭编著：《〈全国法院民商事审判工作会议纪要〉理解与适用》，人民法院出版社 2019 年版，第 179 页。

年最高人民法院发布的《合同法司法解释二》第 14 条提出了“效力性强制性规定”的概念,明确影响合同效力的强制性规定为效力性强制性规定。同年最高人民法院《关于当前形势下审理民商事合同纠纷案件若干问题的指导意见》第 15 条中又提出了“管理性强制规定”的概念,明确“违反效力性强制规定的,人民法院应当认定合同无效;违反管理性强制规定的,人民法院应当根据具体情形认定其效力”。由此在司法机关内部形成了将强制性规定区分为管理性强制性规定和效力性强制性规定的思路,这一思路较大影响了相关案件的判决走向。而根据规范属性的分析进路,学界和实务界就《公司法》第 16 条究竟属于管理性强制性规定还是效力性强制性规定本身又产生了较大争议。

(一)《公司法》第 16 条被认定为管理性强制性规定

最高人民法院民一庭曾就公司为股东或者实际控制人提供担保问题提出倾向性意见,①认为《公司法》第 16 条第 2 款的规定属于公司内部管理规范,对公司以未经股东会或者股东大会决议为由主张对外担保无效的,人民法院不予支持。同时,指出当公司债权人与公司股东的利益发生冲突时,应当优先保护公司债权人的利益,否则将会降低交易效率和损害交易安全。从社会整体交易秩序来看,如果允许公司动辄以未经股东会或者

① 吴晓芳:《公司为公司股东或者实际控制人提供担保的效力问题》,载杜万华主编,最高人民法院民事审判第一庭编:《民事审判指导与参考》2015 年第 3 辑(总第 63 辑),人民法院出版社 2016 年版,第 145 ~ 146 页。

股东大会决议主张担保合同无效,将会为不诚信行为留下制度缺口,最终危害交易安全。除此之外,将《公司法》第16条纳入管理性强制性规定范畴,主要理由还在于:一是从《公司法》第16条的字面表述,找不出涉及合同效力评判的含义。二是根据《公司法》第11条规定,公司章程对公司股东、董事、监事、高管具有约束力。股东会决议与公司章程具有同质性,不应约束公司以外的第三人。三是《公司法》第16条意图通过约束公司大股东尤其是控股股东来保护中小股东的利益,而不应用约束债权人的方式去实现保护中小股东的目的。四是认定公司对外担保合同无效可能会危及物权公示公信原则,因为《公司法》第16条不仅包括保证合同行为,还包括设定担保物权情形。五是从成本收益角度来看,在通过加大约束不诚信股东行为实现保护中小股东利益目的时,无须将成本外化到债权人身上。① 而在持管理性强制性规定观点的学者们看来,《公司法》第16条仅为公司内部的管理规范,除非公司能够证明债权人知道或者应当知道公司董事违反公司章程的情况下仍接受公司对外担保,否则公司对外担保行为有效;②不能将违反《公司法》第16条的法律效果指向公司对外担保行为的效力,即违反该规范不会直接导致公司对外担保合同无效。③

在相当长的一段时间里,认为《公司法》第16条属于管理性

---

① 参见尚法等:《未经决议的公司担保:合同效力与解释路径》,载《人民司法·应用》2016年第31期。

② 参见冉克平:《论公司对外担保合同的效力——兼评〈公司法〉第149条第3款》,载《北方法学》2014年第2期。

③ 参见梁上上:《公司担保合同的相对人审查义务》,载《法学》2013年第3期。

强制性规定成为司法实务中较为主流的观点,体现为各级司法机关在裁判文书直接表明该条款属于管理性强制性规范。例如,在"高远控股有限公司、上海高远置业(集团)有限公司、毛某萍与邹某玉、上海录润置业有限公司与李某福民间借贷纠纷二审民事判决书"①中,最高人民法院就指出,《公司法》第16条属于效力性规范还是管理性规范实践中存有争议。维护公司利益的义务在于公司本身,不在于相对人,只要相对人没有与担保人的相关人员恶意串通,或有明显的证据证明相对人达到了可以明知的程度,担保责任就不能免除,这也是维护交易安全的需要。另外,对于相对人应该如何审查董事会决议,法律没有规定,而实践中通常是流于形式,因为赋予相对人实质审查过于苛刻。如此,仅凭这一条文,实践中尚无法做到真正完全防范管理层侵害公司和股东利益的行为。因此,该条文的规定只能作为公司内部管理要求并被法律所要求的管理性规范理解更为合理。在"河北华晨光伏科技有限公司与王某立、豆某与李某进、穆某梅、河北兆伦服饰有限公司、河北启华商贸有限责任公司、辛集市隆邦服饰制衣有限公司、河北华晨生态农业科技有限公司借款合同纠纷申请再审民事裁定书"②中,最高人民法院也指出,《公司法》(2013修正)第16条并未明确规定公司违反上述规定对外担保即导致担保合同无效,上述规定应属于管理性强制性规定,公司股东会或股东大会是否据此形成决议作为内部

① 最高人民法院民事判决书,(2014)民一终字第109号。

② 最高人民法院民事裁定书,(2016)最高法民申607号。

决策程序并不当然约束第三人。这一观点被许多高级人民法院所采纳。例如，在“王某敏与王某卫、邓州市金江房地产开发有限公司民间借贷纠纷二审民事判决书”①中，河南省高级人民法院认为，《公司法》(2013 修正)第 16 条第 2 款没有明确违反该规范的法律后果，不必然导致担保合同的无效，因此《公司法》第 16 条的实质是规范公司担保行为的管理性强制性规定，而非效力性强制性规定。又如，在“安徽昊春包装有限公司、舒城汉铭保利旅游投资有限公司合同纠纷二审民事判决书”②中，安徽省高级人民法院提出，《公司法》第 16 条第 1 款规定内容仅是明确了公司为他人提供担保的决议程序，并未列明违反该条款的法律后果，应属一项公司内部管理性规定，非效力性法律规范，不影响公司对外担保合同的有效性。在“瀚华担保股份有限公司陕西分公司与陕西豪诚太阳光能实业有限公司、陕西豪诚国际酒店有限公司、三原明德亭大酒店有限责任公司、郭某芬、陈某生、陈某 1、陈某 2 担保追偿权纠纷二审民事判决书”③中，陕西省高级人民法院持有同样的观点：《公司法》第 16 条第 2 款规定为管理性强制性规范，实质是内部控制程序，不能以此约束交易相对人。故三原明德亭大酒店有限责任公司称，因公司担保未经公司股东会决议违反了《公司法》的强制性规定，导致其与瀚华担保股份有限公司陕西分公司签署的《最高额保证反担保合

① 河南省高级人民法院民事判决书，(2015)豫法民二终字第 429 号。

② 安徽省高级人民法院民事判决书，(2019)皖民终 1041 号。

③ 陕西省高级人民法院民事判决书，(2015)陕民一终字第 00267 号。

同》归于无效的抗辩理由,不能成立。除此之外,不少中级人民法院也运用这一观点来处理公司对外担保纠纷。例如,在“朱某鹰与苏州华伦企业发展有限公司吴江市同里油脂有限公司民间借贷纠纷二审民事判决书”①中,苏州市中级人民法院指出,《公司法》(2013 修正)第 16 条关于公司为公司股东或者实际控制人提供担保的,必须经股东会或者股东大会决议的规定属于管理性规范,并非效力性规范,而且公司内部决议程序也不得约束第三人,故公司为他人提供担保,未经董事会或者股东会或股东大会决议,并不必然导致担保合同无效。在“济南信豪房地产开发有限公司与济南高新开发区华企小额贷款股份有限公司等民间借贷纠纷二审民事判决书”②中,济南市中级人民法院也提出,《公司法》(2013 修正)第 16 条系针对公司的管理性强制性规定,而非效力性强制性规定,即公司为他人提供担保应当经过董事会或者股东会、股东大会决议,未履行该程序的,对外担保经办人或责任人应当向公司承担内部责任,但不影响对外担保合同的效力。此外,有的裁判文书通过反向推导的方式,即通过否定《公司法》第 16 条系效力性强制性规定,进而间接将该条纳入管理性强制性规定的范畴。例如,在“韩某松与贤成集团有限公司、西宁市国新投资控股有限公司、广州市裕成矿业投资集团有限公司与青海创新矿业开发有限公司、青海贤成矿业股份有限

① 江苏省苏州市中级人民法院民事判决书,(2014)苏中民终字第 3609 号。

② 山东省济南市中级人民法院民事判决书,(2016)鲁 01 民终 3461 号。

公司民间借贷纠纷申请再审民事裁定书”[①]中，最高人民法院指出，《公司法》(2013 修正)第 16 条规定属于公司内部的程序性规定，公司对外提供担保是否经股东会或者股东大会决议，并不影响其对外签订的合同效力。该规定不属于效力性强制规定，当事人不能据此主张合同无效。公司法定代表人行为越权，应当通过内部追责程序解决。在“上海录润置业有限公司诉上海浦东新区金浦小额贷款有限公司等金融借款合同纠纷一案二审民事判决书”[②]中，上海市第一中级人民法院也认为，《公司法》(2013 修正)第 16 条第 1 款关于公司向其他企业投资或者为他人提供担保，依照公司章程的规定，由董事会或者股东会、股东大会决议之规定并非效力性强制性规范，即使录润公司对外提供保证未经股东会决议，亦不直接导致系争保证条款因违反法律的强制性规定而无效。在“贾某与汶川蜀粤建材有限公司、吕某民间借贷纠纷二审民事判决书”[③]中，成都市中级人民法院提出，《公司法》(2013 修正)第 16 条虽然规定公司向其他企业投资或者为他人提供担保，依照公司章程的规定，由董事会或者股东会、股东大会决议，但该条款并非效力性强制性规定，并未明确规定公司违反上述规定对外提供担保导致担保合同无效，该条款是对公司内部决议程序的规定，对第三人并无约束力，若依据该条款即认定担保合同无效，不利于市场经济中合同稳

① 最高人民法院民事裁定书，(2015)民申字第 2539 号。
② 上海市第一中级人民法院民事判决书，(2015)沪一中民六(商)终字第 93 号。
③ 四川省成都市中级人民法院民事判决书，(2016)川 01 民终 2391 号。

定及交易安全的维护。在“福建永耀实业有限公司与黄某才、张某庆民间借贷纠纷二审民事判决书”①中，漳州市中级人民法院认为，《公司法》（2013 修正）第 16 条规定，公司向其他企业投资或者为他人提供担保，依照公司章程的规定，由董事会或者股东会、股东大会决议。但该条款并非效力性强制性规定，并未明确规定公司违反该条款对外提供担保导致担保合同无效。由此观之，将《公司法》第 16 条理解为管理性强制性规定或非效力性强制性规定一度成为司法裁判思路的主流观点，而这种思路所导致的法律后果之一，就在于将公司违规签订的担保合同确认为有效合同。

（二）《公司法》第 16 条被认定为效力性强制性规定

在这方面的代表性判决为“中国信达资产管理股份有限公司深圳市分公司诉深圳市赛臣软件科技有限公司、江西省翠林山庄有限公司等借款合同纠纷案”，②该案二审判决的裁判要点在于，公司未按照《公司法》第 16 条的规定经董事会或股东会决议通过而对外提供担保的，人民法院应当认定担保行为无效。在主合同有效而担保合同无效的情况下，应依据《担保法司法解释》第 7 条③的规定，结合债权人、担保人的过错责任大小，在主债务人不能清偿债务部分的 1/2 幅度范围内认定担保人承担赔

---

① 福建省漳州市中级人民法院民事判决书，（2014）漳民终字第 210 号。

② 广东省高级人民法院（2012）粤高法民二终字第 19 号民事判决书，参见《人民法院案例选》2014 年第 1 辑。

③ 已废止，对应《民法典担保制度司法解释》第 17 条。

偿责任。这实际上认可了《公司法》第16条之于公司担保行为的效力影响。在学界,刘俊海教授力主《公司法》第16条为效力性规范说。其主要理由在于:其一,该说尊重与保护公司生存权和发展权,有助于根除法定代表人损害公司核心利益的萧墙之祸,维护公司核心竞争力。公司为他人作保时并非主债务人,担保行为并非双务有偿交易。其二,该说体现法人决议制度与法定代表人制度的设计本意,有助于理顺公司内部决议权与外部代表权之间的源流、本末与主从关系,回归法定代表人的本真法律角色。其三,该说促进公司民主治理与契约理性自由的有机融合,有助于扭转商事裁判"去公司法化"现象。其四,该说将公司对外担保决策纳入民主透明理性的法治轨道,有助于确保公司量力而行、适度为保、索取反担保。其五,该说有助于提高担保有效性,培育理性审慎债权人。诚实理性的债权人应放弃损人利己的机会主义心理,尊重担保公司自愿作保的真实意思表示,耐心等待对方深思熟虑的担保决策。其六,该说有助于精准寻求并均衡保护债权人、担保公司及其中小股东的最大利益公约数,同步追求交易安全、投资安全与公司发展的三大价值目标。① 将《公司法》第16条直接定性为影响合同效力的效力性强制性规定,在法效果上显然是将公司违规提供担保纳入无效合同的范畴。相较而言,这种观点在实务界和学界属于少数观点。

---

① 参见刘俊海:《论公司生存权和发展权原则——兼议〈公司法〉修改》,载《清华法学》2022年第2期。

二、公司意思形成的分析进路

公司意思形成的分析进路属于一种形式分析思路。单纯从文字表述来看,《公司法》第16条并未涉及相关合同效力的判断,更多地表现为公司为他人提供担保时需要依照公司章程的规定,由董事会或者股东会、股东大会作出决议;公司为公司股东或者实际控制人提供担保的,必须经股东会或者股东大会进行决议。由此,学界不少观点倾向于认定《公司法》第16条为公司内部决策形成机制或者公司意思形成机制。[①] 尤其是《公司法》第16条的历史和立法理由表明,立法者增订第16条的目的实质上是规范公司内部的意思形成,使之符合团体法律行为的逻辑,[②]以此维护公司财产安全和股东利益。首先,在他们看来,司法机关将《公司法》第16条直接作为认定公司担保合同效力的裁判规范,有悖于该条款的立法目的。该条所规定的"公司向其他企业投资或者为他人提供担保",指的是公司向其他企业投资或者为他人提供担保这一"事项",而非指"公司为他人提供担保的行为"或"公司为他人提供担保而订立的合同",且该条第3款明确使用了"事项"这一概念来表达立法的真实意图。而《公司法》第104条对此表述得更加清晰,即"本法和公司章程规定公司转让、受让重大资产或者对外提供担保等事项必须经股东大会作出决议的,董事会应当及时召集股东大会会议,由股东大会就上述事项进行表决"。因此,将"公司为他人提供担保"解释

---

① 参见梁上上:《公司担保合同的相对人审查义务》,载《法学》2013年第3期。

② 参见钱玉林:《公司法第16条的规范意义》,载《法学研究》2011年第6期。

为“公司为他人提供担保的行为”或者“公司为他人提供担保而订立的合同”不仅超过了文义，违背了立法目的，也必然造成体系违反。[①] 其次，从字面含义来看，《公司法》第16条并非关于担保的直接规定，而是关于公司提供担保的决议机制的规定。公司担保决议是管理法的规制对象，并直接发生管理法上的效果；公司担保(合同)是交易法规制的对象，并发生交易法上的效果。因此，不能根据《公司法》第16条规定直接判定担保合同的效力问题，公司的担保合同(外部行为)的效力应当根据《合同法》《担保法》决定。[②] 持这类观点的学者还指出，如果将《公司法》第16条规定解读为公司担保，并以此为据来解决违反《公司法》第16条的担保合同的效力问题，是将《担保法》《合同法》带入《公司法》，替代《公司法》自身的功能，典型地属于民法思维替代商法思维，并直接运用民法来解决公司法的问题。[③] 甘培忠教授甚至认为，长期以来公司法学者为合同法规则所裹胁，从《合同法》及其相关司法解释的立场出发，将强制性法律规范肢解为效力性规范和管理性规范，进而从《公司法》第16条的规范属性中直接推导出担保合同效力。这种简单的论证方式忽略了公司担保的内在逻辑。[④] 在甘培忠教授看来，公司担保必须由公司章

---

① 参见钱玉林：《寻找公司担保的裁判规范》，载《法学》2013年第3期。

② 参见施天涛：《〈公司法〉第16条的规范目的：如何解读、如何适用?》，载《现代法学》2019年第3期。

③ 参见施天涛：《〈公司法〉第16条的规范目的：如何解读、如何适用?》，载《现代法学》2019年第3期。

④ 参见甘培忠、马丽艳：《公司对外担保制度的规范逻辑解析——从〈公司法〉第16条属性认识展开》，载《法律适用》2021年第3期。

程规定或者有权机构作出决议,该阶段为担保意思形成过程,是完全由《公司法》调整的领域;同时,公司对外担保的意思具体由法定代表人执行,即法定代表人依照公司章程或者决议与相对人签订担保合同,这才触及《公司法》与《合同法》、《担保法》调整范围的交集。所以以民法思维下的管理性规范和效力性规范二分法审视《公司法》第16条,不仅会遭受先天的适用难度,更是置《公司法》的特别组织法属性于不顾。[①]

实践中,不少司法判决就遵循这种分析进路,将《公司法》第16条理解为公司对外提供担保的意思形成机制。在这些判决中,有的裁判文书认为《公司法》第16条是公司内部的程序性规范。如在"姚甲、姚乙股权转让纠纷二审民事判决书"[②]中,法院指出,《公司法》第16条所规定的公司对外担保须经股东会决议是公司对内的程序性规定,并不涉及公司以外第三人的审查义务。公司是否召开股东会以及是否形成决议,是公司内部控制程序,不能约束与公司进行交易的第三人。在"镇江东旺置业有限公司与上海荣正宝岛集团有限公司、上海东旺沙经济发展有限公司等民间借贷纠纷二审民事判决书"[③]中,法院也指出,《公司法》第16条规定属于对公司内部的程序性规定,公司对外提供担保是否经股东会或者股东大会决议,并不影响其对外签订的合同效力。该规定不属于效力性强制规定,当事人不能据此

① 参见甘培忠、马丽艳:《公司对外担保制度的规范逻辑解析——从〈公司法〉第16条属性认识展开》,载《法律适用》2021年第3期。

② 最高人民法院民事判决书,(2017)最高法民终610号。

③ 上海市第二中级人民法院民事判决书,(2017)沪02民终4049号。

主张合同无效。公司法定代表人行为越权，应当通过内部追责程序解决。有的裁判文书则直接明确《公司法》第16条系公司内部决议程序。例如，在“汪某格、兴业银行股份有限公司天津分行第三人撤销之诉二审民事判决书”①中，法院就指出，《公司法》第16条规定，公司向其他企业投资或者为他人提供担保，依照公司章程的规定，由董事会或者股东会、股东大会决议。上述规定属于公司内部的决议程序，不能以此约束交易的相对方。在“重庆华辰物业发展有限公司与成某菊、刘某等房屋租赁合同纠纷二审民事判决书”②中，法院也持类似观点，认为《公司法》第16条第1款规定属于公司内部的决议程序，并非效力性强制性的规定，应当区分对内对外的不同效力，不应约束善意第三人，为维护合同的稳定和交易安全，对公司以未经股东会或股东大会决议为由主张对外担保无效的，人民法院不予支持。这种将《公司法》第16条归结为公司内部意思形成机制的分析思路，显然会影响对公司违规提供担保的合同效力认定。因为一般情形下，内外部法律关系作为独立的法律行为，各自效力分别评价；原则上公司意思形成的内部法律关系并不能产生“溢出效应”，不会影响外部法律关系的效力问题。

三、权限限制的分析进路

权限限制的分析进路属于一种实质分析的思路。其更多地结合我国公司治理实际，尤其是从公司违规提供担保的现状入

---

① 天津市高级人民法院民事判决书，(2017)津民终508号。

② 重庆市第一中级人民法院民事判决书，(2018)渝01民终7380号。

手,提出《公司法》第 16 条实际上是有关法定代表人代表权受到限制的规范,即该条表明公司对外提供担保并非公司法定代表人能够单独决定的事项,需要有公司董事会、股东会或者股东大会的决议作为权力来源和基础。例如,江苏省高级人民法院民二庭就认为,[①]公司法定代表人未经股东会决议对外提供担保是法定代表人的越权行为,该越权行为应根据《合同法》第 50 条[②]和《担保法司法解释》第 11 条[③]的规定处理,而不必纠缠于《公司法》第 16 条的性质。因此,判断担保合同是否有效的关键在于相对人是否善意,即相对人是否知道或者应当知道法定代表人是越权的;而判断明知与否,要审查相对人有无审查股东会决议,该审查为必要的形式审查。如未审查即非善意,则公司不承担担保责任。秉持这类分析思路的学者认为,《公司法》第 16 条虽然是强制性规范,但性质为私法上的权限规范而非效力判断规则,无法通过《民法总则》第 153 条第 1 款[④]或者《合同法》第 52 条第 5 项[⑤]的引致来判断越权担保合同的效力。[⑥]

---

① 参见江苏省高级人民法院民事审判第二庭:《商事审判中的同案不同判问题》,载《审判研究》2017 年第 8 期。

② 已废止,对应《民法典》第 504 条。

③ 已废止,对应《民法典》第 504 条和《民法典担保制度司法解释》第 7 ~ 10 条。

④ 已废止,对应《民法典》第 153 条第 1 款。

⑤ 已废止,对应《民法典》第 153 条第 1 款。

⑥ 参见高圣平、卢祖新、蒋佩佚、范佳慧:《公司担保问题的裁判路径与具体规则》,载《人民司法》2019 年第 10 期。当然也有学者提出不同意见。如施天涛教授认为,《公司法》第 16 条并非对代表人权限的限制,公司代表人权限的限制方法难以直接适用于该条,参见施天涛:《〈公司法〉第 16 条的规范目的:如何解读、如何适用?》,载《现代法学》2019 年第 3 期。

近年来尤其是2019年7月全国法院民商事审判工作会议召开之后，根据最高人民法院通知要求，各级人民法院要正确把握和理解适用《九民会纪要》的精神实质和基本内容，“在今后的民商事审判中，对《公司法》第16条的解释应当统一到‘代表权的法定限制’的解释路径上来”；[①]同时基于《九民会纪要》第17条、《民法典担保制度司法解释》第7条等规定，将《公司法》第16条归结为公司法定代表人权限限制逐渐成为各地人民法院处理公司对外担保纠纷的主要思路。例如，在“厦门元华资产管理有限公司、林某民间借贷纠纷再审民事判决书”[②]中，法院指出，在公司为他人提供担保这一可能影响股东利益的场合，立法规定了公司机关决议前置程序以限制法定代表人的代表权限。在公司内部，为他人提供担保的事项并非法定代表人所能单独决定，其决定权限交由公司章程自治：要么是由公司股东决定，要么是委诸商业判断原则由董事会集体讨论决定；在为公司股东或实际控制人提供担保的场合，则必须交由公司其他股东决定。这种以决议前置的方式限制法定代表人担保权限的立法安排，其规范意旨在于确保该担保行为符合公司的意思，不损害公司、股东的利益。对法定代表人超越法律、章程规定实施的越权担保行为，只有在相对人善意无过失的情况下，该担保合同的效果才归属于公司。在“湖南航空股份有限公司、中国有色金属工业

---

① 参见最高人民法院刘贵祥大法官在全国法院民商事审判工作会议上的讲话，载最高人民法院民事审判第二庭编著：《〈全国法院民商事审判工作会议纪要〉理解与适用》，人民法院出版社2019年版，第74页。

② 最高人民法院民事判决书，(2017)最高法民再210号。

第十四冶金建设公司建设工程施工合同纠纷二审民事判决书”[①]中,法院也指出“公司为他人提供担保的行为不是公司法定代表人所能单独决定的事项,必须以公司股东(大)会、董事会等公司机关的决议作为授权的基础和来源。法定代表人未经授权擅自为他人提供担保的,构成越权代表,应根据《合同法》第50条[②]关于法定代表人越权代表的规定,区分订立合同时债权人是否善意分别认定合同效力:债权人善意的,合同有效;反之,合同无效。债权人能够证明其在订立担保合同时对董事会或者股东(大)会决议进行了审查,应当认定其构成善意”。根据权限限制的分析进路,鉴于《公司法》第16条已经明确了公司法定代表人代表权限的限制,公司章程等对公司担保代表权的限制就不再是单纯的意定限制,相对人不能再“盲目”地相信法定代表人具有订立担保合同的代表权,这势必会影响对相对人“善意”与否的评价,进而对担保合同的效力认定带来影响。

四、现行分析进路的简要评述

就公司对外提供担保而言,法律规范性质、公司意思形成以及法定代表人代表权限制等三条分析进路对担保合同效力认定和效果归属都产生了相当大的影响,在一定程度上左右了公司对外提供担保纠纷的判决走向。当然,这三种分析进路的优缺点也经历了司法实践的校验和评判。

首先,规范性质的分析进路存在一定的局限性。这是因为

① 最高人民法院民事判决书,(2021)最高法民终687号。

② 已废止,对应《民法典》第504条。

有关规范性质的分析进路,源于合同法的处理思路。根据《合同法司法解释二》以及最高人民法院《关于当前形势下审理民商事合同纠纷案件若干问题的指导意见》的规定,强制性规定被分为"效力性"和"管理性"两种类型,"违反效力性强制规定的,人民法院应当认定合同无效;违反管理性强制规定的,人民法院应当根据具体情形认定其效力"。沿着这一思维进路,将合同法领域关于强制性规定的分类简单套用到对公司对外担保合同的效力评判,必然会牵扯到对《公司法》第16条属于管理性强制性规定还是效力性强制性规定的判断,进而导致不同法官基于对《公司法》第16条性质的不同认识,对相关合同效力形成不同的评价结果:如果认为《公司法》第16条系效力性强制性规定,违反了该条款,合同效力必然会面临否定性评价;如果认为《公司法》第16条系管理性强制性规定,一般不主张担保合同无效。这种分析路径的不足之处在于:第一,公司对外担保并非单纯的合同问题。如前所述,公司对外担保系涉及《合同法》、《担保法》和《公司法》等众多法律规范的问题。对于《公司法》第16条不可避免地要站在《公司法》的立法目的、价值取向层面上进行理解与适用,单纯简单套用《合同法》的规则,显然是值得商榷的。第二,根据最高人民法院《关于当前形势下审理民商事合同纠纷案件若干问题的指导意见》的规定,违反管理性强制性规定的,人民法院应当根据具体情形认定合同效力。但审判实践中出现了一种倾向,有的法院认为凡是行政管理性质的强制性规定都属于"管理性强制性规定",不影响合同效力。这种思路使在相当长一段时间内,公司对外提供担保的合同往往基于法官将《公司法》第16条理解为管理性强制性规定而一概被认定为有效,由公司承担担保责任,对公司利益保护尤其是中小股东利益保护是不利的。为此,《九民会纪要》专门指出,“这种望文生义的认定方法,应予纠正”。

其次,公司意思形成说和法定代表人代表权限制说是问题的一体两面。围绕《公司法》第16条,无论采取公司意思形成机制的观点还是法定代表人代表权限制的观点,实质上都是一致的。二者只是从不同侧面进行解读而已。公司意思形成说的分析进路,更多的是从字面意思直接推导出来的结果,认为作为组织法规则,《公司法》第16条所规制的是公司内部意志的形成程序,确保形成的担保决议符合公司的真实意思;而法定代表人代表权限制说则是从《公司法》第16条规定的实质含义角度,确立了公司对外担保的内部决策程序和权限,反向推导出公司对外提供担保并非法定代表人的当然代表权限,需要有董事会、股东会或者股东大会的决议作为授权来源。因此,两种分析进路是一致的。这两种分析路径相较于规范性质说而言,共同性在于:一是无论公司意思形成的分析进路还是法定代表人代表权限制的分析进路,都是以《公司法》为分析基点的。上述两种学说都立足于《公司法》作为组织法的法律特性,从维护公司利益以及公司运行安全角度考量公司对外担保问题,尽量保障公司对外担保的行为符合公司的真实意思。二是无论公司意思形成的分析进路还是法定代表人代表权限制的分析进路,都将《公司法》第16条与担保合同的效力评价进行隔离,不主张将《公司法》第16条直接作为评判公司代表人越权提供担保合同效力的依据。因此,上述两种分析进路都主张有关公司违规提供担保合同的效力，应当借助行为法规则进行规制，借助《合同法》第 50 条[①]或者《民法典》第 504 条的规定来评判。从这一意义上，公司意思形成的分析进路和法定代表人代表权限制的分析进路具有相当的合理性。两种分析进路实现了《公司法》和《担保法》、《合同法》的有序衔接，不像规范性质说那般单纯依托合同法思维对公司对外担保进行简单套用，更具稳妥和合理性。三是根据上述两种分析进路，公司违规提供担保既然缺乏公司意思形成的必须程序，并非公司的真实意思表示，那么应当适用法定代表人越权代表的处理思路来评判合同效力。担保合同有效与否，取决于相对人是否是善意。这种处理结果也避免了规范性质说非此即彼的“一刀切”的做法，更加科学。

相较而言，《九民会纪要》以及《民法典担保制度司法解释》有关公司违规提供担保的问题上最大的转变就是脱离了基于对《公司法》第 16 条规范属性的判断（效力性还是强制性、调整内部关系还是外部关系）而认定担保合同效力的思路，转而从《合同法》（已废止）第 50 条或者《民法典》第 61 条、第 504 条对公司法定代表人代表权限制的角度，将决议审查确定为债权相对人的法定义务，并以债权相对人是否尽到必要的审查义务为依据，进而确定担保合同的效力。如《九民会纪要》第 17 项就规定“为防止法定代表人随意代表公司为他人提供担保给公司造成损失，损害中小股东利益，《公司法》第 16 条对法定代表人的代表权进行了限制”。后续出台的《民法典担保制度司法解释》第 7 条规定：“公司的法定代表人违反公司法关于公司对外担保决议程

① 已废止，对应《民法典》第 504 条。

序的规定,超越权限代表公司与相对人订立担保合同,人民法院应当依照民法典第六十一条和第五百零四条等规定处理……”这些规定都明确了认定公司对外担保的规范依据是有关越权代表的规定,而不是《合同法司法解释二》第14条有关效力性强制性规范的规定,这无疑是科学的、合理的,且在域外法中亦可找到借鉴。日本法上关于法定决议事项上的“代理权限制说”同样认为,公司重要的交易是理事会、董事会的决议事项,意味着公司代表人没有意思决定的权限,应当将此作为限制其代表权的规定。这实际与我们新近倡导的公司违规担保的“代表权限制说”在内在实质上是一致的。[①] 同时,随着最高人民法院抛弃了对《公司法》第16条规范性质的定性与争议,转而向《民法典》第61条和第504条寻求公司担保纠纷裁判的法理基础,也使再以《公司法》第16条的规范属性来讨论公司对外担保的合同效力及效果归属,失去了价值。

第三节 《公司法》第16条的多元解读

有关《公司法》第16条的三条分析进路,实际上都涉及对该条款立法旨意、功能定位、价值取向的不同解读。而根据法律解释的原理,对于《公司法》第16条,需要从文义、历史以及体系、

① 《日本民法典》《德国民法典》对法人本质采取法人拟制说,与我国采取的法人实在说不同,因此日本有关法人与代表董事之间采取的是代理关系,不同于我国法人与法定代表人之间的代表关系。

功能等角度进行全方位的综合分析、系统解读，以厘清这一条款的本来面目。

一、文义解读

单纯从字面描述来看，《公司法》第 16 条涉及公司对外提供担保的决议形成的规范，即公司为他人提供担保的，需要根据公司章程的规定，（可以）由董事会或者股东会、股东大会作出决议；公司为公司股东或者实际控制人提供担保的，鉴于关联担保的利害关系，董事会作出决议都不足以防范风险，“必须”经股东会或者股东大会作出决议。从文义角度出发，《公司法》第 16 条传递出的意思应当是清晰的，即公司对外提供担保的决定权，并不在法定代表人手中，而应根据被担保对象的不同，取决于董事会决议或者股东会、股东大会决议。然而，一个真正具有“拘束力”的法律规范应当包含“何人”“应当怎么做”“不这样做将会怎么样”三个方面的规范要求；且一项法律规范确保其具有“拘束力”的关键就在于法律义务的设定以及法律义务未被有效履行的法律后果的明确化。相对照之下，《公司法》第 16 条并不符合一个“完全性法条”的要求，[①]其第 1 款和第 2 款只规定了公司对外担保需要进行的内部决议程序，但对未按规定进行内部决策的，究竟应当如何定性并没有明确，由此给司法实践带来了较大困扰。以致有学者指出，《公司法》第 16 条自身所呈现的特点

① 参见吴飞飞：《公司担保合同行为的最佳行为范式何以形成——公司越权担保合同效力认定的逆向思维》，载《法学论坛》2015 年第 1 期。

是公司越权担保效力产生争议的根本原因。[①]

但无论学界对《公司法》第16条规则设计如何指责，单纯从文义角度出发，《公司法》第16条规定的是公司对外担保的决议程序与权力划分，与担保合同效力没有直接关系，[②]让其承担评判公司违规提供担保的合同效力问题，是该条款的“不能承受之重”。即便该条没有规定违反该条的法律后果，法律责任一章亦未对此加以明确，给该条的司法适用留下了很大的解释空间，[③]那也是公司法整个体系结构上的缺陷，其责任并不能完全由《公司法》第16条自行独立承担。当然，《公司法》第16条并非关于担保合同效力的规定，并不意味着这一条款对公司对外提供担保的合同效力不会产生任何影响。通过《公司法》第16条的制度安排，我们至少可以推导出，公司对外提供担保并非法定代表人的当然职权。根据该条第1款，公司对外提供担保的，需要按照公司章程就公司担保权限的分配，由董事会、股东会或股东大会行使，公司担保须以决议方式进行；即便作为公司法定代表人，也无权擅自以公司名义对外作出担保行为，即在这一问题上法定代表人的代表权受到法律限制。这种对公司法定代表人代表权的特殊限制和制度安排，一定程度上会对交易相对人主观状态的评价带来影响，进而影响对相关合同效力的评判。

---

① 参见李游：《公司越权担保效力判定路径之辨识》，载《河北法学》2017年第12期。

② 参见马更新：《公司担保中决议形成程序与合同效力认定间牵连关系探析》，载《法学杂志》2020年第6期。

③ 参见高圣平：《公司担保相关法律问题研究》，载《中国法学》2013年第2期。

二、历史解读

如前所述,《公司法》第 16 条是一个颇具中国特色的制度安排。因此,对于该条的立法旨意,需要从立法过程中的各种说明、意见以及立法理由等资料中去探究。而通过查阅公司法的立法资料可以看出,2005 年《公司法》修订时,草案第一稿并未出现《公司法》第 16 条的有关内容。2005 年 2 月 25 日,在第十届全国人民代表大会常务委员会第十四次会议上,时任国务院法制办公室主任作的《关于〈中华人民共和国公司法(修订草案)〉的说明》中指出,公司法“对上市公司监管中出现的新情况、新问题缺乏有效的应对手段,不利于维护资本市场的秩序”,在“规范上市公司治理结构,严格上市公司及其有关人员的法律义务与责任,推进资本市场的稳定健康发展”方面,提出要规定“上市公司在 1 年内购买、出售重大资产或者担保金额超过公司资产总额 30% 的,应当由股东大会作出决议,并经出席会议的股东所持表决权的 2/3 以上通过”。[①] 同年 8 月 23 日,在第十届全国人民代表大会常务委员会第十七次会议上,时任全国人大法律委员会副主任委员在《全国人大法律委员会关于〈中华人民共和国公司法(修订草案)〉修改情况的汇报》中指出:有些常委委员和地方、部门、企业提出,公司为他人提供担保,可能给公司财产带来较大风险,需要慎重。实际生活中这方面发生的问题较多,《公司法》对此需要加以规范。法律委员会经同国务

---

① 参见中国人大网 2021 年 12 月 20 日,http://www.npc.gov.cn/wxzl/gongbao/2000-12/28/content_5003071.htm。

院法制办[1]、最高人民法院研究,建议增加规定:“公司为他人提供担保,按照公司章程的规定由董事会或者股东会、股东大会决议;公司章程对担保总额及单项担保的数额有限额规定的,不得超过规定的限额。”“公司为公司股东或者实际控制人提供担保的,必须经股东会或者股东大会决议。”“前款规定的股东或者受前款规定的实际控制人支配的股东,不得参加前款规定事项的表决。该项表决由出席会议的其他股东所持表决权的半数以上通过。”[2]这是笔者能够查阅到的有关《公司法》第 16 条最早的立法资料。而从修订草案材料来看,之所以要在《公司法》中对公司对外担保问题作出规定,一个非常重要的因素就在于当时实践中公司滥用担保情形较多,“可能对公司财产带来较大风险”,需要加以规范。因此,《公司法》最初规定公司对外担保问题的目的在于规范公司担保行为,维护公司资产的安全,而并非像后来不少观点所主张的,《公司法》第 16 条的立法本意在于保障担保合同相对人的利益,维护交易安全。

2005 年 10 月 25 日,在第十届全国人民代表大会常务委员会第十八次会议上,时任全国人大法律委员会主任委员在《全国人大法律委员会关于〈中华人民共和国公司法(修订草案三次审议稿)〉修改意见的报告》中指出:“一、修订草案三次审议稿第 16 条第 1 款对公司为他人提供担保的决定程序作了规定。有的常委委员提出,公司向其他企业投资,同样涉及公司财产安全和

① 2018 年机构改革后为司法部。

② 参见中国人大网 2021 年 12 月 20 日,http://www.npc.gov.cn/wxzl/gongbao/2000-12/28/content_5003071.htm。

股东利益,也应作出相应规定。法律委员会经研究,建议将这一款补充修改为:‘公司向其他企业投资或者为他人提供担保,按照公司章程的规定由董事会或者股东会、股东大会决议;公司章程对投资或者担保的总额及单项投资或者担保的数额有限额规定的,不得超过规定的限额。’”①修订草案第三次审议稿的说明,进一步论证了上述对《公司法》第16条立法目的的判断,即《公司法》第16条最初的立法目的在于保护公司财产安全和股东利益,而非保障交易相对人的利益;在于维护静态安全,而非基于动态交易安全的保护需要。为此有学者指出,将《公司法》第16条规定作为“公司担保”来理解是错误的,因为《公司法》第16条出现的“担保”障蔽了人们的认识视角,引起了认识上的误读,曲解了《公司法》的立法目的,进而将该条的法律适用引向了错误的方向和错误的裁判。②

三、体系解释

在法律解释的众多方法路径中,体系解释方法要求“以法律条文在法律体系上的地位,即它所在编、章、节、条、款、项以及该法律条文前后的关联,以确定它的意义、内容、适用范围、构成要

① 参见载中国人大网2021年12月20日,http://www.npc.gov.cn/wxzl/gongbao/2000-12/28/content_5003071.htm。

② 参见施天涛:《〈公司法〉第16条的规范目的:如何解读、如何适用?》,载《现代法学》2019年第3期。也有学者如钱玉林教授认为,对《公司法》第16条应“回归原始目的重新解释”,参见钱玉林:《公司法第16条的规范意义》,载《法学研究》2011年第6期。

件和法律效果”。[①] 而作为一项涉及众多法律规范的系统问题,对公司对外提供担保的准确认识,更需要在对《公司法》、《合同法》、《担保法》以及相关司法解释的担保规范进行体系化、综合化的解释与认知,在把握不同担保规范之间就效力位阶、功能与价值定位的区别性与互补性等基础上进行。在《民法典》出台之前,有关公司对外担保规范大致可归纳为四个方面:一是《公司法》第16条、第121条和第148条,明确了公司为他人担保的内部决策程序以及违反程序的董事、高级管理人员应当承担的相应赔偿责任。二是《民法总则》第61条[②]和《合同法》第50条[③]、第52条第5项[④],规定了公司对外提供担保的合同效力的判断规则。三是《物权法》(已废止,下同)关于担保物权是否有效的相关规定。四是《担保法》关于保证是否有效的相关规定以及《担保法司法解释》第4条[⑤]、第7条[⑥]、第8条[⑦]和第11条[⑧]等关于担保合同无效情形下当事人的民事责任承担规则。[⑨] 而上述规则的价值目标各不相同。其中,《公司法》的相关规定主要是明确公司法

① 梁慧星:《裁判的方法》,法律出版社2012年版,第122页。

② 已废止,对应《民法典》第61条。

③ 已废止,对应《民法典》第504条。

④ 已废止,对应《民法典》第153条第1款。

⑤ 已废止,对应《民法典担保制度司法解释》第7条。

⑥ 已废止,对应《民法典担保制度司法解释》第17条。

⑦ 已废止,对应《民法典担保制度司法解释》第17条。

⑧ 已废止,对应《民法典》第504条和《民法典担保制度司法解释》第7~10条。

⑨ 参见李激汉、刘平:《公司为他人提供担保纠纷案件法律适用路径检讨——兼评最高人民法院〈公司担保司法解释(讨论稿)〉》,载蒋锋、卢文道主编:《证券法苑》(第26卷),法律出版社2019年版,第86页。

定代表人权限限制及其违反该限制的公司内部责任;《物权法》的相关规定主要是解决越权订立的担保合同中担保物权的取得、转让和公示问题;《民法总则》(已废止,下同)、《合同法》的相关规定主要用于法定代表人越权担保合同效力的判定;而《担保法》及其相关司法解释规定则侧重于明确担保中保证的形式要件和实质要件,以及解决越权担保合同被判定无效后相关当事人的归责问题。[①] 因此,从各种规则的内部分工和职责定位可以看出,《公司法》第 16 条、第 121 条仅仅在于负责判断公司对外提供担保中法定代表人是否"越权"问题,从而为越权代表等相关规定的适用创造条件。换言之,在《民法典》出台后,要判断公司对外提供担保的合同效力问题,必须结合《民法典》中有关法定代表人权限以及越权代表等规定进行综合考量,并不能依据《公司法》第 16 条、第 121 条等规定直接得出结论。

从这一角度出发,以往有关《公司法》第 16 条的三种分析进路,都或多或少地缺乏一定的体系性解释的空间。首先,规范性质的分析进路将《公司法》上的条款直接运用合同法的解释思路进行解读,一定程度上忽略了该条款背后《公司法》所肩负的"规范公司的组织和行为,保护公司、股东和债权人的合法权益"的立法宗旨,混淆了《公司法》和《合同法》各自的维度与面向的差异性。同时,即便从规范性质角度出发,公司法领域并不缺乏强制性规范,违反公司法上的强制性规范同样会发生效力性后果,

① 参见李激汉、刘平:《公司为他人提供担保纠纷案件法律适用路径检讨——兼评最高人民法院〈公司担保司法解释(讨论稿)〉》,载蒋锋、卢文道主编:《证券法苑》(第 26 卷),法律出版社 2019 年版,第 93 页。

但问题在于,这种强制性规范是公司法意义上的强制性规范,如若违反强制性规范,首先应发生《公司法》上的法律效果,而非《合同法》《担保法》上的法律效果。即商法的问题首先应该用商法的方法来解决,而不是简单地用民法的方法来解决商法的问题。① 其次,根据公司意思形成的分析进路和法定代表人代表权限制的分析进路来看,《公司法》第16条是有关公司对外担保意思形成的程序规范,实质上否定了法定代表人对公司对外担保事项的决定权,因此《公司法》第16条不能直接成为认定公司违规提供担保合同效力的法律依据。但与此同时,也不能完全否定《公司法》第16条对公司对外担保的合同效力会产生一定的影响,因此公司违规提供担保的合同效力应当依据《民法典》第61条和第504条等条款,并结合具体案情进行综合评判。

四、功能解读

《公司法》第16条的功能更多地体现为该条的规范对象是什么。从《公司法》第16条的具体表述看,第1款、第2款的主语都是“公司”,自始未出现公司法定代表人的字样。如果未按照《公司法》第16条规定对外提供担保是构成法定代表人越权还是公司越权?这存在本质上的差异。法定代表人越权,其实质在于法定代表人违背法律或者公司章程,或者在缺乏公司有权机关授权的情况下,在担保方面作出了超越自己权限的意思

① 参见施天涛:《〈公司法〉第16条的规范目的:如何解读、如何适用?》,载《现代法学》2019年第3期。

表示,与公司违背法律或者公司章程设定目的的行为并不完全等同。对此,笔者认为,从功能角度出发,《公司法》第16条和第121条应当理解为规范和限制公司法定代表人代表权的条款,而非限制公司行为能力的条款。其理由大致在于:

首先,将《公司法》第16条理解为规范和限制法定代表人代表权符合该条的内在含义。虽然《公司法》第16条第1款的主语系"公司"而非公司法定代表人,但根据其规定,公司董事会、股东会或者股东大会可以依照公司章程的规定来决定是否为他人提供担保,由此可以得出这样的结论,即公司本身具备对外提供担保的行为能力。换言之,如果法定代表人未按照公司章程的规定,未经过相关机构决议而为他人提供担保,只能说明该法定代表人越权,而并不能由此推导出公司缺乏为他人担保的行为能力。

其次,将《公司法》第16条理解为规范和限制法定代表人代表权有利于保护交易安全、维护交易秩序。相反,若将《公司法》第16条的规范功能理解为"限制公司为他人提供担保的行为能力",则将陷入英美法上公司"越权无效"的历史泥淖。美国公司法专家汉密尔顿在探讨公司越权时就指出:"回到公司法要求章程表明公司设立具体目的的那个年代,越权行为是一个很有意义的问题,任何在章程所陈述的目的之外的行为都是越权行为。然而现在,讨论越权已经没有多大意义,因为许多州均允许对公司目的做一个一般性陈述。的确,在许多州,都存在这样一个假定,公司能够进行所有合法的行为。"英国《2006年公司法》第39条第1款更是直接规定:"公司行为的效力,不应当由于缺少公司宪章所规定的任何能力而被否定。”[①]“越权无效”原则的一项致命缺陷在于其有损交易安全,严格遵循这一原则将使公司可以肆意以超越其法人目的、经营范围来主张交易行为无效,使交易秩序始终处于不稳定状态。因此“越权无效”原则早已经被大多数国家和地区所抛弃。

最后,将《公司法》第16条理解为规范和限制法定代表人代表权契合我国法律和司法发展的趋势。在我国,公司超越经营范围的行为的效力问题,经历了从倾向于认定无效到认定有效的变迁过程,尽量让民事法律行为有效是当前民商事立法精神的重要体现。鉴于《民法通则》第42条[②]规定企业法人应当在核准登记的经营范围内从事经营;第49条[③]规定企业法人超出登记机关核准登记的经营范围从事非法经营的,除法人承担责任外,对法定代表人可以给予行政处分、罚款,构成犯罪的,依法追究刑事责任,一段时间里有关公司超越经营范围的合同往往被认定为无效合同。直到《合同法司法解释一》第10条规定“当事人超越经营范围订立合同,人民法院不因此认定合同无效。但违反国家限制经营、特许经营以及法律、行政法规禁止经营规定的除外”,这种情况才有所改观。此次《民法典》第505条更是鲜明地规定“当事人超越经营范围订立的合同的效力,应当依照本法第一编第六章第三节和本编的有关规定确定,不得仅以超越

① 李激汉、刘平:《公司为他人提供担保纠纷案件法律适用路径检讨——兼评最高人民法院〈公司担保司法解释(讨论稿)〉》,载蒋锋、卢文道主编:《证券法苑》(第26卷),法律出版社2019年版,第90页。

② 已废止,对应《民法典》第78条。

③ 已废止。

经营范围确认合同无效”，对公司超越经营范围的合同效力作出正面评价。这既与前述大多数国家和地区在这一问题上的态度与立场相符合，即承认公司享有对外担保能力的同时，将公司违规提供担保转换为公司代表人或者代理人的行为，运用代表或者代理制度解决效力问题；同时在司法实践中被“中福实业公司担保案”“光彩集团担保案”等案例反复论证过，得到了社会的认可和接受。

实际上，围绕《公司法》第 16 条所产生的诸多问题，根源并不在于立法规定，更多地系基于法律解释和理解而产生。通过对《公司法》第 16 条制订历史的回溯，以及该条款在整个公司对外担保的制度框架体系来审视，我们不难发现该条款的立法初衷是防止法定代表人随意代表公司为他人提供担保给公司造成损失，损害公司利益以及中小股东利益，由此对公司对外提供担保行为设置了决议程序的限制，进而对法定代表人的代表权进行了限制；该条并非有关公司对外提供担保的合同效力的规定，其直接的立法目的也并不在于维护交易安全和保护交易相对人的利益。对于该条款的解读可以从正反两个层面来进行。从正面角度解读，《公司法》第 16 条是有关公司对外提供担保的意思形成程序的规定，即在一般担保中，公司对外提供担保应当根据公司章程的规定，由董事会、股东会或者股东大会形成决议；在关联担保中，公司对外提供担保不能交由董事会形成决议，而应当经股东会或者股东大会形成决议。从反面角度来解读，公司对外提供担保的行为并非法定代表人所能单独决定的事项，而必须以公司股东（大）会、董事会等公司机关的决议作为授权的基础和来源，以此来维护公司股东和公司的合法权益。法定代表人未经授权擅自为他人提供担保的,构成越权代表,人民法院应当根据《民法典》有关法定代表人的职权以及越权代表的有关规定,区分订立合同时相对人是否善意分别认定合同效力:相对人善意的,担保合同对公司发生效力;相对人非善意的,担保合同对公司本身并不发生效力。

第四章　影响公司担保合同效力的强制性规定的识别

公司自治和公司法的强制性与任意性问题是贯穿和覆盖整个公司法制度的全局性和根本性问题。[①] 近年来,有关《公司法》第16条所引发的争议,尤其是违反该条款所签订的担保合同有效与否,无不与该条款是否属于强制性规定息息相关。与此同时,《公司法》第22条规定,公司股东会或者股东大会、董事会的决议内容违反法律、行政法规的无效。股东会或者股东大会、董事会的会议召集程序、表决方式违反法律、行政法规或者公司章程,或者决议内容违反公司章程的,股东可以自决议作出之日起60日内,请求人民法院撤销。故即便公司内部形成了对外提供担保的公司决议,也可能因违反法律、行政法规或者公司章程而面临被认定为无效或者被撤销的境地。因此,研究公司对外担保问题,一个绕不开的话题是违反法律法规特别是强制性规定的合同效力问题。

---

① 参见赵旭东:《强化自治、弱化强制依然是公司法修订的重要方向》,载《西北工业大学学报》2021年第1期。

第一节 强制性规定影响合同效力的实践困惑

一般而言,所谓强制性规定,是相较于任意性规定而言的,指其适用不以当事人的意志为转移,不能通过约定予以排除或变更的规定。[①] 识别强制性规定,判断强制性规定的影响力,尤其是否会影响合同效力,是各国都面对的法律难题。[②]《民法典》第 153 条第 1 款继受了《民法总则》的规定,重申了强制性规定对包括合同在内的民事法律行为影响的两重性,即明确"违反法律、行政法规的强制性规定的民事法律行为无效。但是,该强制性规定不导致该民事法律行为无效的除外"。影响合同效力的强制性规定,看似简单,相关规定较为清晰,但实践中情况却是千差万别,认识判断不一致的情况仍然较多。

---

① 对于强制性规定的概念,不仅学界存在诸多学说与争论,各国和地区在称谓上也不尽一致。例如,日本民法学界将强制性规范区分为义务性规范和禁止性规范;我国台湾地区"民法"第 71 条区分"强制规定"和"禁止规定";有学者也提出,《合同法》(已废止)第 52 条第 5 项中的强制性规定调整为"禁止性规定"更准确,参见王轶:《民法原理与民法学方法》,法律出版社 2009 年版,第 245 ~ 251 页。但本书仍遵循我国《民法典》第 153 条的表述,统称为强制性规定。

② 美国关于强制性规定是否属于效力性的判断标准自 1915 年兰开斯特海滨整治公司诉纽约市政府案讨论至今,参见方金刚:《美国法律强制性或管理性规定无绝对的判断标准》,载《人民法院报》2017 年 10 月 27 日,第 8 版;日本民法学界历经了 100 余年的认识、争论与反思,形成了"法令违反行为效力论",参见孙鹏:《私法自治与公法强制——日本强制性法规违反行为效力论之展开》,载《环球法律评论》2007 年第 2 期,等等。

一、对法律、行政法规具体规定的性质认定不一

以《公司法》第 16 条第 2 款为例。该条款虽然明确“公司为公司股东或者实际控制人提供担保的，必须经股东会或者股东大会决议”，但由于仅仅对公司对外提供担保的行为模式作出了规定，并未确定违规对外担保所产生的法律后果。如前所述，有观点认为，《公司法》第 16 条第 2 款属于管理性强制性规定，违反了并不影响公司对外提供担保合同的效力；①也有观点认为，该条款属于效力性强制性规定，②违反了将造成担保合同无效。正是对这一条款性质的认识不一，造成“公司为他人提供担保的合同效力问题，审判实践中裁判尺度不统一，严重影响了司法公信力”。

二、对违反政策规定是否导致合同无效认识不一

以经济适用房为例，原建设部等七部委联合发布的《经济适用住房管理办法》(2007 修订)第 33 条明确：“个人购买的经济适用住房在取得完全产权以前不得用于出租经营。”相关省市也

---

① 在“中建材集团进出口公司诉北京大地恒通经贸有限公司、北京天元盛唐投资有限公司、天宝盛世科技发展(北京)有限公司、江苏银大科技有限公司、四川宜宾俄欧工程发展有限公司进出口代理合同纠纷案”的裁判要旨中就明确，公司违反了《公司法》第 16 条第 2 款的规定，与他人订立担保合同的，不能简单认定合同无效。理由之一在于“该条款并非效力性强制性的规定”。

② 刘俊海教授指出，《公司法》第 16 条与第 104 条、第 121 条、第 148 条构成了配套的公司对外担保制度，阐明了“原则禁止、例外允许、严格规制”的理念，每条规定均为效力性规范。参见刘俊海：《公司法定代表人越权签署的担保合同效力规则的反思与重构》，载《中国法学》2020 年第 5 期。

出台了类似的规定。经济适用房是具有社会保障性质的政策性住房,享受了建设用地划拨、免收行政事业性收费、减免相关税收等政策优惠,因此在分配、使用、交易等环节都受到不同程度的限制。违反了经济适用房政策所签订的合同是否无效,实践中就存在一定的争议。在被称为上海首例以民事制裁方式"喊停"经济适用房出租的案件中,①张某将其所购的经济适用房出租给祁某,双方签订了房屋租赁合同。其后,祁某又将该房屋转租给他人。在发现转租行为后,张某向法院诉请解除租赁合同,并要求祁某支付房屋使用费。法院审理后认为,张某出租经济适用房的行为,违反了相关政策规定以及买卖合同的相关条款,系利用公共资源谋取个人利益,损害了社会公共利益。因此,法院判令涉案房屋租赁合同无效,并通过民事制裁对租金收益予以收缴。也有不少法院认为,《经济适用住房管理办法》系部门规章,不能作为判断租赁合同效力的法律依据,而应认定租赁合同合法有效。② 实践中引发社会较多关注和争议的还有各地针对房地产出台的限购政策。有的观点认为,限购政策的出台多出于国家对房地产的宏观调控,违反限购政策的行为往往因阻碍宏观经济政策落实、损害公序良俗而被判定无效。例如,在"辽宁中集哈深冷气体液化设备有限公司、徐某欣再审民事判决书"③中,法院认为,徐某欣在已有两套住房的情况下仍借曾某外之名另行买

① 上海市第一中级人民法院民事判决书,(2016)沪01民终第5440号。

② 参见王蒙:《经适房违规出租的合同效力与法律效果》,载《华东政法大学学报》2019年第6期。

③ 最高人民法院民事判决书,(2020)最高法民再328号。

房，目的在于规避国务院和北京市的限购政策，通过投机性购房获取额外不当利益。司法对于此种行为如不加限制而任其泛滥，则无异于纵容不合理住房需求和投机性购房快速增长，鼓励不诚信的当事人通过规避国家政策红线获取不当利益，不但与司法维护社会诚信和公平正义的职责不符，而且势必导致国家房地产宏观调控政策落空，阻碍国家宏观经济政策落实，影响经济社会协调发展，损害社会公共利益和社会秩序。故徐某欣与曾某外为规避国家限购政策签订的《房产代持协议》因违背公序良俗而应认定无效，徐某欣依据规避国家限购政策的借名买房合同关系，不能排除对涉案房屋的执行。当然，也有观点认为违反限购政策并不影响合同效力。如在“邬某斌与新华信托股份有限公司案外人执行异议之诉再审审查与审判监督民事裁定书”①中，法院就认为，2014年5月16日至17日，邬某斌与宁波强人置业公司签订了15份《罗马假日内部购房签约协议》，上述协议系双方真实意思表示，限购政策并不影响房屋买卖协议的效力，上述协议并不存在《合同法》第52条②规定的合同无效情形，应认定为合法有效。

三、对违反权限性规定等是否导致合同无效认识不一

在现行法律法规体系中，除任意性规定、强制性规定外，还有一些权限性规定、赋权性规定等。这些规定虽然也采用了“应当”“不得”等表述，从表面上看蕴含了一定的强制性色彩，但往往与特定民事主体实施民事行为需要得到相应的授权或者权限有关。

---

① 最高人民法院民事裁定书，(2020)最高法民申4797号。

② 已废止，对应《民法典》第146条、第153条等。

它们虽然与强制性规定存在根本性的区别,但因与强制性规定较易发生混淆,故就违反了权限性规定是否会导致合同无效往往也存在争议。例如,根据《城市房地产管理法》(2019 修正)第 38 条第 4 项的规定,共有人未经其他共有人的书面同意,不得将共有房产转让给他人。对此,实践中就存在两种处理思路:一种思路认为,对于共有人未经其他共有人书面同意转让共有房产的,应根据无权处分的规定,认定转让合同有效;[①]另一种思路则认为,转让行为违反《城市房地产管理法》的强制性规定,应认定转让合同无效。

四、违反强制性规定是否必然导致合同无效情况不一

当前,强制性规定尤其是会影响合同效力的效力性强制性规定,主要集中在建设工程、土地管理、房地产调控以及金融管控等领域,许多都涉及社会公共利益。但违反这些规定的合同是否绝对性地依照无效思路处理也并非完全一致。例如,《最高人民法院关于审理建设工程施工合同纠纷案件适用法律问题的解释(一)》(法释〔2020〕25 号,以下简称《建设工程施工合同司法解释一》)第 1 条[②]规定,承包人未取得建筑业企业资质或者超越资质等级等三种违反强制性规定而认定建设工程施工合同无效的情形。而《民法典》第 793 条第 1 款又规定"建设工程施工

① 参见最高人民法院民事审判第二庭编著:《〈全国法院民商事审判工作会议纪要〉理解与适用》,人民法院出版社 2019 年版,第 244 页。

② 《建设工程施工合同司法解释一》第 1 条第 1 款规定:"建设工程施工合同具有下列情形之一的,应当依据民法典第一百五十三条第一款的规定,认定无效:(一)承包人未取得建筑业企业资质或者超越资质等级的;(二)没有资质的实际施工人借用有资质的建筑施工企业名义的;(三)建设工程必须进行招标而未招标或者中标无效的。"

合同无效,但是建设工程经验收合格的,可以参照合同关于工程价款的约定折价补偿承包人”。这种无效合同的部分内容按照有效合同处理的思路也引起各方的关注。

以上仅仅列举了适用强制性规定认定合同效力较为突出的四种情况。实践中,究竟违反哪些类型的强制性规定会导致合同无效,违反哪些类型的强制性规定不影响合同效力;违反低位阶法律文件中的强制性规定是否影响合同效力;违反了强制性规定是否必然会造成合同无效,可否将合同效力交由当事人自行决定等都是我们不得不认真思考的重要课题。尤其《民法典》第 153 条第 1 款规定了两种不同性质的“强制性规定”,更对各级人民法院结合具体个案进行强制性规定的性质识别提出了明确要求。

第二节　影响合同效力的强制性规定的制度规范

一、影响合同效力的强制性规定的制度变迁

违反强制性规定对于合同效力的影响,一直是立法者和司法者较为关注的问题。《民法通则》第 58 条①规定“违反法律或者社会公共利益的”民事行为无效,即“违法者无效”。《合同法》第 52 条第 5 项②则使用“强制性规定”来限定违法对合同效力的影响。《合同法司法解释一》第 4 条将影响合同效力的强制

① 已废止,对应《民法典》第 146 条、第 153 条、第 154 条。

② 已废止,对应《民法典》第 146 条、第 153 条、第 154 条。

性规定限定在“全国人大及其常委会制定的法律和国务院制定的行政法规”范围内,“不得以地方性法规、行政规章为依据”。《合同法司法解释二》第 14 条则规定“合同法第五十二条第(五)项规定的‘强制性规定’,是指效力性强制性规定”,首次提出了“效力性强制性规定”的概念。同年《最高人民法院关于当前形势下审理民商事合同纠纷案件若干问题的指导意见》在《合同法司法解释二》的基础上,提出了“管理性强制性规定”的概念,与“效力性强制性规定”相对应;并将“绝对地损害国家利益或者社会公共利益的”纳入效力性强制性规定范畴;将规制市场准入类、规制某种合同履行的强制性规定纳入管理性强制性规定的范畴,对司法实践产生了重要影响。

《民法总则》第 153 条第 1 款[①]既沿袭了《合同法》第 52 条[②]的基本思路和《合同法司法解释二》第 14 条的相关规定,以例外方式明确并非违反法律、行政法规的强制性规定都会导致合同无效,但并未吸纳《合同法司法解释二》所提出的“效力性强制性规定”概念。[③]《九民会纪要》强调:人民法院在审理合同纠纷案

---

① 已废止,对应《民法典》第 153 条第 1 款。

② 已废止,对应《民法典》第 146 条、第 153 条、第 154 条。

③ 2016 年 6 月,全国人大常委会公布的《民法总则(草案)》第 132 条规定:“违反法律、行政法规的效力性强制性规定或者违背公序良俗的民事法律行为无效。”2016 年 11 月 18 日,《民法总则(草案二次审议稿)》第 147 条沿袭了这一规定。2017 年 3 月 15 日,第十二届全国人民代表大会第五次会议通过的《民法总则》第 153 条删除了效力性强制性规定,重新改为违反法律、行政法规的强制性规定无效。其中原因系当时有意见认为“效力性强制性规定”的概念比较模糊,建议换一种更为明确的方式。参见杜涛主编:《民法总则的诞生——民法总则重要草稿及立法过程背景介绍》,北京大学出版社 2017 年版,第 346 页。

件时,要依据《民法总则》第 153 条第 1 款[①]和《合同法司法解释二》第 14 条的规定慎重判断“强制性规定”的性质,特别是要在考量强制性规定所保护的法益类型、违法行为的法律后果以及交易安全保护等因素的基础上认定其性质,并在裁判文书中充分说明理由。《民法典》第 153 条则全面继受了《民法总则》第 153 条的规定,同时在“合同编”中并未就违反强制性规定的合同效力问题作出相应规定,而是在第 508 条规定“本编对合同的效力没有规定的,适用本法第一编第六章的有关规定”。

从上述立法规范及司法解释、司法文件来看,影响合同效力的强制性规定总体上呈不断限缩的态势。这种限缩符合民法作为私法领域的基本法,尊重当事人意思自治,减少国家公权力干预的特质。合同无效是对当事人意思自治的彻底否定,会导致当事人合同利益的落空;大量、经常和不加控制地宣告合同无效,将使广大市场主体丧失对于交易安全的信任,市场将缺乏活力,社会资源也将大量浪费。[②] 当然,这种限缩更多的只是代表了一种方向,上述立法规范、司法解释及文件并未为实践提供出一种识别强制性规定的清晰明确的操作指引。

二、域外影响合同效力的强制性规定的立法及实践

世界上许多国家和地区都将违反强制性规定的行为确定为无效。从实证法层面,《德国民法典》第 134 条规定,法律不另有

---

① 已废止,对应《民法典》第 153 条第 1 款。

② 参见最高人民法院研究室编著:《最高人民法院关于合同法司法解释(二)理解与适用》,人民法院出版社 2009 年版,第 106 页。

规定的,违反法定禁止的法律行为无效。《法国民法典》第 6 条规定,任何人不得以特别约定违反有关公共秩序与善良风俗之法律。《日本民法典》第 90 条规定,以违反公共秩序或善良风俗的事项为目标的法律行为无效。《瑞士债务法》第 20 条规定,合同内容不能、违法或违背公序良俗的,无效。《荷兰新民法典》第 3:40 条规定:(1)法律行为的内容或目的违背公共秩序或善良风俗的,无效。(2)除从法律规定的目的中得出其他结论者以外,违反法律强制规定的法律行为无效。我国台湾地区“民法”第 71 条(违反强制或禁止规定之效力)规定,法律行为,违反强制或禁止之规定者,无效。但其规定并不以之为无效者,不在此限。①

在理论层面,鉴于民法典原则上规定违反禁止性规范的法律行为无效,例外情形下发生的法律行为仍可有效,如何区分原则和例外情形,德国民法学界衍生出“规范说”和“法益衡量说”两种学说。所谓规范说又根据考察对象或方法的不同,进一步分为“规范性质说”、“规范对象说”、“规范重心说”及“规范目的说”等。其中,规范性质说认为,若禁止规范仅是单纯的秩序规定时,其违反虽与一般反社会行为无疑,均应受到制裁,但因其私法行为本质上不具违法性,其效力自不受影响。② 规范对象说认为,法律行为原则上仅在禁止规范以所有当事人为对象时,才

---

① 参见李适时主编:《中华人民共和国民法总则释义》,法律出版社 2017 年版,第 479 ~ 480 页。

② 参见苏永钦:《私法自治中的经济理性》,中国人民大学出版社 2004 年版,第 36 页。

有无效的问题。规范重心说认为,法律行为原则上仅在禁止规范针对私法行为"本身",而非其相关人事时地物时,才有无效的问题。目前,规范目的说为德国通说。该学说认为,法律行为是否有效应视禁止规范的目的而定,即如使其有效,将与该禁止规范所含目的相背离时,则应否定其效力。较新的判决和理论甚至明确地强调,在评估法律行为是否因抵触法规而无效时,恒应视该法律的目的而定,不必受过去所采标准的影响。德国学者海因·克茨就提出,即使出现了法定禁止,也只有"当法律不另有规定时",违反禁令的合同才会无效。究竟是否如此,法定禁止本身并没有明说,人们只能通过法律解释来确定,根据它的意义和目的,评判法律是否要求违反禁令的合同必须无效。[①]"法益衡量说"则认为,判断违反禁止性规范的法律行为是否无效,应权衡禁止性规范所欲保护的法益和法律行为所体现的法益,前者主要体现为生命、健康、财产、总体经济秩序等,后者则体现为契约自由。在法益衡量说看来,违法无效本质上属于一般条款,法官有权在综合考察所要保护的法益的基础上,对一般条款进行价值补充,具体确定合同的效力。[②] 苏永钦教授认为,德国法院实务及学说对如何认定违反禁止性法规对法律行为效力的影响,并无比较一贯而合理的说明,大致上只能说整体趋势是从形式标准转变为实质标准,从较宽的认定转变为较严的认定,以配合行政、立法部门的干预,在社会、经济法领域,此一趋势尤其

---

① 参见[德]海因·克茨:《德国合同法》,叶玮昱、张焕然译,中国人民大学出版社 2022 年版,第 60 页。

② 参见刘贵祥:《合同效力研究》,人民法院出版社 2012 年版,第 31 ~ 32 页。

明显。[①]

日本民法学界在对待违法合同的效力上,经历了从认为"违法无效"至"违法不一定等于无效"的历程。[②] 在这一问题上,对日本民法学界产生较大影响的当属末弘严太郎、川井健等学者。末弘严太郎教授在《法令违反行为的法律效力》中指出,有关公共秩序的规定并非全部都是与任意规定相对意义上的强行规定,也有违反行为不被认定为无效之规定,即一个规定在因公益上的理由对一定行为加以禁止的情况下,违反行为被认定无效还是处以法律上或者行政上的不利,有四种情形:(1)无效、不处罚;(2)无效、处罚;(3)有效、处罚;(4)有效、不处罚。当判断一个管理规定是第二种还是第三种情形时,末弘教授提出了三个判断标准:一是为了达成该法规的禁止目的是否有必要认定违反行为无效;二是违反行为是否违背公序良俗;三是将违反行为认定为无效是否会在当事人相互之间的利害关系中产生不公正。[③] 这三个判断标准对日本司法界产生了重要影响。山本敬三教授则提出,违反法令的法律行为在私法上的效力问题,首先要关注违反的是私法上的法令还是公法上的法令。对于违反私法领域的强行法规的法律行为,即便作出也应归于无效;违反公法领域的取缔法规的行为效力,则除了综合考量取缔法规的目

---

① 参见苏永钦:《私法自治中的经济理性》,中国人民大学出版社 2004 年版,第 37 页。

② 参见董万程、王继君:《〈民法总则〉中的效力性强制性规定立法问题研究》,载《法律适用》2017 年第 11 期。

③ 参见[日]加藤雅信等编:《民法学说百年史——日本民法施行 100 年纪念》,牟宪魁等译,商务印书馆 2017 年版,第 139 ~ 145 页。

的,社会对违反行为在伦理上责难的程度,交易安全,当事人之间的信义、公平是否有可能受到危害等,别无他法。[①] 在法国法上,造成合同违法的情形主要体现为标的违法和原因违法上。而违法合同通常有两种结果:绝对无效和相对无效。二者区分的深层次依据在于前者对应于总体利益受到侵害,后者则对应于私人利益受到侵害。[②]

英美法系在违法合同处理规则中,虽然存在一定的分歧,但在有些方面是基本一致的:一是在违法合同的效力判定上,普遍认为应拒绝字面解释和严格责任的做法,转而尽力去探究被违反之法律的目的所在。比如在美国,关于法律是强制性规定还是指导性规定或者是管理性规定,到目前为止仍然没有形成一个绝对的检验标准,只是认为立法目的是主要的考量因素。一般规则是当一条法律规定了没能遵守它的后果时,它是强制性的,否则是指导性的;如果一条法律要求在某个时间段做某事,但没有任何否定性的词语来限制它,这条法律关于时间的规定就是指导性的。2014 年 12 月 16 日,康涅狄格州最高法院在电气承包公司诉宾夕法尼亚州保险公司判决意见中,帕尔默大法

① 在日本,私法领域的强行法规是与任意法规相对应的,是指不能通过当事人的意思排除的法令;公法领域的取缔法规是指从行政管理的目的禁止、限制一定行为的法规,对违反者多课以刑罚、取消许可等制裁。日本通说认为,取缔法规与强行法规在本质上不同,取缔法规的直接目的在于禁止、防止某人实际为一定的行为,而强行法规的直接目的在于对于当事人所期望的私法效力的实现,国家不予帮助。即使违反公法领域的取缔法规,法律行为也不是当即归于无效。参见[日]山本敬三:《民法讲义·总则》,解亘译,北京大学出版社 2012 年版,第 203 ~210 页。

② 参见叶名怡:《法国违法合同无效制度探析》,载《环球法律评论》2013 年第 1 期。

官就指出:“我们之前的案例在确定成文法要求是强制性的还是指导性的时候已经依靠很多因素。这些因素包括:1.成文法语言是否清晰地规定这些未能遵守要求的行为无效,或者相反,成文法通过其条款施加了不同的处罚。2.这一要求是否以肯定性术语表达,而没有包括否定性的语言。3.争议中的要求是否与实质性的事项还是便利性的事项相关。4.立法历史,围绕成文法颁布和修订的情形,以及整个立法计划是否表明有意向施加一项强制性的要求。5.认为要求是强制性的,是否会导致要求对方实施这一义务的当事人获得不公正的意外之财,或者相反认为该规则是指导性的会剥夺当事人的救济权。6.遵守法律规定的要求,是否合理地在负有义务当事人一方的控制范围内,或者对方当事人可以妨碍法律规定的遵守。每个因素都支持被告对成文法的解释。”[①]在英国一个判例中,法官科尔爵士也指出:“如果成文立法只是禁止一方当事人缔结合同……这并不必然意味着合同本身是被禁止的,进而使之违法和无效。成文立法是否具有这种效力,取决于对公共政策的考量,同时要考虑到设计成文立法时所要避免的模糊性,成文立法所用的语言、射程和目的,对善意一方当事人造成的后果以及其他相关的事情。”[②]二是在就违法合同的效力判断上,有必要赋予法官以自由裁量权,以使法官能够按照均衡性原则来权衡违法合同的最终命运。[③]

① 方金刚:《美国法律强制性或管理性规定无绝对的判断标准》,载《人民法院报》2017年10月27日,第8版。

② 韩世远:《合同法总论》,法律出版社2004年版,第200页。

③ 参见黄忠:《契约自由与国家干预——普通法上违法合同处理规则之改革》,载《华东政法大学学报》2010年第5期。

三、对影响合同效力的强制性规定的内外考察启示

综合分析我国现行法律、司法解释和司法文件，以及域外国家和地区的做法，可以看出各国和地区在处理违反强制性规定对合同效力的影响方面，总体上是一致的。

启示一：强制性规定并不都与合同效力有关。无论大陆法系还是英美法系都认为，如果将违反法律、行政法规的强制性规定的合同一概认定为无效，不但不能实现立法目的，反而会侵害弱小者的利益，造成新的社会不公。自罗马法以来，有关违反强制性规定行为的法律后果，就存在完全法律、次完全法律、不完全法律的区分：违反完全法律的，法律行为无效；违反次完全法律的，应受公法处罚，但不影响合同效力；违反不完全法律的，完全无制裁。后来，普通法的理论中又加上了最完全法律这一情形，对最完全法律的违反，既招致公法处罚，又导致合同无效。①德国《民法典》第 134 条、我国《民法典》第 153 条等都以例外方式认可了违反强制性规定不导致合同无效的存在。

启示二：规范目的是识别和判断强制性规定是否影响合同效力的关键性因素。在强制性规定的性质识别上，无论是作为德国通说的规范目的说和法益衡量说、日本法上有关强行法规的认定，还是注重探究公共政策目的的英美法系国家和地区，在评判违反强制性规定的合同效力时，都强调探究强制性规定的立法目的，从规范目的出发就强制性规定与合同效力之间的关

---

① 参见苏永钦：《私法自治中的经济理性》，中国人民大学出版社 2004 年版，第 31～32 页。

系作出判断。

启示三:法官在强制性规定的识别和判断上发挥着重要作用。由于强制性规定与合同效力之间并非一一对应的关系,违反强制性规定是否产生合同无效的法律后果,两大法系更多的是交由法官自由裁量,由法官结合强制性规定的立法目的,针对具体案情进行个案判断,进而为法官提供了阐释和发展法律的空间。尤其有关强制性规定效力的但书规定使法官的解释结果不再局限于无效或有效的"非此即彼",而是包括"无效到有效"的广阔空间,涉及向后无效、一部无效、可撤销、相对无效、一方部分无效和效力未定等形式。[①] 如向后无效,就常见于违反劳工法的案例中,其目的在于保护劳工等特定主体。如果使法律行为溯及无效,则往往不利于保护劳工等特定人,因此依目的解释宜限制其无效仅向后发生。[②] 这些都为我们在司法实践中识别某一强制性规定的性质,认定违反强制性规定的法律后果等提供了参考借鉴。

第三节　影响合同效力的强制性规定的识别及评述

实践中有关强制性规定的性质,尤其是评判强制性规定对

① 参见苏永钦:《私法自治中的经济理性》,中国人民大学出版社 2004 年版,第 39 ~ 41 页。

② 参见苏永钦:《私法自治中的经济理性》,中国人民大学出版社 2004 年版,第 39 页。

合同效力的影响,主要存在三种方式。

一、对强制性规定进行语义识别

在我国法律规范中,对规范性质的描述,经常使用"可以""应当""必须""不得""禁止"等词语,来表示对行为的肯定或者否定态度。因此有观点提出,可以根据语义等形式标准来识别某一规定是否属于强制性规定:凡带有"应当""必须""不得""禁止"等字样即为强制性规定;反之,凡带有"可以"字样的都是任意性规定。[①] 实践中,通过语义分析来判断强制性规定对合同效力的影响存在相当的障碍。首先,采用语义分析方法,一般需要相关法律法规中存在"应当""必须""不得""禁止"等词语,但不少法律法规虽然并未适用上述词语,但并不影响该规范的强制色彩。例如,《民法典》第 146 条第 1 款规定,行为人与相对人以虚假的意思表示实施的民事法律行为无效。这一条款中并没有使用"必须""不得""禁止"等词语,但事实上却发挥了强制性规定的作用。在实践中,一些并无金融资质的企业为规避监管,隐藏资金拆借行为,采取闭合性循环买卖交易模式,并引入第三方中间人作为融资通道,与融资方通过高买低卖开展"名为买卖、实为借贷"的融资性贸易,出借人、中间人和融资方之间"名为买卖"的贸易形式就属于通谋的虚假意思表示,依照《民法典》第 146 条应被认定为无效。出借人诉请作为融资渠道的中间人承担买卖合同项下违约责任的,一般也难以得到支持。其次,采用语义分析方法,在一般情况下,我们可以判断使用"可

---

① 参见刘贵祥:《合同效力研究》,人民法院出版社 2012 年版,第 9 页。

以”表述时不存在强制色彩,但无法通过“应当”“必须”“不得”等词语,分析某一条款是否属于强制性规定。[①] 以“应当”为例,“应当”一词在我国法律中出现的频率较高,仅《合同法》中就使用了314次之多,但“应当”经常被用来设定倡导性规范。[②] 所谓倡导性规范并不对当事人之间的权利义务关系产生实质性的影响,仅仅诱导性地提倡一种立法者认为较佳的模式。[③] 比如,《民法典》第707条规定:“租赁期限六个月以上的,应当采用书面形式……”这里的“应当”就是一种倡导性规定,并不对当事人之间的权利义务关系产生实质性的影响,也不存在违反该规定就造成不利后果等问题。

有关“不得”一词的理解与使用同样如此。一般意义上,“不得”可以理解为强制意味较为明显、浓郁色彩,但实践中“不得”又有多种含义。有的“不得”属于权限性规定。如《城市房地产管理法》(2009修正)第38条第4项规定,共有房地产,未经其他共有人书面同意的,不得转让。这种“不得”就是部分共有人对房屋处分权限的缺乏,而这种缺乏可以通过其他共有人的追认获得补正。因此,这种“不得”违反了并不产生合同无效的法律后果。除此之外,有的“不得”还属于警示性规定。如《民法典》第399条第4项规定“所有权、使用权不明或者有争议的财产”不得抵押,这里的“不得”就在于要提醒当事人注意,如果抵

① 参见黄忠:《违法合同的效力判定路径之辨识》,载《法学家》2010年第5期。

② 参见耿林:《强制规范与合同效力——以合同法第52条第5项为中心》,中国民主法制出版社2009年版,第189页。

③ 参见王轶:《民法原理与民法学方法》,法律出版社2009年版,第236页。

押物存在权属争议且人民法院认定抵押人构成无权处分的，当事人可能会因抵押合同无法履行而对债权人的损失承担赔偿责任，但抵押合同并不因此而无效。[①] 对此，苏永钦教授提出，强行法中有非“命令”性质的赋权规范。我国台湾地区学说与实务中最大的误解就是赋权规范与禁止规范的混淆。“民法”中多数强行性规定属于赋权规范，即规制当事人处分权界限之规范，对赋权规范抵触只发生有没有“生效”的问题。诸如有关代理人不得自己代理和双方代理、不得擅自处分他人之物或与他人共有之物的规范都是典型的赋权规范。[②] 赋权规范形式上虽与禁止（“不得”为本人与自己之法律行为）或者强制（“应”得共有人全体之同意）规定无异，实际上相关规定并无“禁止”自己代理行为或者“强制”共有人全体同意的“命令”，只是单纯以此为法律行为生效与否的要件。故有些“违反”性质上为“无权处分”，并非绝对无效，而是效力未定。[③]

同样，对于公司法规范的任意性或者强制性的判断，也不能简单地依赖“不得”“必须”“应当”等文字表述。例如，《公司法》第151条（公司权益受损的股东救济）、第152条（股东权益受损的诉讼）规定了股东对公司董事、高级管理人员的诉讼问责制度，使用了“股东可以”“股东有权”等表面看似任意性规范的常

---

① 参见刘贵祥：《〈民法典〉实施的若干理论与实践问题》，载《法律适用》2020年第15期。

② 参见苏永钦：《私法自治中的经济理性》，中国人民大学出版社2004年版，第44~46页。

③ 参见苏永钦：《私法自治中的经济理性》，中国人民大学出版社2004年版，第42页。

见词汇,但如果因此认定其为任意性规范,股东可以通过公司章程约定而使董事、高级管理人员免受诉讼问责,显然不妥。因为诉讼问责是对董事、高级管理人员的一项长效监督机制,不宜由公司章程选择,实际上应为强制性规范。除此之外,对于《公司法》中使用"由""有""为""实行"等词汇而使其任意性或者强制性不明的条款,更应正确理解相关条款的性质。例如,《公司法》第44条、第108条规定了有限公司和股份公司董事会的成员人数,尽管存在最低限额和最高限额的规定,但上述法条宜应理解为任意性规范。正如学者所言,《公司法》上的诸多规则,应在适应市场的动态平衡中,努力寻求任意性和强制性之间的妥当平衡,以保持公司法的实质正当性。① 这也决定了就《公司法》上某一条款的属性认定,应当结合相关法益来审慎对待。

二、对强制性规定进行位阶识别

《合同法司法解释一》第4条规定:"合同法实施以后,人民法院确认合同无效,应当以全国人大及其常委会制定的法律和国务院制定的行政法规为依据,不得以地方性法规、行政规章为依据。"从形式上看,似乎直接可以通过强制性规定的发布主体对影响合同效力的强制性规定进行识别,即通过法律法规的位阶进行区分。② 但实践中,这种泾渭分明式的位阶识别方式也遇

---

① 参见罗培新:《公司法强制性与任意性边界之厘定:一个法理分析框架》,载《中国法学》2007年第4期。

② 德国、日本以及我国台湾地区对强制性规定的位阶都未作限制,参见黄凤龙:《论〈合同法〉中的强制性规定——兼谈〈合同法解释(二)〉第14条的功能》,载《烟台大学学报》2011年第1期。

到一定的障碍。

强制性规定之所以能够影响合同的效力，往往基于这些规定代表着对国家利益和社会公共利益的维护。但社会公共利益并不完全体现在全国人大及其常委会制定的法律和国务院制定的行政法规中。“法律、行政法规不可能强制所有需要强制的事项，地方性法规、行政规章中的强制性规定也未必都背离正义和理性，简单地‘一刀切’不仅从根本上否定了地方性法规和行政规章的法源性，而且也难以使私法审判担当起匡扶社会正义的使命。”[①]例如，2018 年 4 月 27 日，针对我国资产管理发展中存在的部分业务发展不规范、多层嵌套、刚性兑付、规避金融监管和宏观调控等问题，中国人民银行、中国银行保险监督管理委员会、中国证券监督管理委员会、国家外汇管理局联合印发了《关于规范金融机构资产管理业务的指导意见》(银发〔2018〕106 号，以下简称《指导意见》)。业界指出，《指导意见》中有 45 项属于强制性规范。例如，《指导意见》第 24 条就指出：“金融机构不得以资产管理产品的资金与关联方进行不正当交易、利益输送、内幕交易和操纵市场，包括但不限于投资于关联方虚假项目、与关联方共同收购上市公司、向本机构注资……”实践中，如果合同违反了“法律、行政法规”之外的强制性规定，各地法院往往以《合同法》第 52 条第 4 项[②]“损害社会公共利益”作为请求权基础，迂回认定违反行政规章、地方性法规的强制性规定的合

① 参见孙鹏：《论违反强制性规定行为之效力——兼析〈中华人民共和国合同法〉第 52 条第 5 项的理解与适用》，载《法商研究》2006 年第 5 期。

② 已废止，对应《民法典》第 153 条第 2 款。

同无效。这种做法一定程度上也得到了最高人民法院的认可。例如,2008年12月3日发布的最高人民法院《关于为推进农村改革发展提供司法保障和法律服务的若干意见》(法发〔2018〕36号)第4条就明确规定:“……对违反法律、行政法规以及相关国家政策的宅基地转让行为,以及其他变相导致农民丧失宅基地使用权的行为,应当依法确认无效……”

当然,将地方性法规、行政规章等低位阶规范性文件中的强制性规定作为认定合同效力的依据,应当视为例外情形而谨慎运用,否则操作口径过松,对强制性规定的理解过宽,就会使公法规范进入私法领域的“管道”变粗,严重挫伤私法自治,导致当事人之间的利益失衡。

三、对强制性规定进行类型化识别

在影响合同效力的强制性规定的识别上,当前较为流行的观点是将强制性规定区分为“效力性强制性规定”和“管理性强制性规定”。如前所述,这种观点源于最高人民法院相关司法解释和文件。但在实践中,这种类型化识别也受到一定的质疑。

首先,效力性强制性规定和管理性强制性规定的识别标准有待进一步清晰。一般而言,所谓效力性强制性规定,是指对违反强制性规定的私法上的行为,在效力后果上以私法方式予以一定的强制,即当事人所预期的私法上的法律效果会受到一定的消极影响,如被认定为无效或者效力待定。所谓管理性强制性规定,是指其被违反后,当事人所预期的私法上的后果不应受到私法上制裁的强制性规定,但这并不排除可能受到刑事上或者行政上的制裁。[①] 但如何判断强制性规定是效力性规定抑或管理性规定，一直莫衷一是，众说纷纭。例如，王利明教授认为识别效力性强制性规定可分“三步走”：第一，法律法规规定违反该规定，将导致合同无效或不成立的，为当然的效力性规定；第二，法律法规虽然没有规定违反该规定将导致合同无效或不成立，但若使合同继续有效将损害国家利益和社会公共利益的，也应属效力性规定；第三，法律法规没有规定违反该规定，将导致合同无效或不成立，若使合同继续有效并不损害国家利益和社会公共利益，而只是损害当事人利益的，属于管理性规定。[②] 王轶教授则主张从形式和实质两个层面来识别效力性强制性规定：从形式上看，如果一项强制性规定是“禁止任何人，在任何时间、在任何地点、以任何方式从事某类交易行为”，该项规定即是效力性规定；相反，如果一项强制性规定仅仅是“禁止特定人，或者禁止在特定时间，或者禁止在特定地点，或者禁止以特定方式从事某类交易行为”，则该项规定是非效力性的。从实质上看，如果某项强制性规定的规范目的在于“直接维持或保护国家利益或社会公共利益”，则该项规定属于效力性规定；相反，如果某项强制规定的规范目的仅在于“直接维护特定的管理秩序，并不直接涉及国家利益或社会公共利益的维护或保护”，则该项规定

① 参见王闯：《民商事审判实务若干争论问题——以合同法和担保物权法为中心》，载最高人民法院民事审判第二庭编：《商事审判指导》2012 年第 1 期（总第 29 辑），人民法院出版社 2012 年版，第 90 页。

② 参见王利明：《合同法新问题研究》，中国社会科学出版社 2003 年版，第 321 ~ 322 页。

属于非效力性规定。[①] 上述观点和标准在强调影响合同效力的强制性规定与社会公共利益紧密关联的同时，仍然较为原则；实践中判断一些具体的强制性规定究竟属于效力性还是管理性，仍存在较大争议，有法官曾就“抵押物未经抵押权人同意不得转让”“被查封房屋不得转让”“划拨土地使用权不得转让”等规定做过问卷调查，重庆、浙江、上海、甘肃、广州、成都等地法官在性质识别上并未达成共识，导致部分案件在合同效力的认定上作出了不一致的判断。[②]

其次，效力性强制性规定和管理性强制性规定二分法有待进一步科学合理。效力性规定源于我国台湾地区学者史尚宽提出的将强行法区分为效力规定和取缔规定。史尚宽先生指出，“强行法得为效力规定与取缔规定，前者着重违反行为之法律行为价值，以否认其法律效力为目的；后者着重违反行为之事实行为价值，以禁止其行为为目的。强行规定，是否为效力规定抑或为取缔规定，应探求其目的以定之。即可认为非以为违法行为之法律行为为无效，不能达其立法目的者，为效力规定；可认为仅在防止法律行为事实上之行为者，为取缔规定”。[③] 而苏永钦教授则认为，将禁止规定区分为取缔规定与效力规定，而仅于后者违反时发生行为无效的结果，实际上是以问答问，与德国过去实务中常见的“秩序规定”并无二致。禁止规定何时仅以禁遏其

① 参见王轶：《民法原理与民法学方法》，法律出版社2009年版，第296～297页。

② 参见黄明耀：《合同无效认定路径之反思与重构》，载万鄂湘主编：《探索社会主义司法规律与完善民商事法律制度研究》，人民法院出版社2011年版，第931页。

③ 史尚宽：《民法总论》，中国政法大学出版社2000年版，第330页。

行为为已足,何时需再否定其私法效力,仍缺乏可操作的标准。[1]同时,苏永钦教授在将强制规范归纳为命令规范、赋权规范和定性规范的基础上进一步指出,对于强制或禁止为一定行为的命令规范的违反才有制裁的问题,对于界定私法上形成及处分权利义务界限的赋权规范,并无真正的"违反"问题。法律行为逾越处分界限者,也并非"无效",而是在获得有权者许可前"不生效力"。法院认定法律行为违反强制或禁止规定时,该行为原则上即归于无效。"但绝对有效或无效,这种全有或者全无的解决方式往往失之僵硬,故于立法者已明示或依其规定综合观察可直接导出不以之为绝对无效者,即例外不生绝对无效的结果"。[2]

最后,强制性规定划分为效力性和管理性两种类型是否周延值得商榷。效力性和管理性是否囊括了所有的强制性规定情形,是否存在中间地带?首先,从逻辑角度来看,管理性规定相对应的应当是非管理性规定,效力性规定相对应的应当是非效力性规定。非效力性规定与管理性规定之间是否可以画等号,值得斟酌。近年来,理论界和实务界在效力性规定、管理性规定之外,又归纳提出了权限性规定、赋权性规定等类型,对原有的二分法带来一定的冲击。如最高人民法院相关审判业务庭强调,效力性规定、管理性规定是对强制性规定所作的区分,而强

---

① 参见苏永钦:《私法自治中的经济理性》,中国人民大学出版社 2004 年版,第 43 页。

② 苏永钦:《私法自治中的经济理性》,中国人民大学出版社 2004 年版,第 45 页。

制性规定、任意性规定本身属于行为规范的范畴;《公司法》作为组织法,其规范既有组织规范,也有行为规范。其中,《公司法》第16条就属于组织规范的范畴,不能简单地将其归入管理性规定或者效力性规定。① 其次,效力性规定概念本身存在同义反复之嫌。如果法律已经明确违反某一强制性规定的法律后果系导致合同无效,再去辨识该规范是效力性规定还是管理性规定,也就失去必要性和意义了。这也使实践中有关法律法规规定之于合同效力的影响的判定,应当另行开拓新的分析视角和思路。

第四节 影响合同效力的强制性规定的分析进路

无论传统民法领域还是商法领域,有关强制性规定的认定,不仅关系到合同效力的评判,还关涉到交易安全和市场稳定。单纯地采取某一种方法都可能存在不周延等问题,需要多种方法手段的综合运用。在实践中,涉及影响合同效力的强制性规定的识别上,不妨采取以下操作路径。

一、识别出已达成理论与实践共识的法律法规规定

虽然将强制性规定区分为效力性和管理性的两分法受到一

① 参见最高人民法院民事审判第二庭编著:《〈全国法院民商事审判工作会议纪要〉理解与适用》,人民法院出版社2019年版,第181页。

定的质疑，但理论界和实务界都不否认，类型化思维在认定影响合同效力的强制性规定方面具有较强的方法论指导作用。[①] 从人们认识事物的规律以及司法实务操作的便利性来看，以类型化的方式识别强制性规定将使裁决更简便，也更有利于建立统一识别体系，达成司法实务的统一。[②] 同时，将强制性规定进行类型化的归纳总结，便于抓住某一类矛盾纠纷的共性问题，对依法妥善解决矛盾纠纷具有重要指导意义。尤其当前伴随经济社会的发展，金融、房地产等领域强监管举措的推出，大量涉强制性规定的民商事纠纷涌入司法机关，客观上存在将强制性规定进行类型化处理的现实需求。据笔者梳理，司法实践中就是否属于强制性规定、是否影响合同效力等方面，容易引发争议的法律法规往往集中在以下条款：《物权法》第 97 条[③]有关“共有物处分或者重大修缮”的规定、《物权法》第 184 条[④]有关“禁止抵押”的规定、《物权法》第 191 条[⑤]有关“抵押期间转让抵押财产”的规定；《公司法》第 16 条；《城市房地产管理法》(2009 修正)第 38 条有关房地产不得转让的规定；等等。而在这些条款中，有的条款的性质较为容易识别，有的条款的效力已达成理论共识，有的条款的效力甚至已经被《第八次全国法院民事商事审判工作

---

① 参见最高人民法院民事审判第二庭编著：《〈全国法院民商事审判工作会议纪要〉理解与适用》，人民法院出版社 2019 年版，第 242 页。

② 参见石一峰：《效力性强制性规定的类型化分析》，载《武汉大学学报》2018 年第 2 期。

③ 已废止，对应《民法典》第 301 条。

④ 已废止，对应《民法典》第 399 条。

⑤ 已废止，对应《民法典》第 406 条。

会议(民事部分)纪要》(以下简称《八民会纪要》)、《九民会纪要》等相关司法解释或司法文件所确认。因此,准确判断法律法规条款的性质,尤其识别出影响合同效力的强制性规定仍然具有较强的现实可行性。在实践中,当法官在判断某一项法律法规规定是否属于强制性规定、是否会影响合同效力时,首先可以通过类型化的思维方式,结合相关司法文件规定、理论共识和司法共识,较快地识别出不影响合同效力的任意性规定或者其他类型的规定,识别出已达成共识的影响合同效力的强制性规定。

(一)识别出不影响合同效力的任意性规定等规范

从功能主义角度出发,民商事法律法规可以划分为行为规范和裁判规范两大类。其中,行为规范更多的是为民事主体提供民事行为的规范指引,确定行为的边际界限。如《民法典》第176条规定:"民事主体依照法律规定或者按照当事人约定,履行民事义务,承担民事责任。"该条款更多地涉及义务和责任的宣示,是一种行为指引。而裁判规范则是为司法机关依法公平公正地解决矛盾纠纷提供指引和依据。如《民法典》第122条规定:"因他人没有法律根据,取得不当利益,受损失的人有权请求其返还不当利益。"该条款即可以作为法院支持受损失的人主张不当得利之债的裁判依据。有的民商法律规范,既是行为规范,也是裁判规范;有的则只是行为规范而非裁判规范,抑或相反。

一般而言,行为规范主要包括宣示性规定、倡导性规定和警示性规定等类型。其中,宣示性规定更多的是彰显民事主体拥有某种民事权利、何种民事权利受到法律保护等，如《民法典》第109条、第110条即为典型的宣示性规定，体现出《民法典》对人身自由、人格尊严等一般人格权以及对生命权等具体人格权的保护。倡导性规定主要是提供立法者认为较为理想的行为模式，提倡当事人按照这一行为模式开展民事活动，以免将来发生纠纷。如《民法典》第143条列举了民事法律行为有效的三个要件：(1)行为人具有相应的民事行为能力；(2)意思表示真实；(3)不违反法律、行政法规的强制性规定，不违背公序良俗。该条款即为典型的倡导性条款，对其不能反过来进行推导，即不能直接因某一民事法律行为不具备三个要件之一就认定其无效。而警示性规定主要是提醒当事人不要为一定的行为，否则可能产生不利的后果。较为典型的警示性规定如《民法典》第399条。

裁判规范往往可以区分为任意性规定和强制性规定、赋权性规定、权限性规定等。其中，任意性规定的目的是引导、规范民事主体的行为，并不具有强制性效力；当事人可以选择适用，也可以选择不适用。强制性规定体现的则是法律基于对国家利益、社会公共利益等的考量，对私人意思自治领域所施加的一种限制。实践中与强制性规定容易发生混淆的主要有权限性规定、赋权性规定等。其中，赋权性规定是指确定当事人处分权的界限的规范，①其目的在于明确民事主体实施特定民事行为时必须有相应的授权，解决的是民事主体“权限有无”的问题，如无权

① 参见苏永钦：《私法自治中的经济理性》，中国人民大学出版社2004年版，第42页。

处分、无权代理。而权限性规定则是指法律要求当事人在实施法律行为时,不得超过法律所规定的权限的规范,即当事人本身具有一定的权限,而基于某一特定民事法律行为实施后的法律效果影响力大,故需要得到特别授权,解决的是民事主体"权限是否完全"的问题。例如,《公司法》第 16 条第 2 款就是典型的权限性规定。根据《民法典》第 61 条的规定,法定代表人是依照法律或者法人章程的规定,代表法人从事民事活动的负责人;法定代表人以法人名义从事的民事活动,其法律后果由法人承受。因此,法定代表人在法人对外活动中是有代表权限的,之所以在公司对外提供担保活动中其权限被限缩,主要是基于公司对外提供担保对公司正常经营活动影响重大,需要交由董事会或者股东会、股东大会来讨论决定,以股东(大)会的资本民主和董事会的人头民主来体现公司治理的集体决定功能,遏制公司决定的独裁,扭转肆意担保的混乱局面。[①]《民法典》第 301 条同样如此。该条规定:"处分共有的不动产或者动产以及对共有的不动产或者动产作重大修缮、变更性质或者用途的,应当经占份额三分之二以上的按份共有人或者全体共同共有人同意,但是共有人之间另有约定的除外。"对于这一条款,在实践中容易被视为是强制性规定,甚至被当作效力性强制性规定,认为违反了该条款的合同无效。实际上就该条款的性质而言,抛开其"但书部分"明确"共有人之间另有约定的除外",

① 参见贺小荣主编:《最高人民法院民事审判第二庭法官会议纪要——追寻裁判背后的法理》,人民法院出版社 2018 年版,第 195 页。

可以将其作为任意性规定对待，[①]前面主体部分亦应当是部分不动产或者动产共有人的“权限性规定”。首先，共有是所有权的特殊形态，共有人本身对作为共有标的物的不动产或者动产拥有一定的权力，之所以对共有人之一的处分、重大修缮、变更性质或者用途等行为的权限作出限定，就在于上述行为对全体共有人的权益影响较大，但这并不意味着违反了该条款就影响合同的效力。因此，权限性规定和赋权性规定虽然存在较为明显的差异，但共性都在于有别于强制性规定，违反了上述规定并不导致合同无效。[②]

作为规范公司设立、运行等方面的组织法，公司法领域同样面临着强制性规范和任意性规范的问题。美国学者艾森伯格曾将公司法规范分为三类：一是赋权性规则（Enabling Rules）。这种规则授权公司参与各方通过章程约定而自由设定；一旦规则设定，就当然具有法律效力。二是补充性规则（Supplementary Rules），即除非公司参与各方另有约定，公司法的规则当然地具有效力。如法国《商事公司法》第 100 条第 2 款规定，“公司章程没有规定更高的多数的，董事会的决定以获得出席或由他人代

① 有学者认为，《民法典》第 301 条属于倡导性规定，因为共有人之一出卖共有物，如果其与买受人之间的交易未能满足善意取得的构成要件，就无法将共有物的所有权转移给买受人；如果不想冒这种风险，最好经与其他共有人一致同意。参见王轶：《〈民法典〉合同编理解与适用的重点问题》，载《法律适用》2020 年第 19 期。

② 最高人民法院民法典贯彻实施工作领导小组指出，《民法典》第 153 条第 1 款中的强制性规定不包括权限性规定，也不包括赋权性规定，进而也可以推导出权限性规定、赋权性规定并不影响合同效力。参见最高人民法院民法典贯彻实施工作领导小组主编：《中华人民共和国民法典总则编理解与适用》（下），人民法院出版社 2020 年版，第 756～757 页。

理的董事的多数票通过”,即为典型的补充性规则。三是强制性规则(Mandatory Rules)。这些规则不允许公司参与各方以任何方式加以修正。如英国《1985年公司法》第352条第1款规定,“每家公司都必须保存其股东的注册记录”。[①] 近年来,有关公司法规范的任意性和强制性也是各国法学界和立法界较为关注的问题。日本公司法学界认为,为了应对激烈的国际竞争与全球经济的一体化趋势,公司法应当提高公司的自由度,赋予公司更多的灵活性,让公司可以自行建立更多符合自身需求的制度,从而提高公司运行的效率。放松管制成为日本公司法现代化改革中最为重要的一项立法指导原则。[②] 特别是2005年制定的日本《公司法》中,从小规模公司到大规模公司,从限制股份转让的公司到公开公司,公司法都根据股份公司的多样性有区别地进行规定。日本《公司法》正在积极扩大章程自治的领域。[③] 换言之,日本已经放弃了强行法的传统,转而采取任意法的公司法定位,少了“不能这样做”,而多了“可以怎样做”。[④] 至于我国《公司法》的规范属性问题,赵旭东教授提出,现行《公司法》存在的突出问题在于:一是许多规范的强制性与任意性规范区分不明;二

① 参见罗培新:《公司担保法律规则的价值冲突与司法考量》,载《中外法学》2012年第6期。

② 参见朱大明:《公司法立法指导原则的研究——以日本公司法现代化改革为中心》,载《清华法学》2022年第2期。

③ 参见[日]近藤光男:《最新日本公司法》,梁爽译,法律出版社2016年版,第3页。

④ 参见平力群:《浅析日本公司法规范与实践调整的战略考量》,载《日本学刊》2013年第5期。

是强制性规范过多而任意性规范不足。此次《公司法》修订的重要任务和内容是尽可能对《公司法》中的强制性规范和任意性规范作出明晰的规定,并进一步扩大《公司法》任意性规范的范围,减少强制性条款。[①] 刘俊海教授在《推动公司法现代化,优化营商环境》一文中也指出,要提高公司治理规则中任意性规范和倡导性规范的比重,压缩强制性规范,慎重认定效力性规范。他提出,《公司法》第 44 条第 1 款和第 108 条第 1 款,经常被公司登记机关和法院解释为强制性规范甚至是效力性规范,鉴于立法者与监管者都不是商人、董事、高管,建议将上述“一刀切”的强制性规定转变为倡导性规定,由公司自主选择董事会规模的大小。[②] 邹海林教授也主张,修改《公司法》,除非私法自治触及社会公共利益,《公司法》应当弱化国家对公司行为的管制程度,即便存在管制,其效果也仅及于公司组织体的成员(股东)或利益相关者,即以“管理性规范”来对待《公司法》上的“强制性规定”。凡涉及公司的组织形式、公司资本、公司治理结构以及公司股东权利的变动,均可以交给公司章程或公司决议自治。[③] 因此,无论在民法领域还是在公司法领域,提高任意性规范的比例,尽量减少强制性规范对当事人意思自治的干预已经成为共识。

---

① 参见赵旭东:《强化自治、弱化强制依然是公司法修订的重要方向》,载《西北工业大学学报》2021 年第 1 期。

② 参见刘俊海:《推动公司法现代化,优化营商法律环境》,载《法律适用》2020 年第 1 期。

③ 参见邹海林:《关于公司法修改的几点思考》,载《法律适用》2020 年第 1 期。

（二）识别出已达成共识的不影响合同效力的强制性规定

结合《九民会纪要》等规定以及理论共识、司法经验，当前较为明显的不影响合同效力的强制性规定，主要体现在违反经营范围、交易时间、交易数量等方面。例如，针对违反《商业银行法》第39条有关资产负债比例规定的，最高人民法院经研究并征求中国人民银行意见后，在2000年1月29日发布的《关于信用社违反商业银行法有关规定所签借款合同是否有效的答复》（法经〔2000〕27号）中就指出："《中华人民共和国商业银行法》第三十九条是关于商业银行资产负债比例管理方面的规定。它体现中国人民银行更有效地强化对商业银行（包括信用社）的审慎监管，商业银行（包括信用社）应当依据该条规定对自身的资产负债比例进行内部控制，以实现盈利性、安全性和流动性的经营原则。商业银行（包括信用社）所进行的民事活动如违反该条规定的，人民银行应按照商业银行法的规定进行处罚，但不影响其从事民事活动的主体资格，也不影响其所签订的借款合同的效力。"[①]又如，民事主体违反《商业特许经营管理条例》第7条第2款进行特许经营活动的，亦不能因特许人之前经营时间未超过一年，就认定特许经营合同无效。

---

① 王闯：《民商事审判实务若干争论问题——以合同法和担保物权法为中心》，载最高人民法院民事审判第二庭编：《商事审判指导》2012年第1期（总第29辑），人民法院出版社2012年版，第91～92页。

(三)识别出已达成共识的影响合同效力的强制性规定

结合《九民会纪要》等规定以及理论共识、司法经验,当前影响合同效力的强制性规定较多集中于以下情形:(1)涉及社会公共利益的资质管制类。一是涉及金融秩序的特许经营。例如,《银行业监督管理法》(2006 修正)第 19 条规定,未经国务院银行业监督管理机构批准,任何单位或者个人不得设立银行业金融机构或者从事银行业金融机构的业务活动。二是涉及公共安全领域的特许经营。例如,违反《建设工程施工合同司法解释一》第 1 条第 2 款规定[①],签订建设工程施工合同等。三是违法移转特许资质的。例如,违反《建设工程施工合同司法解释一》第 1 条第 1 款第 2 项规定出借建筑资质的。四是违反限制经营类。例如,《邮政法》(2015 修正)第 5 条规定,国务院规定范围内的信件寄递业务,由邮政企业专营。第 55 条规定,快递企业不得经营由邮政企业专营的信件寄递业务,不得寄递国家机关公文。又如,《商业银行法》(2015 修正)第 43 条规定,商业银行在中华人民共和国境内不得从事信托投资和证券经营业务,不得向非自用不动产投资或者向非银行金融机构和企业投资,但国家另有规定的除外。当然,对于资格资质类的限制,如果合同本身并不损害国家利益或社会公共利益,通过行政管理即可实现立法目的的,那么违反资格限制亦不影响合同的效力。(2)行

---

① 《建设工程施工合同司法解释一》第 1 条第 2 款规定,承包人因转包、违法分包建设工程与他人签订的建设工程施工合同,应当依据《民法典》第一百五十三条第一款及第七百九十一条第二款、第三款的规定,认定无效。

为禁止类，例如，杀人、贩毒、赌博、洗钱，买卖器官、毒品、枪支等。较为典型的当属《民法典》第1007条。该条明确规定：“禁止以任何形式买卖人体细胞、人体组织、人体器官、遗体。违反前款规定的买卖行为无效。”该条是《民法典》最为明确的影响合同效力的强制性规定。类似的条款还有《民法典》第680条第1款：“禁止高利放贷，借款的利率不得违反国家有关规定。”（3）缔约方式强制类。例如，违反《招标投标法》第3条、第4条规定签订的合同应属无效；违反《建设工程施工合同司法解释一》第1条第1款第3项规定缔结的合同无效。上述规定都要求特定合同必须采取招标方式缔结，违反了应属无效。例如，在“江苏南通六建建设集团有限公司与山西嘉和泰开发有限公司建设工程施工合同纠纷案”中，法院就认为，涉案工程没有经过招投标，事后双方当事人补办的招投标手续，并未向社会公开进行招投标，属于明招暗定行为，违反了《招标投标法》的相关规定，应当认定涉案合同无效。[①] （4）缔约场所强制类。例如，《证券法》（2019修订）第118条第2款规定，未经国务院证券监督管理机构批准，任何单位和个人不得以证券公司名义开展证券业务活动。第120条第4款规定，除证券公司外，任何单位和个人不得从事证券承销、证券保荐、证券经纪和证券融资融券业务。违反上述规定进行场外配资行为的，属于无效。例如，在“林金森、福建省中晖资产管理有限公司合同纠纷再审审查与审

---

① 参见王毓莹：《违反招投标法规定签订的工程施工合同应当认定无效》，载杜万华主编、最高人民法院民事审判第一庭编：《民事审判指导与参考》2015年第1辑（总第61辑），人民法院出版社2015年版，第240～241页。

判监督民事裁定书”[①]中，法院认为，场外配资合同是指未经金融监督管理部门批准，法人、自然人或其他组织之间约定融资方向配资方交纳保证金，配资方按杠杆比例，将自有资金、信托资金或其他来源的资金出借给融资方用于买卖股票，并固定或按盈利比例收取利息及管理费，融资方将买入的股票及保证金让与给配资方作担保，设定警戒线和平仓线，配资方有权在资产市值达到平仓线后强行卖出股票以偿还本息的合同……证券配资有着特许经营属性，除依法取得融资融券资格的证券公司与客户开展的融资融券业务外，其他任何单位或者个人与用资人的场外配资合同，应当认定为无效。

二、依照规范目的来判断强制性规定是否影响合同效力

当一项强制性规定是单纯行政管理方面的，还是影响合同效力的判断不清时，应当从鼓励交易、维护交易安全角度出发，依据规范目的来审慎认定其性质，不宜直接将其理解为影响合同效力的强制性规定。[②] 这更加符合民法尊重意思自治的法律特性，更加符合司法介入经济活动有限性和适度性的职业特性，

---

① 最高人民法院民事裁定书，(2021)最高法民申1941号。

② 有学者提出，对于违法合同的效力判定，探求所违反规定的规范意旨系唯一正确的途径，参见黄忠：《违法合同的效力判定路径之辨识》，载《法学家》2010年第5期。王泽鉴教授认为，在认定某项规范系我国台湾地区“民法”第71条所称强制或禁止规定之后，应检讨法律行为是否因违反此等规定而无效，或其规定并不以之为无效。法律有规定者，依其规定；法律未规定者，则应探究法律强制或禁止的目的加以认定，参见王泽鉴：《民法总则》，中国政法大学出版社2001年版，第279页。

也更加符合民商事法律发展的潮流趋势。[①] 对于依据规范目的来评判法律行为的效力问题,德国学者海因·克茨举过这样一个事例:家具经销商在 12 月 24 日的 14 点以后或者在工作日的 20 点以后向顾客卖出一个大组合柜,他的这一行为违反了《商店停止营业时间法》第 3 条。当他没有在规定时间内关门歇业时必须为此支付罚金,因为他的行为是违反法规的。这部法律虽然是为了保护经销商的员工,确保他们在节假日能够休息,但立法者并不希望为了这些目的而否认在商店关门歇业后成立的合同,也不希望剥夺双方因合同而取得的请求权。因此,经销商和顾客签订的买卖合同是有效的。相反,如果法令禁止是为了实现一个预防目的,而不仅仅是对违反者课以刑罚、罚金、撤回行政许可或者其他处罚,那么结果就有所不同。根据判例,某人并没有被允许以律师或者税务师的身份执业,但他却这样做了,并且有偿地为客户提供了法律或者税务方面的咨询,此时他的行为不仅仅是应受惩罚的,并且他与客户订立的合同因违反了《法律及税务咨询法》而无效。[②] 日本学者山本敬三教授也指出,影响法律行为效力的强行法规,有些属于明示的,即明确规定相反

① 《合同法》将保护交易安全,促进合同交易作为立法的主要目标。《民法典》合同编在《合同法》基础上,进一步限制合同无效或者不生效的情形,进一步体现了保护交易安全、鼓励合同交易的精神,以刺激经济发展,参见石宏:《合同编的重大发展和创新》,载《中国法学》2020 年第 4 期。从《民法典》第 388 条"担保合同"、第 406 条"抵押财产转让"等规定也可以看出,《民法典》对当事人之间行为的强制性愈加淡化,更加注重对当事人意思自治的尊重。

② 参见[德]海因·克茨:《德国合同法》,叶玮昱、张焕然译,中国人民大学出版社 2022 年版,第 60 页。

的特约无效;有些未明确规定相反特约效力的,有时从法令的宗旨可以判断为强行法规。[①] 而在分析强制性规定的规范目的时,需要重点考察以下几个方面。

(一)考察强制性规定是否直接关涉公共利益

通过分析域内外的有关规定和做法,在评判违反强制性规定是否影响合同效力时,公共利益都是关键性因素。例如,最高人民法院《关于审理矿业权纠纷案件适用法律若干问题的解释》(2020 修正)第 18 条就规定:"当事人约定在自然保护区、风景名胜区、重点生态功能区、生态环境敏感区和脆弱区等区域内勘查开采矿产资源,违反法律、行政法规的强制性规定或者损害环境公共利益的,人民法院应依法认定合同无效。"即便法律、行政法规没有规定违反某一规定将导致合同无效,但违反该规定将损害国家利益和公共利益的,仍应当认定合同无效。例如,《建筑法》(2019 修正)第 28 条规定,禁止承包单位将其承包的全部建筑工程转包给他人,禁止承包单位将其承包的全部建筑工程肢解以后以分包的名义分别转包给他人。根据该规定,与建筑工程转包、分包等相关合同虽然没有直接规定为无效,但基于建筑工程涉及国计民生,如果认可其效力势必会影响社会公共利益,则仍应当认定无效。

有关公共利益对合同效力的影响,涉及《民法典》第 153 条第 2 款。该条款规定,违背公序良俗的民事法律行为无效。公

---

① 参见[日]山本敬三:《民法讲义 · 总则》,解亘译,北京大学出版社 2012 年版,第 203 ~ 204 页。

序良俗实质上是对社会公共利益的法律表达,违反强制性规定和违背公序良俗之间属于特别条款与一般条款的关系。强制性规定本身是公序良俗的体现,但并不是所有的公序良俗都体现为强制性规定;违反强制性规定的行为必定是违反公序良俗的行为,但违反公序良俗的行为不一定违反强制性规定。因此,在法律适用上,首先应考察行为是否违反了强制性规定;只有在不能找到相对应的强制性规定的情况下,才能以违反公序良俗为由宣告合同无效。例如,在"吴某澜诉上海聚仁生物科技有限公司买卖合同纠纷案"[①]中,二审法院就指出,通过不违背公序良俗的方法提取的人体组织干细胞,属于民法上的物,但由于干细胞来源于人体,基于独特的生物属性,在法律上不得直接作为标的物。干细胞技术作为一种新型的生物治疗技术,相关的临床研究和转化应用应面向医疗卫生需求,因此与干细胞相关的管理规范具有公共利益属性。干细胞买卖合同因损坏社会公共利益而无效。鉴于干细胞属于新兴事物,我国现行法律法规体系中尚未作出相应的制度规范,更谈不上强制性规定,此时对于类似行为的规制只能向公序良俗上寻找理论支持。

(二)考察强制性规定是仅仅规范行为本身还是同时规范行为效果

如果强制性规定仅仅规范人们行为的方式、手段、时间、地点等外部条件,并不禁止其行为效果的发生,那么相关的合同效

---

① 上海市第一中级人民法院(2020)沪01民终4321号民事判决书,载《最高人民法院公报》2021年第6期。

力应当得到维护。例如,国务院《无证无照经营查处办法》(国令第684号)第2条规定,任何单位或者个人不得违反法律、法规、国务院决定的规定,从事无证无照经营。由此该《查处办法》禁止的对象是"无证无照经营",而非禁止无证无照经营者所实施的买卖行为,相关的买卖合同仍可认定为有效。相反,如果强制性规定不仅禁止该行为,同时还想阻止该行为所指向的私法效果的发生,则违反该规定就影响合同的效力。例如,《文物保护法》(2017修正)第44条规定,禁止国有文物收藏单位将馆藏文物赠与、出租或者出售给其他单位、个人。该条不仅禁止赠与、出租或者出售馆藏文物行为,还禁止国有文物通过赠与、出租或者出售等行为流入其他单位或者个人的结果,因此其效力应当是无效的。又如,《民法典》第791条第3款规定,禁止承包人将工程分包给不具备相应资质条件的单位。不仅禁止工程分包行为的发生,同时还禁止分包行为所产生的结果即由不具有相应资质条件的单位完成工程,因此相关分包行为应当是无效的。

(三)考察强制性规定规范的是单方行为还是双方行为

如果强制性规定规范的仅仅是一方主体的行为,违反了该法律规定的后果应当由违法一方承担,没有违法的当事人不应承担一方违法的后果。[①] 此时往往需要从保护善意相对人的利益等角度出发,维护合同的效力。例如,《教育法》(2021修正)第44条规定:"受教育者应当履行下列义务……(二)遵守学生

---

① 参见黄薇主编:《中华人民共和国民法典总则编释义》,法律出版社2020年版,第408页。

行为规范,尊敬师长,养成良好的思想品德和行为习惯……”而受教育者违反《教育法》第44条第2项规定参加社会活动的,不能被视为无效行为。又如,《公务员法》(2018修订)第59条规定:“公务员应当遵纪守法,不得有下列行为……(十六)违反有关规定从事或者参与营利性活动,在企业或者其他营利性组织中兼任职务……”公务员违反上述规定经商的,不能仅仅因为这一因素就认定相关合同无效。再如,《商业银行法》(2015修正)第39条第1款规定:“商业银行贷款,应当遵守下列资产负债比例管理的规定:(一)资本充足率不得低于百分之八;(二)流动性资产余额与流动性负债余额的比例不得低于百分之二十五;(三)对同一借款人的贷款余额与商业银行资本余额的比例不得超过百分之十;(四)国务院银行业监督管理机构对资产负债比例管理的其他规定。”商业银行违反该条规定进行贷款的,同样如此。相关规定仅仅在于规范受教育者、公务员或者商业银行一方的行为,不能仅仅因此而对上述主体从事的民事活动的效力予以否定性评价。

(四)考察强制性规定规范的是合同行为还是合同履行行为

合同履行行为是对当事人合同约定的权利义务的兑现过程,与合同本身属于果与因之间的关系。而如果某一强制性规定是对合同履行义务的规范,就不能基于当事人对合同履行义务的违反,反过来否定合同本身的效力。如《民法典》第620条规定,买受人收到标的物时应当在约定的检验期限内检验。没有约定检验期限的,应当及时检验。如果买受人未及时履行验货义务的,就不能倒果为因,否定前端买卖合同的效力。

三、结合强制性规定所涉法益等因素进行效果校验

对于违反强制性规定的法律效果方面，最高人民法院《关于当前形势下审理民商事合同纠纷案件若干问题的指导意见》第16条指出，人民法院应当综合法律法规的意旨，权衡相互冲突的权益，诸如权益的种类、交易安全以及其所规制的对象等，实际上就提出在适用强制性规定判断合同效力时，要进行实体层面的利益衡量。之所以在考察强制性规定的规范目的后仍要进行利益衡量、效果校验，主要因为：首先，类型化操作容易造成固化理解、机械执法。实践中，原本就某一强制性规定是否属于效力性强制性规定存在较大争议，一些司法者又将效力性强制性规定、管理性强制性规定与合同效力的有无进行简单对接，造成在案件审理中对合同效力的评判完全寄希望于对某一条款的法律属性认定，由此引发法律适用不统一、裁判结果欠缺均衡性，甚至完全相反。其次，违反强制性规定对合同效力的影响，并非一成不变的，而是一个动态发展的过程，是否影响合同效力往往要结合当时当地的经济社会发展状况等因素作出适时评判，而这种适时的、动态的评判与类型化模式的相对稳定性之间又会产生一定的抵牾。最后，违反强制性规定对合同效力的影响，如同对公共利益内涵外延的理解一样，虽然能够形成社会基本共识，但总体上属于法官自由裁量的范畴，更多情况下仍是个案判断的问题，完全的、“一刀切”式的认定，会产生与经济社会发展、社会公众认知不契合等不合理情形。在具体利益衡量、效果校验时，需要考量以下几个方面。

(一)考量适用强制性规定认定合同无效是否会损害意思自治原则

实践中,虽然两种不同利益之间难以确定绝对的高低大小,但不同利益之间的位阶还是存在一定的共识的。一般而言,生命利益大于健康利益,健康利益大于财产利益,生命利益之间不分高低,财产利益之间按照价值大小区分高低;不同主体之间弱者利益应当获得制度性的特殊保护等越来越得到社会认可。[①]因此,当履行合同约定侵犯到强制性规定所保护的人身权益(如生命权、健康权、身体权以及人身自由和人格尊严)、基本政治权利和民事权利(如选举权和被选举权、婚姻自由权、劳动权、休息权)时,根据法益位阶的比较规则,上述权益位阶明显高于合同自由,此时应当认定合同无效;否则,从维护交易秩序、促进社会发展角度出发,应当尊重当事人的意思自治,维护合同自由等价值。就这一问题,民法领域的无效法律行为转换规则已作了较好的注解。根据无效法律行为转换规则,如某一无效法律行为符合另一替代行为的要件,而且当事人在知晓其所缔结的法律行为无效时也愿意缔结该替代行为,则该替代行为有效,无效法律行为由此转换为有效行为。这种转换规则,在不少国家和地区都有相关规定。如德国《民法典》第140条就规定,无效法律行为具备另一法律行为的要件,并认为当事人如果知道其无效会愿意实施另一法律行为的,另一法律行为有效。在德国民法典的影响下,《意大利民法典》第1424条、《葡萄牙民法典》第

① 参见梁上上:《利益衡量论》,法律出版社2016年版,第87~92页。

293 条都有类似规定。[①] 之所以能够实现效力层面的转换，关键在于遵循意思自治原则，出于对当事人合同自由的尊重，尽可能地满足当事人缔结合同的期望。

（二）考量适用强制性规定认定合同无效是否会损害诚实信用原则

遵循诚实信用是维护市场秩序的基石。很多情形下如认定合同无效，对当事人的利益保护未必最为有利，有时甚至会损害交易安全、市场诚信。尤其在认定违反资质类强制性规定的合同效力时，若合同有效对合同相对人更有利，可以认定合同有效或者允许资质和资格的补正，以避免简单认定合同无效，让另一方当事人来承担不利后果，进而维护交易安全、保护交易信赖。如在“新疆华诚安居房地产开发有限公司、中国铁建大桥工程局集团有限公司建设工程施工合同纠纷二审民事判决书”[②]中，法院就提出，华诚房地产公司作为涉案建设工程的招标人、甲方，主导签订了涉案《建设工程施工合同》，在合同相对方铁建大桥工程局按约履行合同而其并未按约支付工程款，一审判决华诚房地产公司承担相应责任后，华诚房地产公司以其自身的招标行为存在违法违规为由，于二审中主张合同无效，其行为不仅违反诚实信用基本原则，而且不利于民事法律关系的稳定，属于不讲诚信、为追求自身利益最大化而置他人利益于不顾的恶意抗

---

① 参见殷秋实：《无效行为转换与法律行为解释——兼论转换制度的必要性与正当性》，载《法学》2018 年第 2 期。

② 最高人民法院民事判决书，(2019) 最高法民终 347 号。

辩行为。合同无效制度设立的重要目的在于防止因为无效合同的履行给国家、社会以及第三人利益带来损失,维护社会的法治秩序和公共道德……华诚房地产公司作为违法行为人恶意主动请求确认合同无效,如支持其诉求,意味着体现双方真实意愿的合同约定不仅对其没有约束力,甚至可能使其获得不正当的利益,这将违背合同无效制度设立的宗旨,也将纵容违法行为人从事违法行为,使合同无效制度沦为违法行为人追求不正当甚至非法利益的手段,进而依据诚实信用原则,驳回了华诚房地产公司关于其与铁建大桥工程局于招投标前就合同实质性内容进行谈判的行为违反了《招标投标法》的规定导致涉案《建设工程施工合同》无效的上诉主张。①

(三)考量适用强制性规定认定合同无效是否会造成社会资源的巨大浪费

《民法典》第9条确立了绿色原则,明确民事主体从事民事活动,应当有利于节约资源、保护生态环境。实践中,如果某一项合同虽然违反了强制性规定,但并非系严重瑕疵。在合同已经履行的情况下,可适当考量合同履行方面的因素,在一定程度上认可合同的效力,以避免社会资源的浪费。在这一问题上,许多国家都有类似的做法。在德国,实务和学界都主张在违反价

---

① 于飞教授针对该案撰文指出,结合案情尤其是该案中《建设工程施工合同》已经基本履行完毕且工程验收合格的情况,权衡的结论是实现原则的重要性超过了支持适用规则的实质理由与形式理由之和,应当依据诚信原则修正规则,参见于飞:《诚信原则修正功能的个案运用——以最高人民法院"华诚案"判决为分析对象》,载《法学研究》2022年第2期。

格管制法规方面,采取"一部无效"的做法,即对于违反价格管制的法律行为,与其使行为全部无效,浪费全部交易成本,不如强制其效力仅在法律许可额度内发生。[①] 德国联邦最高法院在一个判例中也引致出这样一个结果,即黑工虽然违反了法律,但是基于有效的合同可以请求约定的报酬。德国设有《打击黑工法》。根据该法,没有登记在手工业目录中的人,提供了手工业给付(大多是建筑给付),因不需要为收入和销售额交税也无须为员工支付社会保险费,他取得了经济上的利益,这一行为是应受处罚的。但只要黑工履行了给付,那么他就可以根据规定要求返还取得的利益。海因·克茨教授认为,这一观点虽然存在争议,但通过使黑工不享有约定的报酬并课以补税款和社会保险的义务,可实现法律追求的威慑效果。相反,法律的目的也并不在于使委托人可以无偿保有对方基于无效合同而提供的建筑给付。他必须返还客观价值,这个客观价值往往低于约定的报酬。[②] 在日本,最高裁判所的众多判例坚持已经履行的契约有效,而在一则卖方已经履行、买方尚未付款的判例中,虽然判决认定契约无效,但同时认为卖方的履行不构成"不法原因给付",卖方仍可基于不当得利要求买方返还其给付;若卖方给付之物已被消费,则该不当得利相当于买方应支付的价款,最终与判决

---

① 参见苏永钦:《私法自治中的经济理性》,中国人民大学出版社 2004 年版,第 39～45 页。

② 参见[德]海因·克茨:《德国合同法》,叶玮昱、张焕然译,中国人民大学出版社 2022 年版,第 60～61 页。

有效并无实质差别。[①] 这些都是考量合同履行、避免社会资源浪费对于合同效力的影响,同样对判断违反强制性规定对合同效力的影响也具有借鉴意义。

(四)考量适用强制性规定认定合同无效是否与违法行为的严重性利益失衡

这实际上是比例原则在民商法领域的适用。比例原则是国家公权力行使的最高指导原则。无论立法机关、行政机关还是司法机关,在行使公权力以达成任务的过程中都要受到比例原则的约束。一般而言,比例原则由三个具体的次要原则构成,其中适当性原则要求所采取的手段必须是有助于目的达成;必要性原则要求在同等有效地达成目的的手段中,应选择对人们权益干涉最小的;狭义的比例原则,要求应对所牵涉的相关价值法益作轻重的权衡。在适用强制性规定来评判合同效力时,运用比例原则就要综合违反强制性规定的违法程度、行为人的主观恶意以及是否背离社会公众认知等因素,避免强制性规定保护的正利益与合同无效给当事人带来的不利益之间的比例严重失衡。比如,针对当事人违反强制性规定的行为,否定合同效力与当事人行为的违法性之间严重失当,将造成利益严重失衡时,就不宜再认定合同无效。

---

① 参见孙鹏:《论违反强制性规定行为之效力——兼析〈中华人民共和国合同法〉第52条第5项的理解与适用》,载《法商研究》2006年第5期。

第五章　公司对外担保中的公司意志代表

公司意志源于众多自然人的个人意志，同时又通过公司决议等程序转化而成。换言之，公司在从事经济社会活动中，不同于自然人。自然人仅仅需要考虑是否将其内在真实意思得到有效表达，而公司需要解决两个层面的问题：一是要解决公司组织体内部运行机制的健全问题，即公司能否有效地形成集合意志；二是要解决公司对外交往的有效开展问题，即公司的内部意志能否完整准确地得到表达。在"绵阳市红日实业有限公司、蒋洋诉绵阳高新区科创实业有限公司股东会决议效力及公司增资纠纷再审案"[①]中，法院就指出，在民商事法律关系中，公司作为行为主体实施法律行为的过程可以划分为两个层次，一是公司内部的意思形成阶段，通常表现为股东会或董事会决议；二是公司对外作出意思表示的阶段，通常表现为公司对外签订的合同。作为对公司自身权益关系重大的公司对外担保问题更是如此。

---

① 最高人民法院(2010)民提字第48号民事判决书，载《最高人民法院公报》2011年第3期。

无论公司对外担保的意思形成,抑或公司对外担保的意思表达都会对公司对外担保的认识和评判产生重要影响。

第一节　公司意志的特性

公司是以人的集合为基础的组织体。但有异于自然人的特殊构造,公司在参与民商事活动时,其意志表现出诸多独特性质。

一、公司意志的非独立性

公司作为组织体,其意志并非自然生成的。一方面,公司意志是众多自然人通过一定程序转换成的团体意志。当然,这并非意味着公司意志是自然人意志的简单相加,或者必须公司内部所有股东意思全部一致方可形成。公司意志在形成过程中往往遵循多数决的原则。这一点不同于自然人的意志规则。作为民事主体的自然人,双方或者多方形成民事法律行为须意思表示一致方可,而公司内部就某一事项形成公司决议,并不需要全体股东意思表示完全一致,只需形成决议的表决程序、议事方式符合法律和章程规定即可,因此公司意志本质上属于"公意",而非"合意"。[①] 另一方面,公司意志不能脱离公司组织机关而独立存在,必须依附于其组织机构的力量;脱离了公司组织机关,所

① 参见周淳:《组织法视阈中的公司决议及其法律适用》,载《中国法学》2019年第6期。

谓公司意志无从谈起。相对应地,正是基于公司意思的非独立性,公司组织机关特别是自然人个体在表达公司意思时,可能混杂着其个体意思在其中,需要甄别其表达的是否符合公司的真实意思。特别是公司对外担保等法律已经明确规定决定主体的情形下,法定代表人在代表公司表达担保意向时,相对人需要审查其代表权的基础和来源,即同意担保的董事会决议、股东会或者股东大会决议。

二、公司意志的分职权性

作为组织体,公司由不同的组织机关所组成。在实际运行中,公司意志的分职权性,体现在《公司法》将公司意志的形成权或者表达权,交由不同的组织机关完成,如股东会或股东大会、董事会、监事会、法定代表人。其中,股东会是公司意思机关,负责对内形成公司意思。如《公司法》第 37 条规定,股东会具有对公司增加或者减少注册资本作出决议,对发行公司债券作出决议,对公司合并、分立、解散、清算或者变更公司形式作出决议,修改公司章程等职权。但股东会并非公司唯一的意志形成机关。股东会主要针对公司重大和长远的事项作决议,公司日常经营决策难以等待一年一度的股东会或召集临时股东会,而往往交由董事会决定。因此,一定程度上董事会也是公司意志的形成机关。如《公司法》第 46 条规定,董事会对股东会负责,但具有“决定公司的经营计划和投资方案”“决定公司内部管理机构的设置”等职权。在公司内部,法定代表人则更多地作为公司意志的代表机关而存在。如《民法典》第 61 条第 1 款规定,依照法律或者法人章程的规定,代表法人从事民事活动的负责人,为法人的法定代表人。也正是从这一角度出发,公司对外提供担保无论是关联担保还是一般担保,都是公司董事会、股东会或者股东大会所能决定的事项,并非公司法定代表人的职权范围。法定代表人在经济交往过程中,并不当然具有形成或者有效表达公司对外提供担保意志的职权。

三、公司意志的可视性

一般而言,自然人的意思只能通过其外在的表示行为被外界观察和感知,其意思决定过程及所形成的意欲表达的意思外界无从得知。[①] 而法人的意思形成过程则不同。法人意志作为团体意志系由单个个体意志通过一定的程序机制进行表达、集合形成,并通过决议等书面形式固定下来。这就使公司意志在形成过程中具有较强的程序性,而这种程序性在为公司意志提供了正当性来源的同时,还产生了一个重要副产品,即程序性使公司意志较之自然人意志具有较强的"可视性"。公司意志形成的每个环节、每一项内容,都可以通过公司章程或者公司决议等书面形式被外界所获悉;与此同时,公司意志形成中的过错也是公开透明的,对其行为的追责就会更加准确。[②] 也正是由于公司意志的可视性,使公司形成意志的内部行为能够成为独立的法律行为,具备了进行法效果评价的基础和前提。

---

① 参见王运鹏:《公司决议的溢出效力分析——兼评〈民法典〉第八十五条》,载《河南财经政法大学学报》2021 年第 3 期。

② 参见余秦茜:《论意思表示规则视域下法定代表人越权对外担保合同效力》,载《上海政法学院学报》2021 年第 3 期。

四、公司意志的分离性

在意志有效表达的过程中，自然人和法人是迥然有别的。原则上，除非代理等情形，自然人的意思形成和意思表示主体都是一体的，而公司作为独立法人，其意思的形成阶段和意思的表示阶段却是分离的，意志形成机关和意志表达机关也并非同一主体。在公司治理架构中，股东会享有内部事务决策权或者说其是意思形成机关而并不享有对外代表权，已成为各国（地区）公司法学者的共识。① 公司通过决议机制形成公司意志后，决议本身并不能当然地产生对外表示的效果，公司意思的表达需要借助公司代表机关来实现，且这种代表机关越来越特定化。在德国，只有董事会享有在法庭内外代表公司的权利，虽然每个董事都享有代表权，但在代表公司行为时，董事需要集体合议行动；②在日本和韩国等国的《公司法》中，只有从董事会中选任的代表董事有权行使该权利；③我国台湾地区“民法”则规定，

---

① 有学者提出，股东会决议在特定情形下应能对外代表公司意思，尤其在董事会、监事会等公司内部机构不能公正、最大化地考量公司利益时，应当允许股东会行使形成和对外表达公司意思的权力。参见蒋大兴：《公司法的观念与解释Ⅲ 裁判逻辑 & 规则再造》，法律出版社 2009 年版，第 24 页。

② 有学者通过实证调研指出，虽然德国《股份法》将董事会成员共同代表制作为原则规定，但实践中各股份公司几乎都利用该法第 78 条第 3 款的授权作了变更，即通过公司章程明确，公司由两名董事会成员或者一名董事会成员和一名经理人共同代表。这样既避免一人单独代表的不便和危险，也防止了过多人享有代表权所带来的效率弊端。参见杨继：《中国股份公司法定代表人制度的存废》，载《现代法学》2004 年第 6 期。

③ 参见何建：《大陆法系公司代表权透视》，载《人民法院报》2020 年 3 月 6 日，第 8 版。

董事就法人一切事务,对外代表法人。董事有数人者,除章程另有规定外,各董事均得代表法人。在我们的商业实践中,公司意志往往由公司董事会、股东会或者股东大会按照《公司法》等规定以及公司章程的约定,依照相关程序形成,而公司意志对外往往由公司法定代表人等来予以传递,二者往往是分离的。这种分离性也为在类似公司对外担保纠纷中,需要对公司法定代表人表达的担保意愿是否符合公司真实意志提供了审查必要性的制度空间。

第二节 公司意志代表中的法定代表人

实践中,公司对外担保问题往往涉及公司意志代表权的不当行使。所谓公司代表权,是指公司代表人以公司名义对外为意思表示的一种权利,也是公司代表机关享有的特定权利。[①] 公司作为组织体参与经济和社会事务,客观上必须由自然人代为进行,这些代公司实施法律行为的自然人,域外法学理论中称为法人的代表人。[②] 在英美法系公司法中,包括订约行为在内的管理权属于董事会,没有法定代表人的概念,即没有指定某个人具

---

① 公司代表行为不限于法律行为,也可以是事实行为、诉讼行为等。参见何建:《大陆法系公司代表权透视》,载《人民法院报》2020 年 3 月 6 日,第 8 版。

② 参见最高人民法院民法典贯彻实施工作领导小组主编:《中华人民共和国民法典总则编理解与适用》(上),人民法院出版社 2020 年版,第 316 页。

有代表公司从事对外行为的固有权力。[①] 如美国《特拉华州普通公司法》第141条规定，根据本章规定成立的公司，公司业务和公司事务应当由董事会管理，或者在董事会指导下处理，但本章或者章程大纲另有不同规定的除外。而大陆法系国家和地区有关公司代表人的规定则存在差异，如德国《民法典》第26条规定："董事会在法庭内和法庭外代表社团；董事会具有法定代表人的地位。"瑞士《民法典》第55条："法人的意思，由其机关表示。"日本《公司法》第349条规定："董事代表股份有限公司……代表董事有实施有关股份有限公司业务的一切诉讼内或诉讼外行为的权限。"在我国，公司意志的代表权则由公司法定代表人享有。最早使用法定代表人这一概念的是1981年颁布的《经济合同法》（已废止，下同）[②]，后来《民法通则》在法人制度部分明确了法定代表人概念，1991年公布的《民事诉讼法》第49条[③]也规定，法人由其法定代表人进行诉讼。后来《公司法》采用了法定代表人的概念。但较为遗憾的是，《公司法》第13条仅仅规定，公司法定代表人依照公司章程的规定，由董事长、执行董事或者经理担任，并依法登记；公司法定代表人变更，应当办理变更登记，但并未规定法定代表人的职责定位。《民法典》第61条第1款和第2款则规定，依照法律或者法人章程的规定，代表法人从事民事活动的负责人，为法人的法定代表人。法定代表人以法人名义从事的民事活动，其法律后果由法人承受。这从民

① 参见黄辉：《现代公司法比较研究——国际经验及对中国的启示》，清华大学出版社2020年版，第143页。

② 1981年颁布的《经济合同法》第31条规定，经济合同订立后，不得因承办人或法定代表人的变动而变更或解除。但该法并未具体明确法定代表人的内涵。

③ 对应2021年修正的《民事诉讼法》第51条。

商事基本法的层面上确立了公司法定代表人是公司意志的代表权主体。

一、法定代表人的地位与功能

公司代表人在公司设立、运行过程中尤其是公司意志表达中居于举足轻重的地位。根据《民法典》第61条的表述，在法律或者法人章程规定的范围内，法定代表人即为法人的代表机关，法定代表人从事的行为就是法人的行为。而结合《民法典》、《公司法》及《民事诉讼法》[①]等相关规定，现行法律制度框架下有关法定代表人对公司意志的代表权具有以下特质：首先，法定代表人代表权是当然的代表权。法定代表人并非公司意志的形成机关，而是公司意志的法定代表者，"代表法人从事民事活动"。《公司法》规定，公司法定代表人属于"依法登记"的事项，且公司法定代表人变更的，应当办理变更登记；公司营业执照中"应当载明"法定代表人；股份公司章程中"应当载明"法定代表人；股票由法定代表人签名、公司盖章；等等。依托登记的公示效力，结合《民法典》中有关法定代表人职权的规定，法定代表人对法人的"当然代表权"使与法定代表人进行交易的相对人获得较强的信赖保护。其次，法定代表人的代表权属于"概括性"代表权。根据《民法典》第61条第2款关于"法定代表人以法人名义

① 我国《民事诉讼法》等公法上有不少关于法定代表人的规定。例如，《民事诉讼法》(2021年修正)第51条规定："……法人由其法定代表人进行诉讼……"第88条规定："……受送达人是法人或者其他组织的，应当由法人的法定代表人、其他组织的主要负责人或者该法人、组织负责收件的人签收……"第252条规定："……被执行人是法人或者其他组织的，应当通知其法定代表人或者主要负责人到场……"

从事的民事活动，其法律后果由法人承受”的规定，法定代表人对于公司的代表权无须另行授权，即可以一般性地代表公司从事民事活动；即便超越权限对外从事的行为，也仅是越权代表，而非无权代表。“只要没有特别提示限制法定代表人的权限（如法人章程明文限制了法定代表人的权限，或者董事会决议或股东会、股东大会限制了法定代表人的权限）的文件，只要相对人索要限制法定代表人权限的文件未被法人无理拒绝，法定代表人在法人的业务范围内实施的民事法律行为，就不是越权行为，而是法人无法推卸的行为。”[①]既然是法人行为，则无所谓表见代表。赋予法定代表人这种“概括”的代表权，在经济生活中是必要的，更是基于对保护交易安全、提高交易效率的考量。在日常经济活动中，法人或者非法人组织的经济活动都是经过其法定代表人、负责人进行的，由法定代表人、负责人代表法人或者非法人组织进行谈判、签订合同等。对于合同的相对人来说，他只要认为法定代表人或者负责人是代表法人或者其他组织的，一般并不知道也没有义务知道法定代表人或者其他组织的负责人的权限到底有哪些，法人或者其他组织的内部规定亦不应对合同相对人构成约束力，否则将不利于保护交易的安全，也不利于保护合同相对人的利益。最后，法定代表人代表权仅仅原则上“不受限制”。通过《民法典》第 61 条第 1 款的表述可以看出，法定代表人针对公司的代表权是概括的，但并非“不受限制的”，其权限范围来自“法律或者法人章程的规定”，即法律和法人章程既为法定代表人提供了权力基础，也为法定代表人的代表权设

---

① 崔建远:《论外观主义的运用边界》,载《清华法学》2019 年第 5 期。

置了边界。实践中,应当摒弃法定代表人的代表权“不受限制”“包揽一切”的片面认识。

然而,在我国相当长时期内,公司法定代表人不仅享有公司意志形成权,其所享有的公司意志代表权也是不受限制的。有学者研究认为,法定代表人的制度设计离不开我国由计划经济向市场经济转轨过程中的国有(营)企业改革背景。针对当时国有(营)企业活力不足等问题,为增强企业的独立性,推动国有(营)企业摆脱对主管部门的依附,“将国企转变为具有独立法人资格的公司被认为是国企改革的出路”。其中,依法赋予厂长或经理不受包括上级主管部门左右的独立地位和职权成为立法增强企业独立性的现实选择。而脱胎于厂长(经理)负责制的法定代表人制度则承接了助推上述目标实现的使命。其首要任务是以资格法定和职权法定的制度安排,让法定代表人的担纲者垄断法人的意思决定,成为科层制企业治理模式中法律上和事实上的“一把手”,在法人管理体系中居于核心地位,对法人事务负全部责任,借以实现所有权和经营权分离,让企业摆脱主管部门的直接干预。不仅如此,法人的意思表达权也被配置给法定代表人。《民法通则》第38条[①]规定,依照法律或者法人组织章程规定,代表法人行使职权的负责人,是法人的法定代表人。最高人民法院《关于贯彻〈中华人民共和国民法通则〉若干问题的意见(试行)》[②]第58条规定,企业法人的法定代表人或其他工作人员,以法人的名义从事的经营活动,给他人造成经济损失的,

---

① 已废止,对应《民法典》第61条第1款。

② 已废止。

企业法人应当承担民事责任。1988年7月1日发布的《企业法人登记管理条例》(国务院令第1号)[①]第11条规定,登记主管机关核准登记注册的企业法人的法定代表人是代表企业行使职权的签字人。法定代表人的签字应当向登记主管机关备案。1988年11月3日发布《企业法人登记管理条例施行细则》[②](国家工商行政管理局令第1号)第27条第1款规定,经登记主管机关核准登记注册的代表企业行使职权的主要负责人,是企业法人的法定代表人。外商投资企业的董事长是法定代表人。法定代表人是代表企业法人根据章程行使职权的签字人。上述条例和实施细则在《民法通则》所确定的"行使职权"和"负责"两个特征之外,又向法定代表人加载了"签字人"的职权。[③] 这一系列制度模式和安排在相当程度上使法定代表人不仅对内行使职权,决定法人的意思形成,而且对外作为"签字人"担纲法人的意思表达,甚至"垄断公司意思表达"。[④] 方流芳教授曾将2000年之前我国公司法定代表人的权限概括为:法定代表人的行为理所当然地约束公司,公司其他职员非经法定代表人授权不得代理

---

① 已废止。

② 已废止。

③ 参见蔡立东:《论法定代表人的法律地位》,载《法学论坛》2017年第4期。签字权是法定代表人职权的重要内容,以至于有学者提出,公司法定代表人的法定权限大致是经理权加上对外文件签署权,参见朱锦清:《公司法学》(上),清华大学出版社2017年版,第268页。

④ 有学者提出,20世纪90年代我国有关法定代表人的法律规定,仅仅承认厂长(经理或者董事长)一人有权代表法人,否定了企业其他成员有权代表法人,既不同于单独代表,也不同于个人代表,用"独任制代表"来概括更为妥切、合理。参见石慧荣:《法人代表制度研究》,载《现代法学》1996年第4期。

公司为法律行为;法定代表人掌握代表企业签订合同的最终决定权;法定代表人是公司财务的最终控制者;法定代表人的权限渗透到企业的全部活动;在法人参加的民事诉讼中,法定代表人处于不可替代的位置;等等。[①] 以至于20世纪90年代中后期,学界开始从不同角度对法定代表人制度进行检讨并形成基本结论:法定代表人的担纲者集法人的意思决定与意思表达于一身,权力过于集中,导致了法人治理的诸多悖论。[②]

虽然2005年修订的《公司法》颁布之后,公司法领域一直在推进公司治理结构的优化完善,但仍然并未明确法定代表人的权力边界,"始终没有解决公司代表对外表意权行使的制约问题"。《民法典》也仅仅规定了法定代表人的表意功能,并未明确除法定代表人之外的其他表意通道,容易使各方主体误认为唯有法定代表人方能代表公司,[③]法定代表人制度设计理念仍采取"唯一代表制"。[④] 无论公司代表在公司内部的地位、属性、权限等有何争议,一个不争的事实是,登记于工商部门的公司代表,在具体行使对外表意权时,在公司内部是不受任何机制约束的,[⑤]法定代表人通常被理解为法定的唯一能够代表公司对外行

---

① 参见方流芳:《国企法定代表人的法律地位、权力和利益冲突》,载《比较法研究》1999年第3、4期。

② 参见蔡立东:《论法定代表人的法律地位》,载《法学论坛》2017年第4期。

③ 参见刘斌:《公司治理视域下公司表意机制之检讨》,载《中国政法大学学报》2021年第2期。

④ 参见赖虹宇、吴越:《法定代表人越权担保中的内部责任配置方式》,载《四川理工学院学报(社会科学版)》2018年第1期。

⑤ 参见袁碧华:《论自治视角下的公司代表制度》,载《法律科学》2022年第1期。

为的自然人。[1] 加之原有的法定代表人权力高度集中、集公司意思决定与意思表达于一体的制度模式和行为习惯，所产生的副作用是短时间难以消解的，这一方面无法为法定代表人滥用权力提供有效的制度掣肘，另一方面也助推社会形成了法定代表人代表权“不受限制”的假象。实际上很多公司纠纷都与公司法定代表人内外权力配置失衡有关——对外享有广泛外部代表权，对内职权受到法定限制和约定限制。特别是公司为他人提供担保的纠纷中，法定代表人在未经董事会、股东会或者股东大会有效决议的情况下违规提供担保，既与法定代表人未尽到对公司的勤勉忠实义务、滥用权力相关，也与相对人对法定代表人的职权定位认识不清，特别是对法定代表人的职权限制问题认识偏差存在关联。

二、法定代表人代表权限的限制

法人代表人的代表权是否可以限制以及此种限制的效力问题，存在不同规定。例如，瑞士民法虽未作明文规定，但根据解释以及判例，其认为法定代表人有管理上之无限制的代表权，即代表权不受限制。德国《民法典》第 26 条第 2 项规定：“代表权的范围可通过章程加以限制，其作用可以对抗第三人。”日本《民法典》第 54 条规定：“对理事代表权所加的限制，不得以之对抗善意第三人。”意大利《民法典》第 19 条规定：“不得以未依据本法第 33 条的规定进行登记的对代表权的限制性规定对抗第三人，能证明第三人知晓的情况除外。”我国台湾地区“民法”第 27 条第 3 款亦规定，对于董事代表权所加之限制，不得对抗善意第

① 参见殷秋实：《法定代表人的内涵界定与制度定位》，载《法学》2017 年第 2 期。

三人。[①] 进而我们可以推导出,对公司代表人的代表权进行限制是相当多国家和地区的惯常做法。

(一)法定代表人代表权限制的必要性

《民法典》第61条第2款对法定代表人实施法律行为的后果作出了明确规定,即法定代表人以法人名义从事的民事活动,法律后果归属于法人承受。但该条的适用应以第61条第1款为前提,即法定代表人以法人名义从事的民事活动应当在法律或者法人章程规定的权限范围内,超越法律或者法人章程规定的权限以法人名义从事的民事活动,则构成越权代表。[②] 即第61条第1款实际上对公司法定代表人的代表权进行了限制——职权应当限定在"法律或者法人章程的规定"内。为此,最高人民法院民事审判第二庭也提出,要改变审判实践中"代表人签字就是公司的行为"等惯性思维,将代表权限的审查置于公司分权治理结构的法律框架和公司整体利益观之下加以思考。[③]

之所以对法定代表人的代表权予以限制,原因主要在于:一是出于保护公司整体利益的需要。实践中,法定代表人与公司之间并非完全重合。法定代表人作为自然人,在经济社会活动中,势必具有自身的个人利益诉求,而这种利益诉求未必与公司

① 参见梁慧星:《中国民法典草案建议稿附理由总则编》,法律出版社2004年版,第107~108页。

② 参见高圣平:《公司担保中相对人的审查义务——基于最高人民法院裁判分歧的分析和展开》,载《政法论坛》2017年第5期。

③ 参见贺小荣主编:《最高人民法院民事审判第二庭法官会议纪要——追寻裁判背后的法理》,人民法院出版社2018年版,第196页。

利益之间始终是完全一致的。正如《自我交易的法律经济学》的作者所指出的：控制公司的人，无论他们是管理者、控股股东或者是两者兼而有之，都可以利用其权力将公司财富转移给自己，而不与其他投资者分享。这种自我交易的形式包括管理层特权、过度补偿、转移定价、滥用公司机会以及通过金融交易来转移财富，甚至直接盗窃公司资产。[①] 在我国，实行单一法定代表人制，一般都由董事长、执行董事或者经理担任法定代表人，也不时出现法定代表人为谋取个人私人利益而损害公司利益的情形。法定代表人为个人或者他人利益违规以公司名义对提供担保，即为典型事例。因该事项对公司存续及未来发展影响重大，需要限制公司法定代表人的代表权。二是出于尊重公司真实意思的考量。《民法典》第 134 条将法人、非法人组织依照法律或者章程规定的议事方式和表决程序作出决议的行为，纳入民事法律行为的范畴。法人、非法人组织作出决议的行为，实际上是形成公司意志的行为，其区别于一般民事主体单方、双方甚至多方的民事法律行为。一般情况下，董事会或股东会、股东大会决议之所以能够形成，往往经历了不同意见、观点和利益的博弈，遵循的是多数决原则，从而使股东或者董事们的意思通过表决机制演变成公司团体的意思。在一定程度上，公司决议是协商和民主的体现，较之法定代表人代表公司作出的意思决定，在通常情况下更能符合公司的真实意思表示。既然法定代表人并非公司的决议机关，无权以法定代表人身份形成公司意志，那么法

---

① 参见罗培新、张逸凡：《世行营商环境评估之“保护中小投资者”指标解析及我国修法建议》，载《华东政法大学学报》2020 年第 2 期。

定代表人对外代表公司表达的意思表示,是否为公司的真实意志应当予以合理的、适度的审查。

当然需要明确的是,对法定代表人代表权的限制,属于代表权行使过程中的例外情形。一般情况下,出于对交易安全的保护和对交易效率的尊重,公司意志和法定代表人的个人意志之间是不需要区分的。从现实可行性角度来看,在一般业务中,每一次区分公司意志和个人意志显然也是不可能的。基于此,《合同法》第50条[①]确立了越权代表原则有效的规则,以保护交易相对人的合法权益,维护交易秩序的稳定性。《民法典》第504条又继受了《合同法》的立法精神,规定法人的法定代表人或者非法人组织的负责人超越权限订立的合同,除相对人知道或者应当知道其超越权限外,该代表行为有效,订立的合同对法人或者非法人组织发生效力。其中,"订立的合同对法人或者非法人组织发生效力"属于新增加的内容。这一新规定不仅明确了公司法定代表人越权代表行为的效力,更明确了越权代表的效果归属问题。

(二)法定代表人代表权限制的路径选择

根据《民法典》第61条第1款的规定,公司法定代表人的代表权主要来自"法律或者法人章程的规定"。换言之,针对法定代表人代表权的限制主要存在法定限制和约定限制两种情形。

1. 对法定代表人代表权的法定限制。法定限制主要是指基于《公司法》以及其他法律法规明确规定,有些权限不属于法定代表人行使或者单独行使的情形。例如,《公司法》第16条设置

① 已废止,对应《民法典》第504条。

了公司机关决议前置程序以限制法定代表人的代表权限;第 37 条规定,公司增减注册资本,发行公司债券,公司分立、合并、解散、清算或者变更公司组织形式,修改公司章程等,应当由股东(大)会决议;第 121 条规定,上市公司在一年内购买、出售重大资产或者担保金额超过公司资产总额 30% 的,应当由股东大会作出决议,并经出席会议的股东所持表决权的 2/3 以上通过。这些都属于对公司法定代表人代表权的法定限制。法律一经公布并生效,理所当然地对任何人产生效力。基于法律规定的公开性,任何人不得以其不知法律规定为由提出免责或者减责抗辩。任何人无论其是否实际地知悉了法律所规定的内容,也都将一视同仁地推定其已确定无误地知悉了法律所规定的内容。

2. 对法定代表人代表权的约定限制。约定限制主要指公司章程、董事会或者股东会、股东大会决议等对法定代表人代表权作出的限制。约定限制从性质上属于内部限制。例如,《公司法》第 16 条第 1 款规定,公司为他人提供担保,需要根据章程规定,由董事会或者股东(大)会决议。根据《公司法》第 148 条第 1 款第 3 项的规定,董事、高级管理人员将公司资金借贷给他人或者以公司财产为他人提供担保的,需要按照公司章程的规定,经董事会或者股东(大)会的同意。对于上述事项,法定代表人依法不享有代表公司的权限,不得擅自对外签订担保等交易合同。换言之,在对外签订担保合同等事项上,法定代表人的身份并不足以使相对人产生合理的信赖,相对人在与公司签订担保合同时应就法定代表人的代表权进行审查。

之所以要区别法定代表人代表权的法定限制和约定限制,一方面,二者在效力刚性、约束对象上存在一定的差异。有关代表权的法定限制,基于法律规定的普遍适用效力,约束对象是与公司进行交易的所有相对人。而约定限制则不同,根据《民法典》第 61 条第 3 款规定,善意相对人与法定代表人签订合同的效力,不受法人章程或者法人权力机构约定限制的影响。在我国台湾地区同样遵从此法理。根据我国台湾地区“民法”第 27 条第 2 项的规定,法人依章程订定对外有代表权之董事时,其他董事之对外代表权全被剥夺,不得对外代表法人。此项以章程订定对外有代表权之董事,系属应登记事项,非经登记者,不得对抗第三人。而根据第 27 条第 3 项所谓对董事代表权的限制,系指部分限制而言,除章程外,得以总会决议定之,非属应登记事项,其限制能否对抗第三人,以该第三人是否善意而定,[①]实际上这与法定限制和约定限制的区别异曲同工。对代表权的法定限制之所以拘束力的刚性较强,归根结底在于权限限制被纳入法律法规而对外产生较强的公示效力,推定包括交易相对人在内的社会公众都应当知晓这种限制;而将董事代表权的限制进行登记,同样会产生类似的对外公示效力,进而影响第三人的利益保护。另一方面,二者的证明责任存在不同。在代表权的法定限制中,交易相对人的“善意”需要由交易相对人自己举证证明,这在实践操作中难度是相当高的;而在代表权的约定限制中,交易相对人的“善意”是被依法推定的,需要主张不承担民事责任一方如作为担保人的公司来举证予以否定,即证明交易相对人在订立交易合同时知道或者应当知道法定代表人已经超越公司章程或者公司有关机构的授权限制,这种举证证明的难度

---

① 参见王泽鉴:《民法总则》,中国政法大学出版社 2001 年版,第 170 ~ 171 页。

相较于交易相对人自证其“善意”是较易实现的。

三、法定代表人代表权约定限制的外部效力

针对代表权的约定限制是否具有外部拘束力，各国和地区的规定虽然各有不同，但内部约定限制不影响公司与交易相对人之间的行为效力逐渐成为公司法上的趋势和共识，[①]特别是与善意相对人的交易行为效力。如英国《2006 年公司法》第 40 条规定，基于对与公司交易善意第三人有利的原则，公司董事约束公司的权力不受公司宪章的限制。为此，与公司交易的第三方不必就公司对董事权力的任何限制进行查询，其善意将被依法推定，除非公司提出反证；甚至不能仅仅因为第三方知悉董事超越公司宪章授予的权限而被认为是恶意。“根据英国《2006 年公司法》的规定，除非第三方被证明有实际知悉、董事自我交易、行为人无表见代表权等情形，与公司交易的相对人获得了非常全面的保护。”[②]德国《有限责任公司法》第 37 条[③]第 1 款规定，

---

① 参见周伦军：《公司对外提供担保的合同效力判断规则》，载《法律适用》2014 年第 8 期。

② 周伦军：《公司对外提供担保的合同效力判断规则》，载《法律适用》2014 年第 8 期。

③ 德国《有限责任公司法》第 37 条(代表权的限制)规定：(1)通过公司章程或者在公司章程没有其他规定的情况下通过股东决议对业务执行人代表公司的权限范围进行限制的，业务执行人对公司负有遵守该限制的义务。(2)关于业务执行人代表公司权限的限制对第三人不具有法律效力。此规定特别适用于如下限制：仅对某些交易或者某些种类的交易有代表权，或者只应在某些情况下或者在某个时间或者某个地点有代表权，或者需要股东或公司的一个机关对个别交易予以同意。参见《德国商事公司法》，胡晓静、杨代雄译，法律出版社 2014 年版，第 41 页。

公司的业务执行人有义务遵守公司发起人协议或股东会决议对其“公司代表权限的范围”的限制,从而彰显了内部约束的重要性;但该条第2款进而规定,这种内部限制对公司的第三人“不具有法律效力”,从而划清了内部文件约束力的外部界限。这就意味着,公司或代表人都不得以某个相对于第三人的交易(如担保合同)未得到公司章程、发起人协议、股东会或者董事会的授权而归于无效。[①] 意大利《民法典》和日本《民法典》也有类似规定。对于这一问题,我国《民法典》第61条第3款和《民法典》第504条的立法精神大致相同,即代表权内部的约定限制并不具备外部效力,“不得对抗善意相对人”。同时,两个条款在规范目的上又存在一定的差异。第61条第3款更多的是从对内管理的角度进行规范,明确“法人章程或者法人权力机构对法定代表人代表权的限制,不得对抗善意相对人”。而第504条则是从维护交易安全的角度进行规范,即法人的法定代表人或者非法人组织的负责人超越权限订立的合同,代表行为有效,除非“相对人知道或者应当知道其超越权限”。公司章程、董事会或者股东会、股东大会决议对法定代表人代表权的限制仅具有内部效力,并没有约束公司组织体之外的相对人的效力。这不仅是公示效力理论的内在要求,更是维护交易安全的客观需要。在缺乏统一的、便捷的公司登记及查询体系的有力支撑下,公司章程更多地属于公司内部治理问题,交易相对人作为外部人员,客观上难以获取有效信息。赋予公司章程约束与公司进行交易的相对人

---

① 参见赖虹宇、吴越:《法定代表人越权担保中的内部责任配置方式》,载《四川理工学院学报(社会科学版)》2018年第1期。

的效力，无疑将大大增加交易成本，影响交易安全，也有碍现代市场经济的交易效率。

实践中针对公司法定代表人代表权约定限制的对外效力的阻断主要是通过对相对人的"善意"认定来完成的，即公司章程及公司决议等对代表人代表权的约定限制能否具有对抗效力，取决于相对人是否"善意"。这种善意具体而言，就是指与法定代表人进行交易的相对人是否知道或者应当知道公司章程或者公司权力机构对法定代表人的代表权有相应的限制。如果相对人实际知道或者因重大过失而不知道相关限制，则交易行为对公司不发生效力；如果相对人不知道且不应当知道这种限制，则公司不得主张法定代表人越权代表的行为后果不归属于公司。然而，需要引起注意的是，针对公司法定代表人有关对外担保行为的代表权限制又属于代表权约定限制中的例外情形、特殊规定，这种特殊和例外主要体现在《公司法》明确了公司对外提供担保的集体决议模式。即《公司法》第 16 条第 1 款就一般担保明确"依照公司章程的规定"，交由董事会或者股东会、股东大会决议，同时又将这种内部"约定限制"以法律明文规定的方式予以公开昭示，明确剥夺了法定代表人的概括代表权限，交易相对人就不得再基于法定代表人的身份而当然地相信其具有代表权限。通过法律、公司章程、公司决议等一系列制度安排将对法定代表人对外担保约定限制的内部效力延伸于外部，由此使内部约束力产生"溢出效应"。也正是基于此，公司为他人提供担保中有关对法定代表人代表权的限制，就不再是单纯的内部限制，与公司签订担保合同的相对人也会受到一定的约束，除非其能够证明在缔结担保合同时已履行了合理审查义务——不仅仅审查了公司对外担保的董事会、股东会或者股东大会决议,也审查了公司章程,否则就因难以证明其属于善意相对人,进而难以要求公司承担担保合同责任。

第三节　公司意志代表中的印章问题

在公司意志对外表达中,不仅会涉及法定代表人等人的因素,还会牵扯到印章的使用及证明力等物的因素。印者,信也。在我国古代,印章往往作为身份凭证或者行使职权的重要工具而存在。长期以来,“备案公章具有公示效力”这一观念深入人心,印章也被视为公司作出真实意思的最可靠、最有效的表征,一度出现了“认章不认人”的现象。现实生活中,为争夺对公司的控制权,公司股东之间抢夺公司印章的事件也屡见报端。据媒体报道,当当网发布声明称,2020 年 4 月 26 日李某率众闯入当当网办公区,抢走几十枚公章、财务章。当当网宣布遗失的章有 47 枚,其中包括公章 11 枚、财务章 36 枚。当当网表示,在公章、财务专用章失控期间,任何人使用公章、财务专用章签订的任何合同、协议以及具有合同性质的文件或其他任何书面文件,公司将不予承认。公章、财务章、财务部门章即日作废。4 月 27 日中午,李某在其微博发表言论称,其召集股东会议,赢得了 53.865% 的投票,被选举为董事长、总经理,并晒出公章。① 公章

① 参见《当当创始人“庆俞年”夫妇上演夺章戏码,这个法律问题决定大结局》,载澎湃新闻网 2020 年 4 月 27 日,https://www.thepaper.cn/newsDetail_forward_7173601。

在公司日常经营活动中的重要性以及社会公众对公章的信任依赖可见一斑。然而随着经济社会发展,公章所拥有的这种公示公信功能已有所减弱。

一、公司印章与公司意志的关系

公司的真实意志体现为公司章程或者董事会、股东会或者股东大会决议。一般而言,严格的印章管理[①]对于准确表达公司意志具有一定的帮助。只要文件上盖有公司印章,通常即推定为公司意志的体现,除非有相反证据予以否定。《民法典》第165条、第490条、第493条、第909条、第910条以及《民事诉讼法》第62条等都确立了盖章行为的效力。如《民法典》第490条第1款规定,当事人采用合同书形式订立合同的,自当事人均签名、盖章或者按指印时合同成立。根据相关表述,盖章与签名一样,具备同样的法律效力。2009年最高人民法院发布的《关于当前形势下审理民商事合同纠纷案件若干问题的指导意见》也将印章作为代理表象和相对人信赖是否合理的判断因素之一,如该指导意见第13条规定,合同相对人主张构成表见代理的,应当举证证明代理行为存在诸如合同书、公章、印鉴等有权代理的客观表象形式要素,并证明其善意且无过失地相信行为人具有代理权。第14条规定人民法院判断合同相对人主观上是否属于善意且无过失时,应当结合合同缔结与履行过程中的各种因

---

① 在我国商业实践中,公司印章主要有五种,且各有其功能:(1)公章,主要用于公司对外事务处理;(2)财务专用章,在公司出具支票等时加盖;(3)合同专用章,通常在公司签订合同时加盖;(4)法定代表人章;(5)发票专用章,在公司开具发票时加盖。

素综合判断合同相对人是否尽到合理注意义务,其中一项即为“是否盖有相关印章及印章真伪”。但这些规定没有明确说明印章对公司行为的作用与效果,并不能回应和正当化实践中当事人对印章的重视,[①]也难以就此得出加盖公司印章都代表着公司意志的真实表达。加之在我国商业实践中,有关印章与公司真实意志之间的纠纷时常发生,经常出现法定代表人或代理人在从事了某一行为后,公司以其加盖的系假章、所盖之章与备案公章不一致等为由否定合同效力,进而申请鉴定公章,有的甚至还以伪造公章涉嫌刑事犯罪为由请求驳回起诉或者中止审理,人为造成诉讼拖延的同时,也使故意使用假章的不诚信当事人从中获益,导致不公平的结果。[②] 因此,加盖公章能否真实准确地反映公司意志仍是一个值得商榷的话题。

(一)不当使用的印章难以表征公司意志

实践中,印章的管理漏洞始终无法消除。印章往往作为单独的物而独立存在。只要这种独立存在情形不消除,就有印章离开真正管理人控制的间隙,就存在印章未经审批而被使用的可能性。例如,在“上海躬盛网络科技有限公司、上海斐讯数据通信技术有限公司股权转让纠纷二审民事判决书”[③]中,上海躬盛网络科技有限公司(以下简称躬盛公司)主张慧球公司对顾某

---

① 参见殷秋实:《民法体系中的法人印章定位》,载《清华法学》2021 年第 4 期。

② 参见刘贵祥:《关于人民法院民商事审判若干问题的思考》,载《中国应用法学》2019 年第 5 期。

③ 最高人民法院民事判决书,(2019)最高法民终 456 号。

平涉案债务承担担保责任,并向法院提交了一份加盖慧球公司公章的担保函;慧球公司在诉讼中则否认担保函的真实性,并称躬盛公司曾掌握其公司公章,不排除躬盛公司自行制作担保函的可能性。最终最高人民法院在综合担保函上仅加盖慧球公司公章,落款日期及人员签字处均为空白,与当事人的其他做法不同,以及顾某平曾向躬盛公司移交慧球公司公章,躬盛公司具有自行制作担保函的条件及可能性等因素的基础上,依据证据规则认为案涉担保函不能确定是否由慧球公司出具,认定躬盛公司要求慧球公司承担担保责任缺乏事实依据。针对公章可能被不当使用,最高人民法院《关于在审理经济纠纷案件中涉及经济犯罪嫌疑若干问题的规定》(2020 修正,以下简称《经济犯罪规定》)规定了三种情形:

(1)公章被借用。《经济犯罪规定》第 4 条明确,个人借用单位的业务介绍信、合同专用章或者盖有公章的空白合同书,以出借单位名义签订经济合同,骗取财物归个人占有、使用、处分或者进行其他犯罪活动,给对方造成经济损失构成犯罪的,除依法追究借用人的刑事责任外,出借业务介绍信、合同专用章或者盖有公章的空白合同书的单位,依法应当承担赔偿责任。但是,有证据证明被害人明知签订合同对方当事人是借用行为,仍与之签订合同的除外。从该条的文义表述来看,司法机关并不禁止公章的借用行为或者否定借用公章的效力。在借用公章中,出借单位和借用单位之间的借用行为有别于因公章借用引发的对外法律关系,双方之间的借用约定并不具有对外的效力。

(2)公章被盗用。《经济犯罪规定》第 5 条第 1 款规定,行为人盗窃、盗用单位的公章、业务介绍信、盖有公章的空白合同书,或者私刻单位的公章签订经济合同,骗取财物归个人占有、使用、处分或者进行其他犯罪活动构成犯罪的,单位对行为人该犯罪行为所造成的经济损失不承担民事责任。根据这一规定,行为人盗用公司公章与相对人签订商业合同,基于行为人与公司之间并不存在代理或者代表关系,交易相对人未经核实行为人与公司之间的关系便产生了信赖,也缺乏合理的基础,存在轻信的过失,不具备给予法律保护的空间和价值。

(3)公章被滥用。《经济犯罪规定》第5条第2款规定,行为人私刻单位公章或者擅自使用单位公章、业务介绍信、盖有公章的空白合同书以签订经济合同的方法进行的犯罪行为,单位有明显过错,且该过错行为与被害人的经济损失之间具有因果关系的,单位对该犯罪行为所造成的经济损失,依法应当承担赔偿责任。根据该款规定可以看出,实践中公章滥用的情形既包括私刻公章的行为,还包括擅自使用的情况。公章滥用从性质上有别于公章盗用。这是因为,滥用往往意味着行为人本身与公司之间存在一定关联,具有在某些方面或者某些领域表征公司意志的权力,享有致使相对人产生权利外观信赖的能力,不过行为人夸大了这种能力范围而已。而盗用公司印章的行为人往往与公司之间并不存在一定的关联性,难以形成有效的权利外观。正是基于此,在公章滥用的情形下,公司对公章滥用是否承担责任,主要应从公司相对人的角度考量行为人是否构成表见代理。总之,无论公章被借用、被盗用抑或被滥用的法律后果如何,都表明加盖公章可能并非公司真实意志的表达。

(二)印章并非表征公司意志的必要条件

一定情形下印章可以起到对公司代表权或者代理权进行补强、增信的功能,但并非证明公司代表权或者代理权的唯一载体。公司意志也并非只有通过印章才能表征出来,还存在其他的表征途径,如在营业场所进行行为、表明自己的职位和代理人身份、出示授权或者委托证明。除此之外,法定代表人也无须凭印章才能行使代表权。根据《民法典》第 61 条,依照法律或者法人章程的规定,法定代表人本身就可以代表公司,除非存在特别规定的情形如公司对外提供担保,法定代表人以公司名义进行的签字等就可以视为公司的意思表示。虽然在商事交易中,一般需要有法定代表人的签名并加盖公司印章,但并非只有两者相结合才能使合同生效。除非当事人另有约定,法定代表人的签名完全可以产生法律效力。[①] 如在"中铁九局集团成都工程有限公司、中诚信托有限责任公司信托纠纷民事申请再审审查民事裁定书"[②]中,中铁九局集团成都工程有限公司以借款合同上加盖的公司公章系刘某伟私刻为由,主张借款合同非其真实意思表示,其不应承担借款合同项下义务。法院认为:合同是否为当事人的真实意思表示,应综合签约人在签约之时是否具有代表权、合同相对人对签约人的代表权是否进行了谨慎审查等情

---

① 参见马向伟:《公司代表人制度法律适用问题研究》,载最高人民法院民事审判第二庭编:《商事审判指导》2011 年第 1 期(总第 22 辑),人民法院出版社 2011 年版,第 125 页。

② 最高人民法院民事裁定书,(2021)最高法民申 3680 号。

形进行判断;合同上公章的真假并非判断当事人真实意思表示的唯一依据。根据原审判决查明事实,借款合同订立时,刘某伟系中铁九局集团成都工程有限公司的法定代表人,中诚信托有限责任公司审查了该公司的工商登记资料以及《中铁九局集团成都工程有限公司股东会决议》,已经尽到了其合理注意义务。原审判决认定中铁九局集团成都工程有限公司未提交证据证明中诚信托有限责任公司为非善意相对人,刘某伟的行为系履职行为,其行为后果应当由中铁九局集团成都工程有限公司承担,有事实依据和法律依据。中铁九局集团成都工程有限公司关于原审法院未查明借款合同上公章的真假、依据伪造证据认定案件事实以及未准予其调取证据的申请违反法律规定等主张,均不能成立。除此之外,实践中基于客观情况以及诉讼需要,也允许公司法定代表人不必通过印章来显名,特别是在公司内部争权夺利,印章被某一方保管、抢夺或者印章遗失等场合,行为人只能通过其他方式来表明公司名义。[①] 司法机关一般也允许公司直接凭借法定代表人签署的文件参与诉讼活动,而不能以相关手续中缺乏公司印章为由予以拒绝。

(三)加盖印章表征公司意志并非国际通例

从世界范围内看,并非所有国家和地区都要求置备公司印章,主体识别与意思表示识别可以通过签名来实现。随着现代技术的发展,古老的印章制度在欧美已经罕见。签订合同、发布公告一般只需要代表人的签名,很少有像我国这样需要加盖所

---

① 参见殷秋实:《民法体系中的法人印章定位》,载《清华法学》2021 年第 4 期。

谓“公章”“合同专用章”“财务专用章”。[①] 如英国《2006 年公司法》第 45 条(公章)就规定:(1)公司可以但不必一定要有公章。(2)有公章的公司,应当将其名称清晰地刻在公章上。美国《特拉华州普通公司法》第 103 条 a 款第 2 项也明确规定,该法所谓需要签署的文件,只需公司授权的管理人员签字即可;同条 b 款第 2 项规定,所谓需要认证的文件可以只经签字,“无需其他”,签字人如有欺诈将受伪证罪惩处。此外,美国加利福尼亚州、纽约州等商业大州的公司法均不要求公司在对外签署合同等法律文件上盖章。早在 1925 年的判决中,特拉华州法院就明确公司对外发行的票据无须盖章即生效力,并且那时美国法律就早已确立盖章不是公司签署具有法律效力之合同的必要条件。当然,有些公司会出于仪式或者装饰需要刻制公章,但只要有签字,是否盖章对文件的法律效力不产生影响。至于如何区分签字是个人行为还是公司行为,美国公司的做法是:代表公司签字的时候,文件上会特别注明签字人的身份,而签字人是不是得到授权,可以在公司成立之初由董事会决议确定特定一个或者几个公司管理人员作为授权签字人,同时这项决议提交州务卿备案,公众可以从那里查核。[②] 由此可以看出,强化公司印章的对外公示或者表征效力并非世界通行的做法。

---

① 参见杨继:《中国股份公司法定代表人制度的存废》,载《现代法学》2004 年第 6 期。

② 参见罗培新:《抢了当当网的公章,除了抢走几块木头,啥也抢不走》,载上海市法学会微信公众号 2020 年 4 月 28 日,https://mp.weixin.qq.com/s/b87TzGnApjBGiSbTGo_2bQ。

二、加盖公司印章的效力评判

实践中针对加盖公司印章行为的合同效力评判，存在两种裁判思路：

第一种观点认为，合同效力审查应着重看盖章之人有无代表权或者代理权，将审查重点放在交易相对人是否有理由相信代表公司签字或盖章的行为人对公司相关事务享有代表权或代理权上，而非公章之真伪上。有代表权或者代理权的人即便加盖的是假公章，亦应认定其构成有权代表或者有权代理。如在"贵州丰鑫源矿业有限公司、新余市嘉利工贸有限公司债权转让合同纠纷再审审查与审判监督民事裁定书"①中，法院认为，在贵州丰鑫源矿业有限公司（以下简称丰鑫源公司）当时的实际控制人何某生、何某均签字确认的情况下，《借款及担保协议》上丰鑫源公司的公章与备案公章或使用过的公章是否一致，并不影响丰鑫源公司意思表示的真实性，原审法院未予同意对丰鑫源公司公章的真伪进行鉴定，并不影响案件事实的认定，审理程序亦无不当。又如，在"赖某明、汕头市浩程国信建筑有限公司民间借贷纠纷再审审查与审判监督民事裁定书"②中，法院也指出，在未取得合法有效委托书及提供亿湖公司同意担保的董事会决议或股东会决议的情形下，陈某在债权债务确认书上加盖亿湖公司公章和亿湖公司法定代表人印章的行为不能当然代表亿湖公司的真实意思表示，原审未支持赖某明要求亿湖公司承担保证

① 最高人民法院民事裁定书，(2018)最高法民申1918号。

② 最高人民法院民事裁定书，(2020)最高法民申2766号。

责任或者赔偿责任的主张，并无不妥。

第二种观点则认为，合同上加盖公司印章的意义在于该意思表示系印章显示的主体所为。假公章意味着该意思表示并非公司真实的意思表示，依法应当认定合同无效。反之，只要加盖的是真公章，即便盖章之人没有代表权或者代理权，也应由公章显示的主体承担民事责任。[①] 如在“康某强、张某祥借款合同纠纷再审民事判决书”[②]中，法院指出，公章是公司对外行为的主要证明，其代表法人意志对外签订合同及其他法律文件，除非存在《合同法》及《合同法司法解释二》规定的违反法律、行政法规中的效力性强制性规定的情形，一般应对公司具有法律效力。本案中，鑫福堂药业公司在借条担保人签注处加盖公司印章的行为，属于公司为股东提供担保的情形，虽然康某强未审查公司股东会决议存在瑕疵，但相对于个人而言，不宜过于严苛。

这两种处理思路反映出实践中对印章效力的不同认识。第二种观点属于“看章不看人”，将公章等同于公司意志的有效载体，公章表达的即为公司的真实意思。实践中还有类似的情形，如持有公司盖章的空白合同、空白介绍信等，也往往被视为是公司授权行为。实际上，这种观点值得斟酌。公司作为一个组织体，其意志的表达一定是通过享有代表权或者代理权的自然人来进行。“单纯的加盖印章从事交易行为，在欠缺身份、职务等其他附随事实的情形下，无法形成信赖表象是由印章姓名本人

① 参见最高人民法院民事审判第二庭编著：《〈全国法院民商事审判工作会议纪要〉理解与适用》，人民法院出版社2019年版，第289页。

② 最高人民法院民事判决书，(2018)最高法民再403号。

授权印章持有人代理权,不能构成任何代理权存在的外观,无法直接适用表见代理的规定”。[①] 因此,上述观点不当夸大了印章在经济社会生活中的表征能力,并且现实中存在形形色色的印章被不当使用的情形,尤其印章被盗用或者伪造的情况下,实在难言被盖章的文件即为公司的真实意思。例如,在“山西利虎玻璃(集团)有限公司、西藏自治区地质矿产勘查开发局第五地质大队企业借贷纠纷二审民事判决书”[②]中,法院指出,在通常交易中,公司公章具有确认公司法人意思表示的效力,但并非公司法人的意思表示本身。在某些特定交易中,应当考察加盖公章时的具体情形,以便准确认定意思表示的真实性。本案系发生在公司股东和公司之间的借款纠纷,公司公章能否对公司产生相关确认效力,应主要审查盖章行为是否确实出于羌塘公司的真实意思表示。现对账单仅有盖章,无相关人员签名,山西利虎玻璃(集团)有限公司也未举示相关证据证明对账单通过羌塘公司正常的审批流程形成,故在其兼具债权人和股东身份的山西利虎玻璃(集团)有限公司掌握公章的情况下,在对账单上加盖公章的行为并不能被确认为羌塘公司的真实意思表示,应进一步审查形成对账单的具体借款金额。

第一种观点属于“看人不看章”,主要看盖章之人是否具有公司的代表权或代理权。《九民会纪要》采取的就是这种思路。《九民会纪要》第41条提出,人民法院在审理案件时,应当主要审查签约人于盖章之时有无代表权或者代理权,从而根据代表

① 周立:《盖章与民刑交叉中的表见代理适用》,载《法律适用》2021年第11期。

② 最高人民法院民事判决书,(2021)最高法民终373号。

或者代理的相关规则来确定合同的效力。法定代表人或者其授权之人在合同上加盖法人公章的行为,表明其是以法人名义签订合同,除《公司法》第 16 条等法律对其职权有特别规定的情形外,应当由法人承担相应的法律后果。法人以法定代表人事后已无代表权、加盖的是假章、所盖之章与备案公章不一致等为由否定合同效力的,人民法院不予支持。代理人以被代理人名义签订合同,要取得合法授权。代理人取得合法授权后,以被代理人名义签订的合同,应当由被代理人承担责任。被代理人以代理人事后已无代理权、加盖的是假章、所盖之章与备案公章不一致等为由否定合同效力的,人民法院不予支持。也正是因为如此,在公司对外担保纠纷的处理中,并不苛责相对人要审查公司董事会、股东会或者股东大会上签字或者印章的真实性。在前述“招商银行股份有限公司大连东港支行与大连振邦氟涂料股份有限公司、大连振邦集团有限公司借款合同纠纷案”中,法院指出,案涉股东会担保决议确实存在部分股东印章虚假、使用变更前的公司印章等瑕疵,以及被担保股东大连振邦集团有限公司出现在股东会担保决议中等违背《公司法》规定的情形……振邦股份公司提供给招商银行股份有限公司大连东港支行(以下简称招行东港支行)的股东会决议上的签字及印章与其为担保行为当时提供给招行东港支行的签字及印章样本一致。而振邦股份公司向招行东港支行提供担保时使用的公司印章真实,亦有其法人代表真实签名,且案涉抵押担保在经过行政机关审查后也已办理了登记。至此,招行东港支行在接受担保人担保行为过程中的审查义务已经完成,其有理由相信作为担保公司法定代表人的周某本人代表行为的真实性。股东会担保决议中存在的相关瑕疵必须经过鉴定机关的鉴定方能识别,必须经过查询公司工商登记才能知晓、必须谙熟《公司法》相关规范才能避免因担保公司内部管理不善导致的风险,如若将此全部归属于担保债权人的审查义务范围,未免过于严苛,亦有违《合同法》《担保法》等保护交易安全的立法初衷。在"青海宏信混凝土有限公司、海天建设集团有限公司青海分公司民间借贷纠纷二审民事判决书"①中,法院也指出:"虽然经鉴定案涉《协议书》中海天建设集团有限公司青海分公司的印章印文与备案印章印文不一致,但因同一公司刻制多枚印章的情形在日常交易中大量存在,故不能仅以合同中加盖的印章印文与公司备案印章或常用业务印章印文不一致来否定公司行为的成立及其效力,而应当根据合同签订人盖章时是否有权代表或代理公司,或者交易相对人是否有合理理由相信其有权代表或代理公司进行相关民事行为来判断。"因此,盖章之人与公司之间的法律关系,单纯通过持有印章并不能达到完全的验证。盖章之人如欲表征其代表了公司的意志,不仅仅需要加盖公司印章,更需要盖章之人提供其具有代表权或者代理权的资料。

有关公司意志的有效代表问题,特别是法定代表人的制度设计问题仍是学界研讨的焦点之一。② 在众多公司对外担保纠

---

① 最高人民法院民事判决书,(2019)最高法民终1535号。

② 参见蔡立东:《论法定代表人的法律地位》,载《法学论坛》2017年第4期;袁碧华:《论自治视角下的公司代表制度》,载《法律科学》2022年第1期;袁碧华:《法定代表人的制度困境与自治理念下的革新》,载《政法论丛》2020年第6期;殷秋实:《法定代表人的内涵界定与制度定位》,载《法学》2017年第2期;赖虹宇、吴越:《法定代表人越权担保中的内部责任配置方式》,载《四川理工学院学报(社会科学版)》2018年第1期;等等。

纷中,很大程度上与签订担保合同的法定代表人或者持有印章的行为人是否能够代表公司的真实意思有关。因此,公司真实意志的代表问题至关重要。对此,笔者认为,一是需要对当前公司意志的代表制度进行制度革新,尤其要改革当前法定代表人内外职权配置失衡的状态。针对目前我国公司法领域法定代表人的法定登记、人数单一、规定过于刚性等情况,有学者提出要进行公司代表制度的自治性革新,允许公司自决是否登记其代表;赋予公司构建"委托—代表"与"委托—代理"关系的自由,由公司自决代表的资格与规模;区分有限公司与股份公司、登记代表与非登记代表、公司代表人与公司代表模式,分别建立符合公司意志的表意主体与模式的变更规则。[①] 但无论是参考德国公司法上的共同代表制,防止一人单独代表带来的风险;还是参考日本公司法上代表董事制,不规定代表董事的人数,也未禁止公司在章程中选任多个代表董事,[②]一个关键因素在于要解决法定代表人内外职权配置不一致的问题。当前,我国法定代表人对外承担着广泛的代表权,且为公司唯一的法定代表人,而在公司内部法定代表人的职权又受到各项法定或约定限制。这种内外职权的落差容易诱发道德风险,一些法定代表人利用其广泛的对外代表权而寻租,损害公司利益,[③]进而会造成在公司对外

① 参见袁碧华:《论自治视角下的公司代表制度》,载《法律科学》2022 年第 1 期。

② 日本商法规定了公司的使用人制度,如经理(日本《公司法》第 10 条、第 11 条)可以构成公司的表意主体。

③ 参见袁碧华:《法定代表人的制度困境与自治理念下的革新》,载《政法论丛》2020 年第 6 期。

担保等重要利益纠纷中,公司与交易相对人之间利益保护的纠结状态。况且唯一代表制与商业实践之间也存在一定冲突,公司经营活动中除了公司代表人对外行使代表权,还有经理、雇员、店员以及销售人员等扩展公司的活动,辅助公司对外进行交易活动。否则,如严格执行唯一代表制,公司的日常经营活动将受到很大掣肘,难以有效开展。因此,优化完善公司内部的职权配置,明确法定代表人的权力边界,解决好内外职权不匹配成为迫切需要解决的课题。二是要消除对法定代表人和印章等功能的传统认识和固有偏见。在我国法定代表人制度等未进行根本性调整的情况下,较为现实和迫切的问题在于对法定代表人等公司意志的代表功能、定位、范围等树立正确的认识。如同上面讨论的,涉及公司纠纷特别是公司对外担保纠纷,很多情况就是因对公司意志代表的片面认识所导致的。基于我国企业改制之前,厂长(经理)作为法定代表人对于企业人、财、物享有绝对的掌控力,集公司意志形成和意思表达权力于一体,一定程度上影响了人们对改制后法定代表人职权的不当认识、片面解读,认为法定代表人的职权“不受限制”“代表人签字即为公司行为”等。除此之外,印章问题同样如此。印信在传统社会中具有较强的表征能力。《史记》中所记载的“信陵君窃符救赵”就是典型例子。传统的“公章崇拜”也影响了在公司对外担保纠纷中相对人对公司真实意志的判断,很多案件中相对人都以公司在担保合同加盖印章作为抗辩理由。但随着社会发展,经济活动日益多元、复杂,单纯印信已难以承担起原有的证明能力。尤其在现代社会中,我国流行的这种独特的印章商业文化和国际惯例不符,容易在国际商业往来中造成不便。[①] 三是在评判公司意志的对外有效表达时，要摒弃有关公司意志表达的形式主义思维，秉持实质主义的思维模式，即在商事交易过程中抑或是诉讼过程中，某份协议或者书面材料是否代表了公司的真实意思，并不以印章等形式要件为准，更为关键的是要看与之签署协议或者出具书面材料的民事主体是否具有公司的代表权或者代理权。正如刘贵祥大法官所指出的，盖章问题的本质是代表权或者代理权问题，而不能将重点放在公章的真伪问题上。[②] 盖章之人为法定代表人或者有权代理人，即便其未在合同上盖章甚至盖的是假章，只要其在合同书上的签字是真实的，或者能够证明该假章是其自己加盖或其同意他人加盖的，仍应作为公司行为，由公司承担法律后果。反之，盖章之人如无代表权或者超越代理权的，即便加盖的是真公章，该合同仍然可能会因无权代表或者无权代理而最终归于无效。[③] 这不仅符合公司的真实意志，也有利于保护公司的合法权益，便于实际操作。毕竟在商事活动中，审查印章的真实性以及与备案印章的一致性，对于交易相对人的能力而言要求过高，同时也不利于交易的快速推进。相较之下，在商事谈判磋商过程中，审查具体行为人对于公司是否具有代表权，或者对于某一事项是否具有代理权则更为便利，也更具可操作性。

---

① 参见杨继：《中国股份公司法定代表人制度的存废》，载《现代法学》2004 年第 6 期。

② 参见最高人民法院民事审判第二庭编著：《〈全国法院民商事审判工作会议纪要〉理解与适用》，人民法院出版社 2019 年版，第 72 页。

③ 参见最高人民法院民事审判第二庭编著：《〈全国法院民商事审判工作会议纪要〉理解与适用》，人民法院出版社 2019 年版，第 290 页。

第六章　公司对外担保的效力评价及效果归属

作为组织体，与公司有关的法律关系既包括内部法律关系，更多地属于组织法层面的，主要调整公司、股东、董事、监事、高级管理人员等之间的权利义务关系；也包括外部法律关系，更多地属于交易法层面的，主要调整公司与其他市场主体之间的问题。以公司对外提供担保为例，在对外签订担保合同时，公司作为一方合同主体，有别于普通的自然人，至少需要完成两个法律行为，即内部形成对外担保公司决议的行为和对外签订担保合同的行为。公司决议行为本身并不直接和公司外的相对人之间产生法律关系，在公司决议通过之后仍需要由有权代表公司的代表人与相对人签订担保合同，由此公司决议行为才演化为代表人代表公司行为的权利来源。但如果公司未形成对外担保的决议，违规签订的对外担保合同的效力如何；如果公司虽形成了对外担保的决议，但作出决议的程序或者决议内容存在效力瑕疵，这种内部效力瑕疵是否具有“溢出效应”，能否影响对外担保合同的效力等，都是研讨公司对外担保问题中难以避免的重要课题。

第一节　公司对外担保的决议效力评价

公司决议主要是指公司按照法律或者公司章程规定的议事方式和表决程序作出决议的行为，是一种议事方式、解决问题的手段和方法，更是一种找寻大多数人意见的机制。根据《民法典》第134条的规定，公司决议行为与双方行为、多方行为同属民事法律行为的范畴，其效力需要遵循民法上有关民事法律行为的规则调整。当然，公司决议相较于其他民事法律行为，又存在一定的特殊性。一是公司决议虽然涉及多个主体，但并不要求所有主体的意思表示完全一致，而只要求意思表示一致的程度符合法律或者章程规定即可。二是在决议行为中，即使是表达不同意思的当事人，仍然要受到决议行为的约束，而在双方行为、多方行为中，当事人不同的意思表示则足以使其摆脱该行为的约束。[①] 三是相较于自然人的意志形成过程，公司决议作为团体意志的形成具有较强的“可视性”。无论董事会决议还是股东会决议都遵循一定程序，且以书面形式被固定下来，这使公司决议作为独立法律行为具备了进行法效果评价的基础。

一、公司对外提供担保的决议效力

至于公司决议瑕疵问题，《公司法》第22条第1款规定，公

① 参见张新宝：《〈中华人民共和国民法总则〉释义》，中国人民大学出版社2017年版，第264～265页。

司股东会或者股东大会、董事会的决议内容违反法律、行政法规的无效。第 2 款规定,股东会或者股东大会、董事会的会议召集程序、表决方式违反法律、行政法规或者公司章程,或者决议内容违反公司章程的,股东可以自决议作出之日起 60 日内,请求人民法院撤销。最高人民法院《关于适用〈中华人民共和国公司法〉若干问题的规定(四)》(2020 修正,以下简称《公司法司法解释四》)在此基础上又增设了"公司决议不成立"的情形,由此使公司决议瑕疵规则由无效、可撤销的"二分法"调整为无效、不成立、可撤销的"三分法"。公司违规提供担保的决议属于无效,还是可撤销抑或不成立,则殊值探讨。

(一)公司违规作出的担保决议是否属于决议无效

根据《民法典》第 134 条第 2 款的规定,公司决议行为已被纳入民事法律行为的范畴之内,其效力状态理应按照民事法律行为的效力模式进行认定,但《公司法》上有关公司决议的无效规定,又有别于《民法典》。《民法典》第 143 条第 3 项规定,民事法律行为有效要件在于"不违反法律、行政法规的强制性规定,不违背公序良俗"。第 153 条第 1 款更是规定:"违反法律、行政法规的强制性规定的民事法律行为无效。但是,该强制性规定不导致该民事法律行为无效的除外。"根据《民法典》的规定和精神,并非违反了法律、行政法规的民事法律行为就一定无效,而是要违反了法律、行政法规中"强制性规定"的才无效。相较之下,《公司法》第 22 条有关公司决议无效的范围更加宽泛。在《公司法》有关决议无效规定未作调整的情况下,是遵循新法优于旧法,适用《民法典》的规定;还是遵循特别法优先于一般法,适用《公司法》的规定,值得思考。

一般而言,从法律体系结构来看,《民法典》与《公司法》之间是一般法与商事特别法之间的关系。《九民会纪要》就“民法总则与公司法的关系及其适用”中指出,公司法中涉及民法总则的内容,规定一致的,适用民法总则或者公司法皆可;规定不一致的,根据《民法总则》第 11 条①有关“其他法律对民事关系有特别规定的,依照其规定”的规定,原则上应当适用公司法的规定。但也有例外:就同一事项,民法总则在制定时有意修正公司法有关条款的,应当适用民法总则的规定;民法总则在公司法规定的基础上增加了新内容的,应当适用民法总则的规定。《九民会纪要》之后,《民法典》基本全面继受了《民法总则》的相关规定,《九民会纪要》有关《民法总则》与《公司法》的关系与适用的指导意见,同样可以适用于调整《民法典》与《公司法》的关系。实际上,有关公司违规作出担保决议的,是否因违反法律、行政法规而无效,《民法典》作为新法已经对 2018 年修正的《公司法》作了相应的调整,因此在这一问题上,笔者认为不宜将有关《民法典》和《公司法》的规定运用一般法和特别法的关系来适用,而应当运用新法和旧法的关系来适用,即“公司决议内容违法无效”的空间应当结合《民法典》等新规定进一步限缩。对于公司违反法律、行政法规,就对外提供担保作出决议的,如果未违反法律、行政法规强制性规定的情形下,难言一定是无效的。对此,有学者提出,可以将公司决议内容违法无效的情形限定为:滥用股东权利严重损害公司、其

---

① 已废止,对应《民法典》第 11 条。

他股东利益的决议，损害债权人及其他第三人利益的决议，损害国家利益、公共利益及违反公序良俗的决议等三种情形。[①] 但无论如何，可以达成共识的是在公司违规对外提供担保情况下，无论在相对人善意情况下由公司承担担保责任，还是在相对人非善意情况下公司根据过错程度承担其他民事责任，无疑都损害了公司和其他股东利益，此时应当赋予公司股东、董事和监事以公司为被告，申请司法机关确认相关公司担保决议无效的权利；并可依据《公司法》第 112 条、第 149 条的规定追究相关董事的责任。

（二）公司违规作出的担保决议是否属于决议可撤销

根据《公司法》第 22 条第 2 款的规定，董事会、股东会或者股东大会决议存在瑕疵的可以撤销。这种瑕疵既包括股东会或者股东大会、董事会的会议召集程序、表决方式违反法律、行政法规或者公司章程等程序上的瑕疵，如主持人与召集人瑕疵、会议通知瑕疵、出席人瑕疵、表决权行使瑕疵；也包括公司对外担保的限额决议等内容上的瑕疵。根据《公司法》的相关规定，公司对外提供担保的决议，如果会议召集程序、表决方式不符合公司章程的规定或者违反了有关法律、行政法规的规定；或者决议内容违反了公司章程关于对外担保的限额等规定的，公司股东可以主张撤销相关的对外担保决议。

① 参见吴飞飞：《〈公司法〉修订背景下公司决议规则重点立法问题探讨》，载《经贸法律评论》2021 年第 5 期。

(三)公司违规提供担保是否构成决议不成立

一般决议行为的成立需要满足三个方面条件:一是公司召开了股东会议或者董事会议;二是股东会议或者董事会议作出过决议;三是决议满足多数决的要求。如果一项公司决议不满足上述要件,则可能构成公司决议不成立。《公司法司法解释四》(2020 修正)第 5 条规定了 5 种当事人可以主张决议不成立的情形:(1)公司未召开会议的,但依据《公司法》第 37 条第 2 款或者公司章程规定可以不召开股东会或者股东大会而直接作出决定,并由全体股东在决定文件上签名、盖章的除外;(2)会议未对决议事项进行表决的;(3)出席会议的人数或者股东所持表决权不符合《公司法》或者公司章程规定的;(4)会议的表决结果未达到《公司法》或者公司章程规定的通过比例的;(5)导致决议不成立的其他情形。在公司对外提供担保问题上,出现较多的是上述第一类、第二类情形,即公司法定代表人利用职权在未经股东会决议的情况下对外签订担保合同,或法定代表人伪造公司决议对外签订担保合同等。这些案件,公司决议自始至终没有存在过,自然谈不上决议无效或者可撤销,此时应当赋予公司股东、董事、监事等向司法机关请求确认股东会或者股东大会、董事会决议不成立的权利。

值得注意的是,依照《公司法司法解释四》(2020 年修正)第 5 条第 1 项,公司虽然未召开股东(大)会会议,但依照《公司法》第 37 条第 2 款或者公司章程规定可以不召开股东(大)会会议而直接作出决定,并由全体股东在决定文件上签名、盖章的,仍然成立决议。与会议表决不同,这种方式被称为书面表决。为他人提供担保虽然不在《公司法》第37条列举的事项范围之内,但既然对于公司合并、分立、解散、增减资等重大事项可以采用书面表决的方式,则依据“举重以明轻”的法理,对于担保事宜,当然也可以采用书面表决方式。而依照《公司法》第37条第2款,通过书面表决形成决议以全体股东一致同意待决议事项为前提,而不是采用多数决原则。这一点在《九民会纪要》以及《民法典担保制度司法解释》中都有所涉及。如《九民会纪要》第19条就规定了“即便债权人知道或者应当知道没有公司机关决议,也应当认定担保合同符合公司的真实意思表示”,进而认定担保合同有效的四种情形。这四种情形之所以无须机关决议,主要是基于“如果案件事实表明担保是为了公司的利益,可以认定公司具有对外提供担保的真实意思表示。如果仅因公司没有做出决议就认定公司不承担责任,不仅会扰乱已安定的公司交易秩序,也容易滋生公司恶意逃避担保责任的道德风险”。[①]《民法典担保制度司法解释》第8条更是规定,公司以其未依照《公司法》关于公司对外担保的规定作出决议为由主张不承担担保责任的,人民法院不予支持:(1)金融机构开立保函或者担保公司提供担保;(2)公司为其全资子公司开展经营活动提供担保;(3)担保合同系由单独或者共同持有公司2/3以上对担保事项有表决权的股东签字同意。上述规定基本上都沿袭了有关公司决议成立与否的评判思路。

总之,有关对外提供担保的董事会、股东会或者股东大会决

---

① 最高人民法院民事审判第二庭编著:《〈全国法院民商事审判工作会议纪要〉理解与适用》,人民法院出版社2019年版,第189页。

议被确认无效或者被撤销，抑或被确认决议不成立，就意味着公司意思形成阶段并未实现预期目标，并未形成有效的担保决议。进而在缺失公司对外担保的内部有效意志的情况下，公司法定代表人也就缺失了授权基础，在公司意思表达阶段其对外签订担保合同的理应视为越权担保行为。

二、公司担保瑕疵决议的外部效力

一旦公司为他人提供担保的内部决议被认定不成立、无效或者被撤销，这种“公司意思的缺失”①是否影响公司与相对人签订的外部担保合同的效力？对于这一问题，一直以来都是学界和实务界研讨的问题之一，②实践中较为主流的观点基本都从保护交易安全、维护交易秩序等角度出发，倾向于遵循“内外有别”的总基调。就公司内部关系而言，如果内部法律行为因违反法律、行政法规和公司章程的规定，被依法认定为无效或者予以撤销，甚至相关人员的法律责任依法被追究；依据该法律行为与其他民事主体形成的外部法律关系，通常不因此而认定为无效或者可撤销，除非与之订立外部协议的当事人与公司内部人员恶意串通，以损害公司利益为目的而缔约。之所以遵循内外有别，

---

① 马更新：《公司担保中决议形成程序与合同效力认定间牵连关系探析》，载《法学杂志》2020年第6期。

② 李建伟教授就公司决议的外部效力概括出决议为公司内部的意思形成，决议为外部法律行为的效力基础，内外区分原则之误用，民法善意之不当商用，股东大会、董事会决议外部效力等同论，越权代表的法定、意定限制等同论等六个方面的误区。参见李建伟：《公司决议的外部效力研究——〈民法典〉第85条法教义学分析》，载《法学评论》2020年第4期。

本质上在于决议属于公司内部行为,缺少公示的社会效力,难以为外部社会所知晓。这种思路在《公司法司法解释四》(2020 修正)中得到了较好的贯彻。《公司法司法解释四》(2020 修正)第6 条从法政策角度规定"股东会或者股东大会、董事会决议被人民法院判决确认无效或者撤销的,公司依据该决议与善意相对人形成的民事法律关系不受影响"。其后《民法典》也基本上遵循了这一思路。如《民法典》第 85 条设置了善意相对人"安全港规则",规定营利法人依据被撤销决议与善意相对人形成的民事法律关系不受影响。类似的条款还有《民法典》第 94 条第 2 款,该款规定捐助法人依据该决定(可撤销)与善意相对人形成的民事法律关系不受影响。对于捐助法人同样遵循内部法律关系和外部法律关系相区分的思路。也正是在这种思路的指引下,在相当一段时间内,一些司法机关将公司担保决议的有无及有效问题都作为公司内部治理问题;即便公司有关担保的决议被确认无效,也只能在公司内部发生效力,并不影响其对外形成的法律关系的效力。如前所述"绵阳市红日实业有限公司、蒋某诉绵阳高新区科创实业有限公司股东会决议效力及公司增资纠纷再审案"[①]中,法院就指出,出于保护善意第三人和维护交易安全的考虑,在公司内部意思形成过程存在瑕疵的情况下,只要对外的表示行为不存在无效的情形,公司就应受其表示行为的制约。

综观上述法律法规和司法解释,仍存在两个方面值得探讨

---

① 最高人民法院(2010)民提字第 48 号民事判决书,载《最高人民法院公报》2011 年第 3 期。

和完善的空间：一是内部决议外部效力的规则仍有待健全完善。一方面，上述法律和司法解释规定的都是公司决议被确认无效或者被撤销时，不具有外部拘束力，但在公司决议不成立的情况下，公司与外部第三人所实施的法律行为效力如何，上述法律和法政策层面并未作出明确说明，仍然存在一定的制度空白。另一方面，上述法律和司法解释都一致性地明确公司根据无效或者被撤销的决议与善意相对人形成的民事法律关系不受影响，将法律行为的效力取决于相对人是否“善意”，但并未明确如果行为人并非“善意”相对人时，法律行为的效力如何？当然，根据《民法典》第85条的规定，能够反推出的结论是：公司依据被撤销的公司决议与非善意相对人形成的民事法律关系是受影响的，但这种影响究竟是无效、可撤销，还是效力待定抑或是不生效，还有待明确。二是“内外有别”的效力规则并非普适性的。在实践中，一定情形下内部法律关系和外部法律关系之间又存在“剪不断理还乱”的关系。笔者认为，公司的内外法律关系之所以产生在于公司作为组织体，其意思形成和意思表达的主体和阶段是分离的，意思形成的是内部法律关系，而外部法律关系主要产生在外部意思表达阶段。从原则上讲，内部法律关系和外部法律关系是脱离的，首先，二者产生的阶段不同；其次，二者主体也不同，内部法律关系主要涉及公司法定代表人、董事、股东会和董事会之间的法律关系，而外部法律关系主要涉及公司、法定代表人和交易相对人之间的法律关系；最后，二者侧重点不同，内部法律关系的目标在于通过一定程序和机制最大限度地凝聚股东或者董事们的共识，确保形成有关公司经营发展的有效意志，而外部法律关系则在于通过公司代表机关与相对人的交易行为,将公司经营发展的意志得到贯彻,实现公司发展的目标。这种差异性恰恰为内外法律关系之间的区别提供了基础。作为两个独立的法律行为,具有独立的成立、生效要件,效力自然应当分别评价,互不干涉,即原则上公司内部法律关系并不产生对外的拘束力,至多作为公司外部法律关系的基础法律关系而存在。但公司内外法律关系之间又并非截然分开的,首先,内外法律关系的目的都是一致的,虽然各有侧重,但又各司其职、相互配合,归根结底都在于实现公司的生存和健康发展;其次,二者的主体都是公司机构的组成部分;最后,正常情况下公司意思表达阶段所进行的交易行为都在于落实公司已经形成的有效意志。而公司决议的外部拘束力就意味着在某种情形下公司内部法律关系会影响外部法律关系,二者之间需要一定的管道或者机制来完成这项使命,而这种管道或者机制就在于公示。因为公司决议属于公司内部治理的内容,一般情况下并不为作为外部人员的交易相对人所了解、所知晓,让相对人去承担由此而产生的法律后果,是其不能承受之重,对其也有失公平;而只有让这些决议内容或者事项通过强大的公示机制被普罗大众所广泛知晓,交易相对人拥有了充分“知情权”,公司与相对人才能站在交易信息的同一“起跑线”上,此时交易的公平性和正当性才获得了应有的保证和支撑。而最强的公示机制莫过于法律法规的规定。在法律法规的强大公示效力下,任何人均不得以不知法律法规有规定或宣称对法律法规有不同理解而免于适用该法律法规。正如学者所指出的,“关于决议溢出组织效力之法理,兹举例论证,就是多数国家公司法承认的法定议决事项做出的股东大会决议的溢出效力,基本原理约略为:若法律规定公司实施某种外部法律行为须以股东大会决议为基础,视为全社会成员明知;决议被否定后,如外部法律行为的效力绝对不受影响,将直接架空法律规定”。[①] 公司对外提供担保就属于此种情形。《公司法》第16条的立法目的在于规范公司内部有关作出担保的意思形成程序,虽然直接调整的是公司内部法律关系,而非规范公司与交易相对人之间的外部法律关系,但公司对外提供担保的内部决议并非与外部的担保合同无任何关联。基于《公司法》第16条第1款、第2款,公司对外为他人提供一般担保以及为公司股东和实际控制人提供关联担保都需要作出相应的决议。此时任何人不得以不知晓法律规定而要求免责,任何与公司签订担保合同的债权人不得以公司决议仅系公司内部治理行为而疏于审查义务,否则将内外行为完全区分,就意味着法律绝对地保护相对人利益,而忽略公司、股东利益,无法形成利益之间的平衡。类似的虽然属于公司内部决议却同样具有“溢出效益”的,还有法律明确规定的须由股东大会决定的其他决议事项,如《公司法》第37条第1款第7～9项以及第99条、第121条、第133条、第161条第1款、第166条第3款规定的事项。这些内部的公司决议之所以能够产生外部拘束力,其理论机理就在于法律法规的强大公示和普遍适用效力。正是由于法律法规对某些内部决议事项已有明确的决议要求,就使内部法律关系与外部法律关系之间产生了牵连或者联动关系,“内部决议”就具有了“溢出效应”。除了法律法规具有这种桥梁作用外,有学

---

① 李建伟:《公司决议的外部效力研究——〈民法典〉第85条法教义学分析》,载《法学评论》2020年第4期。

者还提出通过合同约定也可以实现将公司内部决议赋予外部扩张性的效果,即将公司内部股东会或者董事会决议理解为交易合同的生效要件抑或是缔约时公司合意的构成部分,此时本来在公司内部生效的股东会或者董事会决议,其效力可扩展至交易相对人。① 但笔者的理解是,此时所谓公司内部决议的外部扩张实质上是交易合同本身的效力使然,是基于让公司决议生效成为交易合同生效的构成要件的结果,而并非公司决议效力的外部扩张。

基于以上分析,对于公司违规提供担保的内外效力问题上,虽然违反了《公司法》第 16 条及相关条文的规定并未直接影响公司对外提供担保的合同效力,但公司决议本身在《公司法》上确实涉嫌违法、违规、违章等负面评价的,当然会发生《公司法》上的法律效果。首先,应当依照《公司法》的方法进行处理。对此《公司法》第 22 条和《公司法司法解释四》(2020 修正)等已经提供了内部救济途径,即公司股东等可以以公司决议违反公司章程或者存在其他瑕疵提起撤销之诉;如果决议内容违反法律、行政法规的强制性规定或者程序出现严重瑕疵的,还可以提起决议无效或者决议不存在的诉讼。其次,根据“内外有别”的基本原则和理念,公司对外提供担保的内部决议即使经司法裁判被宣布无效或者被撤销,亦不必然影响公司对外提供担保合同的效力,公司应当继续履行担保合同。在法定代表人代表公司与相对人签订担保合同时,相关公司决议推定是有效的,且决议

① 参见蒋大兴:《公司组织意思表示之特殊构造——不完全代表/代理与公司内部决议之外部效力》,载《比较法研究》2020 年第 3 期。

有效性并非相对人必须审查的内容，否则不仅超出相对人的惯常审查能力，也不当增加了交易成本，损害了交易效率。只有在相对人恶意的情况下，即相对人知道或者应当知道公司违反《公司法》第16条规定签订担保合同时，才可能发生担保合同不发生效力的后果。

第二节　公司对外担保的合同效力评判

公司违规对外提供担保中，既对内损害了公司及股东利益，加剧公司经营风险，削弱了公司竞争力；又对外影响到作为债权人的相对人的权益，影响了交易安全。换言之，公司对外担保涉及公司内部利益与外部权益的平衡问题，而二者平衡的落脚点或者说担保合同效力评价的基点就在于作为债权人的相对人在接受担保时是否履行了合理的审查义务。

一、相对人对公司担保合同审查义务的确立

公司对外提供担保时，是否要课以相对人一定的合同审查义务，即未进行审查是否应当承担责任，实践中一直存在争论。有观点认为，相对人并无审查担保人是否作出决议的义务，未进行审查不应被认定存在重大过失。其理由主要在于：一是法人内部关系和外部关系的区分理论。在他们看来，法定代表人实施交易行为时，实际是否取得有关机关的同意或者批准，属于法人的内部事务，相对人不负调查义务。法律规定虽然应当推定所有人都知晓，但不能据此认定担保权人在接受担保时负有审

查担保公司章程的义务,否则无异于将董事等对公司所负的忠实义务,通过法律推定通知作用,实质上转嫁于担保权人,使本来由公司承担的损失,转由担保权人承担。[①] 二是权利外观理论。法定代表人可代表公司签订担保合同,相对人有理由信赖其本人或者其授权的代理人签订的担保合同。三是课以相对人一定的合同审查义务不具有操作性。在商业操作中,合同相对人对公司决议是否成立、数额是否超出公司章程规定的限额、担保对象是否为公司股东、实际控制人等证据难以收集;如果课以相对人一定的形式审查义务,对决议的真实性、合法性不负实质审查义务,那么这种审查又失去了应有的价值。[②] 不仅如此,否定相对人的审查义务并非仅仅是学界见解。例如,澳大利亚在处理公司的契约责任时,基于保护善意交易第三人和促进交易效率的总体原则,在很大程度上免除了交易第三人进行调查的义务,而将保证程序正当和实体授权等要件的负担交给了公司。有学者认为,从法经济学的角度来看,这不失为一种合理的制度安排,因为与交易第三人相比,公司承受这些负担的经济成本显然低很多,毕竟公司更了解自己的情况,更清楚哪些程序需要履行,并有足够动力采取相应措施去有效避免由于职员越权代理等问题而导致的公司契约责任。[③]

《九民会纪要》和《民法典担保制度司法解释》并未采取上述

---

① 参见孙英:《公司章程效力研究》,法律出版社 2013 年版,第 299 页。

② 参见钱玉林:《寻找公司担保的裁判规范》,载《法学》2013 年第 3 期。

③ 参见黄辉:《现代公司法比较研究——国际经验及对中国的启示》,清华大学出版社 2020 年版,第 143 页。

观点,仍然课以相对人在与公司订立担保合同时需要承担一定的审查义务。例如,《九民会纪要》第 18 条规定,债权人(相对人)对公司机关决议内容的审查一般限于形式审查,只要求尽到必要的注意义务即可。《民法典担保制度司法解释》第 7 条则规定,相对人有证据证明已对公司决议进行了合理审查,人民法院应当认定其构成善意,但是公司有证据证明相对人知道或者应当知道决议系伪造、变造的除外。对此,首先,从法经济学角度来看,赋予相对人一定的审查义务是合理的。在公司对外担保问题上,只要求担保人提供公司同意担保的董事会、股东会或者股东大会决议,履行交易成本并不高;相较而言,要求公司时刻防范其法定代表人未经公司决议擅自对外签字或者盖章,在实务中却是难以做到的。其次,就公平角度而言,鉴于担保业务并非一般公司的日常经营范围,在接受公司担保之前,相对人要求公司说明或者出示公司章程规定的要求合情合理,而公司的出示义务属于诚实信用原则的应有之义。进一步说,在公司提供担保的情形中,担保权人(相对人)本身就是受益者,对其课以一定的审查义务并不会导致权利义务的失衡。① 最后,就成本核算角度而言,英国 1842 年的"戴维斯诉曼恩案"可以给予我们较好的启示。在该案中,原告一方将驴子拴在路边,被告驾驶一辆三驾马车从略微倾斜的山坡上以目击者所称较快的速度冲下来,把原告的驴子撞倒并从驴子身上碾轧过去,导致驴子死亡。在该案初审环节,法官告诉陪审团,要是他们认为,假如赶车人采

---

① 参见周林彬、方斯远:《公司对外担保的法律适用问题探讨》,载王利明主编:《判解研究》2011 年第 4 辑,人民法院出版社 2012 年版,第 43 页。

取了一般的谨慎措施,事故就可以避免的话,就支持原告。结果陪审团作出了有利于原告的裁决。被告认为,因为初审法院的法官对陪审团作出了错误的指示,才使其败诉。于是被告提出重审,首席法官阿宾格勋爵给出了这样的意见:由于被告可以采取适当的谨慎措施来避免伤害驴子但他没有那样做,他要对他的过失所造成的后果负起责任,尽管这只驴子确实不应该停留在那里。如此,被告的意见被否决了。该案件之后形成一个司法裁判规则——“最后避让规则”:如果事故的当事人双方都有过失,没利用好能避免事故发生的最后避让机会的一方当事人被认为应该对这个事故引起的损失负责。该案件还提供了一个重要启示:法律应该为避免事故提供激励。[①] 对于违背《公司法》第16条所作出的公司担保而言,相对人作为担保合同的当事人,相对于公司股东、无担保债权人、公司员工而言更容易通过采取一定的审查措施来避免法律风险。因为,鉴于当前公司担保登记制度体系有待健全完善,公司其他股东、无担保债权人、员工往往只是在相对人行使其债权的时候才获知担保情况。在签订担保合同时,担保债权人作为合同相对人完全可以通过要求担保公司提供公司章程文本或者公司股东(大)会、董事会的担保决议文件,以避免将来因担保合同违背公司内部担保决议规则而诉诸法院,即相对人的风险防范成本更低、更小。除此之外,适用维护交易安全或者交易效率来注解否定相对人审查义务的合理性也是比较牵强的。如同前述内容,公司担保决议的

---

① 参见[美]罗伯特·考特、托马斯·尤伦:《法和经济学》,史晋川、董雪兵等译,格致出版社、上海三联书店、上海人民出版社2012年版,第59~61页。

形成有着不同于自然人意志的特殊构造,其意志形成过程具备较强的“可视性”,既需要遵循一定的程序又需要依托书面形式固定下来,判断公司担保决议是否符合公司真实意志,并不似自然人那么困难,因此课以相对人一定的审查义务并不对交易安全抑或交易效率带来多大的负面影响。

虽然有学者提出,课以相对人形式上的审查义务,没有多大实际作用,但这种形式上审查义务的赋予,却可以产生“倒逼”效应:一方面,对于保障对外提供担保确系公司自身的真实意志产生一定的推动作用,公司在对外提供担保之前,相对人会审查公司章程,董事会或者股东会、股东大会的决议等内容,在一定程度上会提升公司对外提供担保行为的严肃性和规范性。另一方面,形式上审查义务的赋予在于确保相对人主观层面的善意,具有法律上予以保护的必要性。毕竟在公司违规提供担保纠纷中,公司所代表的静态安全利益与相对人所代表的动态安全利益,均具有法律上的依据,因此相对人在双方利益均具有合理性的基础上,如若要获得倾斜性的保护,起码应履行了形式上必要的、合理的审查,不具有主观上可非难性。

二、相对人对公司担保合同的审查限度

针对相对人对公司担保合同的审查限度,《九民会纪要》的出台受到“急用先立”等思路的影响,在有些规则和表述方面有待科学完善;《民法典担保制度司法解释》则在继承《九民会纪要》的基础上,又作了新的发展和创新。这主要表现为:首先,《民法典担保制度司法解释》依据《民法典》对越权代表的法律后果进行了新的阐述。在《九民会纪要》中,法定代表人越权提

供担保的,要区分订立合同时债权人是否善意来认定合同效力:债权人善意的,合同有效;反之,合同无效。而《民法典担保制度司法解释》则根据《民法典》第504条有关越权代表的规定,明确“相对人非善意的,担保合同对公司不发生效力”。这更符合法律的精神实质。尤其是就“善意”主体的表述,《九民会纪要》使用的是“债权人”,这种表述本身就带有对涉案债权债务关系,尤其是当事人的地位进行预先定性的问题,而《民法典担保制度司法解释》使用了“相对人”的概念。这种表述既和《民法典》第61条第3款中的“善意相对人”保持了一致性,也未对另一方当事人在交易中的地位进行预设定性,较为中性,更具有科学性和合理性。

其次,也是最为重要的,就相对人“善意”的认定上,《民法典担保制度司法解释》结合司法实践提高了相对人的审查义务标准。《九民会纪要》提出,要课以债权人(相对人)形式审查义务,“只要求尽到必要的注意义务即可,标准不宜太过严苛”。毕竟相对人并非公司的内部人,难以了解公司决议的具体情况;相对人对公司决议的形式审查,主要包括:一是审查股东或者董事的身份是否属实;二是在关联担保情况下,应当回避表决的股东是否参与表决。① 至于公司以机关决议系法定代表人伪造或者变造、决议程序违法、签章(名)不实、担保金额超过法定限额等事由抗辩债权人非善意的,一般不予支持,除非公司有证据证明债权人明知决议系伪造或者变造。例如,在“雷士照明(中国)有

① 参见最高人民法院民事审判第二庭编著:《〈全国法院民商事审判工作会议纪要〉理解与适用》,人民法院出版社2019年版,第187页。

限公司、广东南粤银行股份有限公司重庆沙坪坝支行金融借款合同纠纷再审审查与审判监督民事裁定书”①中，法院认为：“雷士照明（中国）有限公司（以下简称雷士照明公司）与广东南粤银行股份有限公司重庆沙坪坝支行（以下简称南粤银行沙坪坝支行）签订保证合同时，提供了雷士照明公司同意为恩纬西实业公司提供担保的股东会决议，南粤银行沙坪坝支行对股东会决议上加盖的雷士照明公司的股东印章的真实性没有进一步审查的义务。雷士照明公司虽举示其股东会决议上加盖的股东香港雷士照明公司印章，与雷士照明公司章程和雷士照明公司工商备案中的股东香港雷士照明公司印章制式不一，但仅凭此，不能认定南粤银行沙坪坝支行明知雷士照明公司股东会决议上加盖的香港雷士照明公司印章为虚假。股东会决议以及吴某江是否超越权限均为雷士照明公司的公司内部行为，并无证据表明南粤银行沙坪坝支行与之恶意串通，故不能因此而否定雷士照明公司对外提供担保之效力。”归根结底，这种形式审查义务只需要相对人对公司对外提供担保时是否通过公司决议程序履行“必要的注意义务”，其标准相对宽松，对相对人的要求也较低。《民法典担保制度司法解释》第7条则规定，相对人要“有证据证明已对公司决议进行了合理审查”。虽然合理审查并非全面的实质性审查，但这种“合理审查”显然比《九民会纪要》中所采用的“形式审查”标准高多了。

相对人在订立担保合同时需要审查哪些内容，审查到什么程度才构成“合理审查”，《民法典担保制度司法解释》并未作出

① 最高人民法院民事裁定书，(2018)最高法民申206号。

细化规定。最高人民法院民事审判第二庭在《最高人民法院民法典担保制度司法解释理解与适用》一书中指出,相对人的合理审查义务,当然包括了审查章程的义务,在章程明确规定对外提供担保需要由股东会或者股东大会决议的情况下,法定代表人仅提供董事会决议,相对人接受的,不能认定其为善意相对人。形式审查与合理审查标准的区别,在很大程度上就在于应否审查章程。① 具体个案中合理审查的限度问题,更多地留给司法机关在个案中作具体判断。对此,笔者认为,有关"合理审查"涉及审查内容、审查程度等多方面的综合评判和系统认定。首先在审查内容上,如认定相对人的审查属于"合理",则需要做好以下四个方面的审查工作。

一是要审查公司对外提供的是一般担保还是关联担保。《公司法》第16条针对关联担保和一般担保的决议机关、决议规则等都有不同规定,这就使相对人在接受公司担保时,第一步要做的是审查公司是否系为公司股东或者实际控制人提供担保。对于公司股东的审查,有限责任公司和股份有限公司存在不同。根据《市场主体登记管理条例》第9条②的规定,有限责任公司的

---

① 参见最高人民法院民事审判第二庭:《最高人民法院民法典担保制度司法解释理解与适用》,人民法院出版社2021年版,第136页。

② 《市场主体登记管理条例》(国务院令第746号)第9条规定:"市场主体的下列事项应当向登记机关办理备案:(一)章程或者合伙协议;(二)经营期限或者合伙期限;(三)有限责任公司股东或者股份有限公司发起人认缴的出资数额,合伙企业合伙人认缴或者实际缴付的出资数额、缴付期限和出资方式;(四)公司董事、监事、高级管理人员;(五)农民专业合作社(联合社)成员;(六)参加经营的个体工商户家庭成员姓名;(七)市场主体登记联络员、外商投资企业法律文件送达接受人;(八)公司、合伙企业等市场主体受益所有人相关信息;(九)法律、行政法规规定的其他事项。"

股东身份可以通过在登记机关备案的公司章程得以确认；而对于股份有限公司，公司章程仅记载公司发起人的姓名或名称，且股东人数众多、股权转让频繁，依照公司章程的记载来确认股东身份存在操作上的困难，故相对人可以要求公司提供股东名册以作审查。[①] 至于公司为隐名股东提供担保的，显然超出了相对人合理审查的限度。而对于实际控制人，《公司法》第 216 条将其界定为“虽不是公司的股东，但通过投资关系、协议或者其他安排，能够实际支配公司行为的人”。实际控制人的核心和关键在于其对公司的经营运行具有相当的、实质性的控制力，而这种控制往往通过间接手段来实现，具有相当隐匿性，这就给实际控制人的审查带来一定的困难。司法实践中，实际控制人主要基于股权投资关系、家族亲缘关系、特定身份、特定职务、特定协议关系而实际控制目标公司。[②] 在这些间接手段中，相对人可以通过持股比例等来识别基于股权投资关系的实际控制人，而对于基于其他人身关系或者特定职务、身份等的实际控制人，课以相对人审查义务显然有些过高。

二是要审查公司对外担保的决议主体是否适格。根据《公司法》第 16 条第 2 款的规定，在关联担保中，只有股东会或股东大会才是适格的决议主体，相对人若仅仅审查相关董事会决议，显然并不足以证明其为善意主体。在一般担保中，决议主体适

---

① 参见高圣平：《再论公司法定代表人越权担保的法律效力》，载《现代法学》2021 年第 6 期。

② 参见虞政平、王朝辉、吴飞飞：《论公司人格否认规则对实际控制人的适用》，载《法律适用》2021 年第 2 期。

格要结合公司章程的规定来加以判断。如果公司章程没有规定的，无论是董事会、股东会抑或股东大会都属于适格主体。如果公司章程规定公司对外担保事项由董事会决议的，股东会或者股东大会通过决议当然是适格决议。但如果公司章程规定由股东会或者股东大会决议的，仅仅提交董事会决议，相对人经审查后接受担保的，是否属于善意？笔者认为，鉴于公司章程规定了担保事项须经股东会或者股东大会决议通过，表明从公司角度出发，仅仅董事会通过决议不足以维护公司股东或者公司整体利益，此时仅审查法定代表人提供的董事会决议的，难言相对人是善意的。换言之，如果公司章程规定担保事项必须股东会或者股东大会决议，此时允许董事会决议即可实现这一功能的，无疑会架空公司章程的制度价值和作用。在“吉林翔瑞投资有限公司、吉林省吉煤投资有限责任公司金融借款合同纠纷二审民事判决书”①中，法院就认为，基于《公司法》第 16 条第 1 款对公司为他人提供担保权限的规定，案涉委托贷款保证合同的相对人吉林省吉煤投资有限责任公司（以下简称吉煤投资）知道或者应当知道吉林翔瑞投资有限公司（以下简称翔瑞投资）在拟决定签订该保证合同时应当按照翔瑞投资章程规定的权限行事。据此，吉煤投资在签订该保证合同以前应当合理审慎地审查翔瑞投资的章程及有关决议或者决定文件。翔瑞投资在一审中提供的翔瑞投资委贷业务相关请示和对翔瑞投资经办人许某邮件记录进行证据保全的公证书等证据材料能够相互印证，可以证明吉煤投资在签订委托贷款保证合同以前已经收到翔瑞投资的章

① 最高人民法院民事判决书，(2019)最高法民终 1465 号。

程等文件。吉煤投资在一审中承认收到翔瑞投资董事会决议，但否认收到翔瑞投资的章程，对此未作出合理解释并相应提供反驳证据，吉煤投资的该项否定主张不能成立。吉煤投资作为债权人应当注意到翔瑞投资的章程中关于翔瑞投资为他人提供担保须由其全资持股股东龙翔集团决定的规定内容，鉴于吉煤投资知道或者应当知道翔瑞投资法定代表人及其董事会决定签订委托贷款保证合同超越权限，该保证合同应认定为无效。同理，如果公司未设董事会，由执行董事担任法定代表人，且公司章程规定对外提供担保应由股东会作出决议的，此时相对人仅仅审查持有一定股权比例的法定代表人的签名（章）显然并不足以证明其善意，还需要依据公司章程的规定审查公司提交的股东会决议。

三是要审查同意提供担保的董事会、股东会或者股东大会决议上签字人员是否适格，表决权比例是否符合法律法规和公司章程的规定。如根据公司章程的规定，对外担保事项系由董事会作出决议的，相对人应当审查董事会决议中签名（章）的董事是否与公司登记机关备案的董事记载相一致，同时鉴于董事会决议表决采取的是“一人一票”制，还需要审查同意担保决议的董事人数是否达到法律和公司章程规定的最低要求。如对外担保事项系由股东会或者股东大会作出决议的，相对人需要就担保决议中的股东签名（章）与公司章程上的股东签名（章）或者股东名册进行审查比对：对于有限责任公司，相对人可以将在登记机关备案的公司章程作为股东的比对样本；对于股份有限公司，由于股东名册一般并无股东签名（章），故相对人只需审查担保决议中签名(章)的股东是否与股东名册的记载相对应。[①]同时,相对人需要审查同意提供担保的股东是否违反表决回避的要求。根据《公司法》第16条第3款的规定,被担保的股东或者受被担保的实际控制人支配的股东,不得参与担保事项的表决,因此在同意提供担保决议上表决的应当是“其他股东”。但值得注意的是,即使按照要求应当回避的股东在担保决议上签名(章)的,亦不能就此否定担保决议的有效性,只需在计算最终表决权比例时予以剔除即可。[②] 除此之外,相对人还要审查同意提供担保的“其他股东”所持表决权之和是否达到法律和公司章程规定的比例要求。《公司法》第16条第3款规定,提供关联担保时,表决由出席会议的其他股东所持表决权的过半数通过即可。《公司法》第103条和第121条对表决权亦有其他相关规定。但如果公司章程对担保决议的表决权比例另有规定的,且该表决权比例高于《公司法》相关规定的,应以公司章程的记载为准。[③] 毕竟公司章程是公司内部意思自治的结晶,应当充分尊重公司股东的真实意思。

四是要审查担保数额是否超过公司章程的限制。根据《公司法》第16条第1款规定,在一般担保中,公司章程对担保总额

---

① 参见高圣平:《再论公司法定代表人越权担保的法律效力》,载《现代法学》2021年第6期。

② 在振邦股份公司担保案中,案涉股东会担保决议不仅存在部分股东印章虚假、使用变更前的公司印章等瑕疵,而且被担保股东振邦集团公司也出现在股东会担保决议上,但并未因此而影响担保合同的有效性。

③ 参见高圣平:《再论公司法定代表人越权担保的法律效力》,载《现代法学》2021年第6期。

及单项担保数额有限额规定的，不得超过规定的限额。因此，如果公司章程对单项担保数额有限制，相对人在接受公司担保时，应当审查担保决议中的担保数额是否超出公司章程就单项担保数额的限制；超出限制部分，对公司不发生效力。如果公司章程对担保总额有限额规定的，相对人在接受公司担保时审查担保数额是否超出公司章程有关担保总额的限制，自不待言；超出部分，对公司亦不发生效力。但至于担保决议中的担保数额，会同公司对外提供的其他担保是否超出公司章程对担保总额的限额规定，则并非相对人能力范围内的审查事项。因为《公司法》对非上市公司对外担保总额并无限制性规范，公司在一定期间内提供过几笔担保、每笔担保的数额是多少、还款期限如何等都属于公司内部的财务信息，涉及公司的商业秘密，公司之外的第三人是难以知悉的。因此若非该单笔担保超过公司担保总限额，则应该认为决议不存在效力瑕疵。①

其次，相对人对担保事项的合理审查，并非实质层面的审查。相对人的审查有实质审查和形式审查之分。实质审查侧重要求相对人在签订担保合同时要对公司章程、公司决议的真实性、合法性和有效性进行审查，而形式审查主要要求相对人在接受担保合同时仅对材料的形式进行审查，即审查材料是否齐全、是否符合法定形式等即可。以公司决议为例，相对人审查的系公司决议本身，而非审查公司决议的合法性、有效性。公司决议的效力认定是司法机关的职责，在相关公司决议被确认无效、被

① 参见李建伟：《公司非关联性商事担保的规范适用分析》，载《当代法学》2013年第3期。

撤销或者被认定不成立之前,应当推定为有效。同时,公司决议系行为人伪造或变造、决议形成程序违法、签章(名)不实等属于实质审查的范畴,非作为相对人的审查能力所及,故不应作为认定相对人审查是否合理以及其主观上是否善意的考量因素。当然,如果存在以下情形的,则表明相对人未尽到合理的审查义务:同意担保的决议是由公司无权决议机构作出,担保决议未经法定或章程规定的多数通过,参与决议的股东或董事违反了《公司法》关于回避表决的规定,参与决议的人员不符合公司章程、营业执照的记载等。

再次,相对人审查义务的“合理性”认定系法官自由裁量的范畴。实践中,究竟何种程度的审查是合理的,何种程度的审查是不合理的,难以确定一个普遍适用的判定标准,需要结合公司的类型和规模、公司的营业性质、交易与公司营业范围之间的关系、具体行为人的身份(公司代表人或者代理人)、相对人的商业经验以及相对人与公司之间的交易习惯等因素进行综合判断。例如,法国法院以“合理信赖”来衡量相对人对表见代理人的信赖是否恰当,即在判断相对人的信赖是否合理时,法官需要考察具体案件中的如下要素:(1)相对人自身的特征。如果相对人对这一行业了解很少,或者相对人所从事的职业与商业活动无关的话,那么一般来说法国法院较容易认定其信赖为合理。(2)当事人所为法律行为的性质。对于不太重要的商业行为,法国法院较容易认定合理信赖成立;如果交易行为的性质比较重要,那么相对人的合理信赖较难成立。(3)表见代理人的特征。表见代理人是否具有某种足以使人产生错误信赖的明显特征,也常常成为法国法院判断相对人信赖是否合理的依据。(4)其他情况。合理信赖是否成立必须结合所有要素形成证据链,才能逻辑地推论出其存在。[①] 这些域外的司法经验,可以为我国司法实践中评判相对人审查义务是否合理提供借鉴。

最后,相对人审查义务的“合理性”与成本付出的适度性紧密相连。一般情况下,决定相对人承担何种审查义务,较为重要的两项指标是:担保金额的多寡和会计意义上的审查成本。担保金额越多,不仅意味着法定代表人越有激励因素开展投机行为,还意味着相对人在担保合同中的利益也越大,审查义务也相应提高。审查成本越低,相对人也就越有能力进行更为深入的审查。在特定情况下,相对人知晓担保人内部管理水平低下,或担保人的法定代表人财务和信用状况糟糕,或担保人的法定代表人和被担保人有特殊利益关系,债权人(相对人)应当提高警惕、更为谨慎。[②] 同时,判断相对人审查义务的大小,还需要遵循预防成本最小化的原则要求,比较相对人的审查成本与公司针对违规担保的防范成本。从信息获取和内部便利的角度来看,相对人作为第三人无法轻易知晓公司的内部程序,公司防范违规担保的成本似乎低于相对人审查的成本。但《公司法》第 16 条及其他条款的设置,不仅要求公司对外担保时遵循严格的决议程序,同时也在警示相对人严格审查担保合同的签约程序,以防范担保合同不发生效力的法律风险。况且相对人在担保关系中处于优势地位,完全可以要求债务人和担保人提供公司

---

① 参见罗瑶:《法国民法外观理论研究》,法律出版社 2011 年版,第 182 页。

② 参见梁泽宇:《公司担保合同相对人审查义务的法理基础及形态》,载《西南政法大学学报》2019 年第 6 期。

章程、担保决议等相关资料,如此相对人作为债权人的审查成本将会降低。相较而言,公司作为法人机构,其内部管理纷繁复杂,内部特定人员利用公司资产为自己或者他人债务违规提供担保的可能性并不低,公司防范违规担保的成本并不小。两相比较,相对人审查义务的成本小于公司防范违规担保的成本。

实践中,还存在担保合同或者担保函中约定"担保已经公司内部审批程序审批,全体股东无异议"等类似内容。例如,公司向银行等金融机构申请项目融资时,以项目土地使用权进行抵押后,大多情况会追加在建工程或者后续的厂房、机械进行抵押。对已经取得使用权证的土地,公司一般向银行提交正式的土地使用权抵押决议,但是对于追加后续在建工程或者后续的厂房、机械,往往仅出具加盖公司公章和法定代表人签名的承诺函或者担保函。[①] 对于这些承诺函或者担保函的内容,是否可以认定作为债权人的相对人已履行相关的审查义务,实践中存在一定的争议。对此,笔者认为,即便担保人提供了上述声明或者承诺,也并不能免除担保合同相对人的审查义务。理由在于:其一,《九民会纪要》第 18 条以及《民法典担保制度司法解释》第 7 条先后对债权人(相对人)的善意认定作出规定,均强调相对人应当证明其对公司决议进行审查这一行为。如果相对人通过合同约定的方式免除其进行合理审查这一行为,并不符合上述司法解释和司法文件的精神。其二,如同对外提供担保的决议难

① 参见梁琳:《银行审查公司担保决议要点分析》,载《时代金融》2012 年第 7 期。

以确定是否属于公司的真实意思，所谓公司愿意提供担保的声明或者承诺，同样难以证实系公司的真实意思所在。其三，如果允许就此免除相对人的审查义务，势必会架空《公司法》第 16 条的规范价值。在有关公司对外提供担保的任何场合下，担保人都可以以承诺或者声明等方式来免除相对人的审查义务，有可能诱发相对人与公司法定代表人合谋损害公司利益的情形，这也就使《公司法》第 16 条的功能价值付诸东流。

第三节　公司担保合同不发生效力后的效果归属

当公司法定代表人违规对外提供担保，签订担保合同行为不构成表见代表，且未得到公司追认的，根据《民法典》第 61 条和第 504 条的规定对公司不发生效力。在此情况下，相对人固然可以根据《民法典》第 171 条第 3 款、第 4 款请求实施越权行为的行为人本人承担相应的民事责任，但相对人能否请求公司承担损害赔偿责任，成为实践中争议的焦点问题。[①]

① 有学者提出，学界迄今为止对越权代表的关注，通常限于探讨越权代表实施的法律行为在何种前提下对法人发生效力，有时也探讨在法律行为对法人不发生效力的情况下，法定代表人应否向相对人承担责任，至于相对人因法律行为对法人不发生效力而遭受的损失，可否请求法人给予赔偿，则较少被关注。参见杨代雄：《越权代表中的法人责任》，载《比较法研究》2020 年第 4 期。

一、担保合同不发生效力后公司是否承担责任的争议

《九民会纪要》第 20 条规定,担保合同无效,债权人请求公司承担担保责任的,不予支持,但可以按照《担保法》及有关司法解释关于担保无效的规定处理。《民法典担保制度司法解释》第 7 条规定,相对人非善意的,担保合同对公司不发生效力;相对人请求公司承担赔偿责任的,参照适用该解释第 17 条的有关规定。实践中,针对相对人属于善意的情况下,公司承担担保责任,没有异议;但在相对人非善意的情况下,公司应否承担责任以及如何承担责任,如前所述实践中存在三种观点,[①]实际可以概括为两种倾向:

第一种倾向是认为,法定代表人签订担保合同的效力不归属于公司,公司不应承担民事责任。这种观点在学界颇具代表性。有学者从法经济学角度认为,债权人是直接的交易方,其调查或者注意成本小于公司的监督成本,将法律风险由避险成本最低的一方承担,有利于实现社会福利最大化。[②] 有学者从合同无效规则角度提出,无论公司担保行为是否有效,公司总要承担责任,这种做法背离了合同无效责任的一般规则,可能使担保行为的效力判断在相当程度上失去意义,甚或妨碍担保经济功能的实现,其正当性需要予以额外论证。[③] 有学者从《公司法》第

---

① 参见最高人民法院民事审判第二庭编著:《〈全国法院民商事审判工作会议纪要〉理解与适用》,人民法院出版社 2019 年版,第 191 ~ 192 页。

② 参见李志刚等:《公司对外担保无效之赔偿责任》,载《人民司法》2020 年第 19 期。

③ 参见殷秋实:《公司担保无效责任的复位——基于责任性质、主体与效果的区分视角》,载《法学》2022 年第 2 期。

16条的立法本意角度提出,《公司法》规定根据公司章程约定的决议程序来提供担保,是基于《公司法》乃组织法的特性所作的维护公司利益及中小股东利益的特殊安排,故债权人非善意,其自行承受担保合同无效的后果并无不当。[①] 有学者则从现实运行角度提出,在部分企业中法定代表人并非公司所选任的,让公司承担法定代表人越权代表的民事责任,有失公平。还有学者提出,《民法典担保制度司法解释》第7条第1款规定,要求公司承担部分赔偿责任,实际上是将法定代表人越权担保的风险分配给公司与相对人,以此寻求相对人与公司间的利益平衡,但这一规定将大幅增加公司的监督成本,且与现代公司治理结构不符。在法定代表人确定无法获得公司授权而与恶意相对人签订担保合同,通过“先斩后奏”的方式实现部分担保目的的情况下,极有可能滋生道德风险。[②] 我国台湾地区学者也提出,公司负责人违反我国台湾地区“公司法”第16条的规定,为保证或提供担保,其代表或代理公司之行为对公司不生效力,由负责人自负保

---

① 参见李志刚等:《公司对外担保无效之赔偿责任》,载《人民司法》2020年第19期。

② 参见高圣平:《再论公司法定代表人越权担保的法律效力》,载《现代法学》2021年第6期。持有类似观点还认为,《民法典担保制度司法解释》第17条第1款的规定有待商榷。按照该规定,公司疏于管理而导致法定代表人越权担保的,相对人即使明知法定代表人越权担保,公司也应当向相对人承担赔偿责任,有过度保护相对人之嫌,最终会导致相对人在侥幸心理的驱使下与越权法定代表人签署越权担保合同。即使担保合同无效,自己亦可依据《民法典担保制度司法解释》第17条第1款的规定得到部分赔偿,这一规定不利于维护公司利益,《公司法》第16条规定的立法目的亦将落空。参见迟颖:《法定代表人越权行为的效力与责任承担——〈民法典〉第61条第2、3款解释论》,载《清华法学》2021年第4期。

证责任。[①]

第二种倾向则认为,公司应当承担担保无效的民事责任。这种观点认为,担保合同无效仅意味着公司不承担合同约定的担保责任,但并不意味着公司必然不承担任何责任。这种观点在最高人民法院法官的相关论述及判决中得到印证。如刘贵祥大法官就主张,在相对人能够证明公司在选任法定代表人或者监督法定代表人行使职权中存在过错的情况下,人民法院应根据公司过错大小酌情支持相对人要求公司承担相应赔偿责任的诉求。[②] 曹士兵也提出,担保合同无效并不一定免除公司的赔偿责任,如公司承担了赔偿责任,则可以按照《公司法》(2005 修订)第 150 条[③]的规定,请求董事、高级管理人员承担赔偿责任。[④] 在前述的“吉林翔瑞投资有限公司、吉林省吉煤投资有限责任公司金融借款合同纠纷再审审查与审判监督民事裁定书”[⑤]中,法院认为,涉案保证合同无效的主要原因是翔瑞投资时任法定代表人王某鑫及其董事会,在未按其公司章程规定经股东龙翔集团同意或者授权情况下,擅自决定为吉煤投资提供了担保,并在《委托贷款保证合同》上加盖了公司印章,且承诺为债权本

① 参见李志刚等:《公司对外担保无效之赔偿责任》,载《人民司法》2020 年第 19 期。

② 参见刘贵祥:《关于人民法院民商事审判若干问题的思考》,载《中国应用法学》2019 年第 5 期。

③ 对应 2018 年修正的《公司法》第 149 条。

④ 参见曹士兵:《公司法修订前后关于公司担保规定的解读》,载《人民司法(应用)》2008 年第 1 期。

⑤ 最高人民法院民事裁定书,(2020)最高法民申 4981 号。

金5000万元及利息、违约金、赔偿金等承担保证责任。对于上述对外实施损害公司利益的行为，翔瑞投资均未能及时发现和制止，存在管理不当的过错责任，其应就因担保合同无效导致吉煤投资信赖利益受损承担赔偿责任。

对于上述争论及观点，最高人民法院表示在《九民会纪要》出台前，根据以上观点判决的案件都不应认定为错案。《九民会纪要》在起草过程中，尽量选择了一种既符合法理，又与大多数判决结果相符，且能凝聚最大公约数的方案。[①] 基于这一思路，《九民会纪要》提出在相对人签订担保合同时是非善意的，公司原则上应承担担保无效的民事责任。对此，最高人民法院进一步解释：第一，公司是一个拟制的主体，法定代表人是公司的机关，法定代表人的意思即为公司的意思，法定代表人和公司合二为一，因此在合同无效的情况下，认定公司不是订约主体，法定代表人个人是订约主体，公司不承担任何责任，在理论上无法自圆其说。实务中也几乎没有让法定代表人承担责任而公司不承担责任的判决。第二，《合同法》第50条[②]规定，法人或者其他组织的法定代表人、负责人超越权限订立的合同，除相对人知道或者应当知道其超越权限外，该代表行为有效。在相对人知道或者应当知道其超越权限的情况下，合同无效，但合同主体一方是公司，而不是法定代表人，因此应当由公司承担合同无效的责任。第三，这种观点同时保留了既有的裁判思路，即公司大部分

① 参见最高人民法院民事审判第二庭编著：《〈全国法院民商事审判工作会议纪要〉理解与适用》，人民法院出版社2019年版，第191页。

② 已废止，对应《民法典》第504条。

情况下都要承担一定的责任，比较符合社会认同。

对于这一问题，笔者基本倾向于第二种观点，即在公司对外提供担保中，相对人非善意的，虽然担保合同对公司不发生效力，但让公司就法定代表人的过错对外承担一定的赔偿责任，是合理的和有基础的。首先，由公司承担相应民事责任是法人实在说的逻辑必然。《民法典》第59条规定，法人的民事权利能力和民事行为能力，从法人成立时产生，到法人终止时消灭。这一条款为我国采取法人实在说提供了实证法基础。根据法人实在说，法定代表人的行为，就是法人的行为；法定代表人是法人的机关，法人和法定代表人是同一人格。《民法典》第61条就赋予法定代表人概括的代表权，即“依据法律或者法人章程的规定，代表法人从事民事活动的负责人”，且“法定代表人以法人名义从事的民事活动，其法律后果由法人承受”。因此，法定代表人的故意不应成为认定法人过错的障碍，“越权代表情形中法人也是无辜的受害者”也不能成为法人免责的充分理由。[①] 在我国台湾地区学说以及判例的一贯见解也认为，为公司而为交易行为之人，若为公司之代表机关，代表机关之行为即为公司之行为，并非第三人之行为，其行为效力当然归属公司，无须另有归责规范。[②] 如在侵权责任方面，行为人如果系董事或者其他有代表权之人时，法人系就自己行为负责，无主张其于选任董事及监督其

① 参见杨代雄：《越权代表中的法人责任》，载《比较法研究》2020年第4期。

② 参见陈自强：《代理权与经理权之间——民商合一与民商分立》，北京大学出版社2008年版，第1页。

职务之执行已尽相当注意，得不负责任之余地。①

其次，由公司承担民事责任有实证法依据。《民法典》第 62 条规定，法定代表人因执行职务造成他人损害的，由法人承担民事责任。法人承担民事责任后，依照法律或者法人章程的规定，可以向有过错的法定代表人追偿。该条并未细究法定代表人执行职务行为是否合规、正当的问题，特别是结合该条第 2 款“有过错的法定代表人”的规定，可以推定出公司法定代表人在执行职务过程中，即便基于自身过错造成他人损害的，公司亦应当承担民事责任。同时，《民法典》第 388 条第 2 款规定，担保合同被确认无效后，债务人、担保人、债权人有过错的，应当根据其过错各自承担相应的民事责任。第 682 条第 2 款规定，保证合同被确认无效后，债务人、保证人、债权人有过错的，应当根据其过错各自承担相应的民事责任。虽然《民法典担保制度司法解释》并未采取《九民会纪要》关于“债权人善意的，合同有效；反之，合同无效”的观点和表述，而是提出“相对人非善意的，担保合同对公司不发生效力”，但无效的法律后果与不发生效力的法律效果类似，②故《民法典担保制度司法解释》进而指出，在相对人请求公司承担赔偿责任的，“参照适用”担保合同无效的有关处理规定，并在第 17 条明确主合同有效而第三人提供的担保合同无效，债

① 参见王泽鉴：《民法总则》，中国政法大学出版社 2001 年版，第 176 页。

② 《民法典》第 157 条规定，民事法律行为无效、被撤销或者确定不发生效力后，行为人因该行为取得的财产，应当予以返还；不能返还或者没有必要返还的，应当折价补偿。有过错的一方应当赔偿对方由此所受到的损失；各方都有过错的，应当各自承担相应的责任。法律另有规定的，依照其规定。这实际上将无效、撤销后或者确定不发生效力的法律后果都概括为返还财产、折价补偿、赔偿损失等情形。

权人与担保人均有过错的，担保人承担的赔偿责任不应超过债务人不能清偿部分的1/2。这些法律和司法解释的相关规定都表明，无论担保合同被确认无效，或者确定不发生效力时，作为担保人的公司有过错的，同样需要根据其过错程度承担相应的民事责任。

再次，《民法典》第504条并非公司承担相应民事责任的障碍。《民法典》第504条相较于《合同法》第50条增加了“订立的合同对法人或者非法人组织发生效力”的表述。对于这种表述上的变化，有观点提出在法定代表人越权提供担保，且相对人并非善意的情况下，担保合同对公司不发生效力；既然对公司不发生效力，则公司不需要承担任何责任。这实际上是对《民法典》第504条甚至对整个《民法典》逻辑体系的误读。订立的担保合同对公司不发生效力，并不能直接推导出公司不承担任何责任的结论。所谓发生效力，是指因意思表示完整而对相关的民事主体产生预期的拘束力。相对应的“不发生效力”，往往是指基于诸多因素的存在，并未产生当事人所意欲追求的法律效果而已，但并不意味着其不产生其他法律后果。《民法典》中有关“不发生效力”的表述，据笔者不完全统计共有第157条、第171条、第209条、第546条、第696条、第765条六处，大致可以分为三种类型。第一种“不发生效力”是对民事法律行为的所有当事人都不发生效力，该“不发生效力”实际等同于不生效，但当事人可能要对民事法律行为的不发生效力承担相应的民事责任。如在合同纠纷中，虽然不承担合同生效的责任，但仍然可能要承担缔约过失责任。第二种是“不发生效力”，如同未发生过一样，并不涉及民事法律行为是否发生效力。如物权上的不发生效力，未登记的，物权仍维持原状。第三种“不发生效力”指的是单方面不发生效力，如无权代理，对被代理人不发生效力，被代理人无须为此承担任何责任；至于代理人是否应对相对人承担责任，承担何种责任，与被代理人无关。其中第三种“不发生效力”与不成为合同内容的法律效果基本相同，而第一种和第二种“不发生效力”与不生效的法律效果大致相同。《民法典》第504条所规定的“发生效力”基本属于第一种类型，公司仍需要就法律行为不发生效力承担一定的民事责任。

最后，公司承担相应的民事责任具有域外法上的范例。在德国司法实践中，有关法人应否为行为机关的越权行为承担损害赔偿责任同样存在争议。在审理涉及一个共同代表人伪造其他共同代表人签名并据此对外代表法人订立合同的案件时，德国联邦最高法院第二民事审判庭指出，共同代表之目的在于通过数人共同实施法律行为防止法人遭受损害，尤其是因为某一代表人的不法行为而遭受损害，如果伪造代表行为生效所需的其他签名借道德国《民法典》第31条导致法人责任，则此项目的就会落空。相反，德国联邦最高法院第六民事审判庭在一则判例中则认定，具有共同代表权的合作社法人董事在代表法人作出票据担保时谎称已经得到其他共同代表人同意，法人须依德国《民法典》第31条对此承担责任。此外德国联邦最高法院第六民事审判庭在1979年2月20日的判决中认定，一个乡镇的市长伪造同意书，超越代表权以乡镇名义从银行骗取信贷，乡镇应依据德国《民法典》第31条、第89条、第823条向银行承担损害赔偿责任。该审判庭在判决中指出，机关超越代表权，所以意思表示没有约束力，但这并不能排除法人责任。此外，乡镇的机关责任不能通过权限以及要式规范受到限制。目前,德国联邦最高法院第六民事审判庭的观点已经成为德国法上的通说。[①] 这表明在德国,公司基于代表机关的行为承担相应的民事责任是较为普遍的观点。这同样为我们处理担保合同对公司不发生效力后,公司应否承担其他民事责任提供借鉴。

二、公司对外提供担保中的过错类型

在对外提供担保过程中,公司作为担保人承担相应的民事责任,其基础何在?如果基础在于过错,公司过错又体现在什么方面?在“兴业银行广州分行与深圳市机场股份有限公司借款合同纠纷案二审民事判决书”[②]中,法院就指出,单位规章制度不健全、用人失察、对其高级管理人员监管不力,属于单位具有明显过错的具体体现。通过近年来的司法实践,我们可以梳理出公司未经决议程序对外提供担保的过错情形大致存在以下几个方面。

(一)公司运行规则设置方面的过错

例如,在“通联资本管理有限公司、成都新方向科技发展有限公司与公司有关的纠纷再审民事判决书”[③]中,法院指出,通联资本管理有限公司(以下简称通联公司)在签订《增资扩股协

---

① 参见杨代雄:《越权代表中的法人责任》,载《比较法研究》2020 年第 4 期。

② 最高人民法院(2008)民二终字第 124 号民事判决书,载《最高人民法院公报》2009 年第 11 期。

③ 最高人民法院民事判决书,(2017)最高法民再 258 号。

议》时，因《久远公司章程》中并无公司对外担保议事程序规定，通联公司有合理理由相信向某建有权代表公司对外签订有担保意思表示内容的《增资扩股协议》，但其未能尽到要求目标公司提交股东会决议的合理注意义务，导致担保条款无效，对协议中约定的担保条款无效自身存在过错。而久远公司在公司章程中未规定公司对外担保及对公司股东、实际控制人提供担保的议事规则，导致公司法定代表人使用公章的权限不明，法定代表人向某建未经股东会决议授权，越权代表公司承认对成都新方向科技发展有限公司的股权回购义务承担履约连带责任，其对该担保条款无效也应承担相应的过错责任，根据《担保法司法解释》第 7 条[①]的规定，通联公司、久远公司对《增资扩股协议》中约定的"连带责任"条款无效，双方均存在过错，久远公司对新方向公司承担的股权回购款及利息，就不能清偿部分承担 1/2 的赔偿责任。

（二）公司代表人选任及监督方面的过错

法人在代表机关的选任和监督上负有必要的注意义务。在越权代表致害情形中，代表机关的过错对于法人过错往往起到关键作用。例如，在"上海富控互动娱乐股份有限公司、上海智汇未来医疗服务股份有限公司金融借款合同纠纷二审民事判决书"[②]中，法院指出，恒丰银行烟台分行在知道上海富控互动娱乐股份有限公司（以下简称富控公司）、宏达公司对外提供担保未

---

① 已废止，对应《民法典担保制度司法解释》第 17 条。

② 最高人民法院民事判决书，（2020）最高法民终 1228 号。

经公司机关决议的情况下与两公司签订《保证合同》,对《保证合同》无效应负主要过错责任。富控公司、宏达公司虽无须就《保证合同》承担担保责任,但其存在人员、公章等内部管理不规范等问题,对于《保证合同》无效亦有一定过错。综合考虑本案情况以及各方当事人的过错程度,一审酌情确定富控公司、宏达公司分别对主债务人不能清偿部分债务向恒丰银行烟台分行承担10%的赔偿责任,有事实和法律依据。又如,在"深圳市联泰投资集团有限公司、深圳航空有限责任公司保证合同纠纷二审民事判决书"①中,法院也指出,深圳市联泰投资集团有限公司作为债权人,明知深圳航空有限责任公司(以下简称深航公司)系为其控股股东提供担保,且知道或应当知道深航公司没有相关股东会决议及其法定代表人越权代表,仍然与深航公司订立保证合同,对于保证合同无效具有重大过错,对于保证合同无效所造成的损失,应当承担主要责任。深航公司未尽到对其法定代表人、公章的管理和注意义务,对于保证合同无效所造成的损失,应当承担次要责任。因此,综合实际情况及双方当事人过错程度,依法酌定深航公司就汇润公司不能清偿的债务承担1/3的赔偿责任。

(三)公司印章管理方面的过错

例如,在"武汉汉达房地产开发有限公司、湖北丰旺高新技术股份有限公司民间借贷纠纷再审民事判决书"②中,法院认为,

---

① 最高人民法院民事判决书,(2019)最高法民终267号。

② 最高人民法院民事判决书,(2020)最高法民再270号。

鉴于硚房集团对其公章管理存在不当，同时武汉汉达房地产开发有限公司（以下简称汉达公司）在审查胡某以硚房集团名义对外担保时未尽到审慎注意义务亦存在过错，即汉达公司和硚房集团对该担保行为无效均有过错，依据《担保法司法解释》第7条[①]的规定，酌定硚房集团对湖北丰旺高新技术股份有限公司的案涉债务的不能清偿部分，承担1/2的赔偿责任。在"芒果传媒有限公司、中南红文化集团股份有限公司合同纠纷二审民事判决书"[②]中，法院同样认为，根据原审查明的事实，中南红文化集团股份有限公司（以下简称中南红文化公司）为股东提供担保却不经股东大会审议，作为上市公司对公章及工作人员疏于管理，对担保承诺函无效存在过错。芒果传媒有限公司作为中南红文化公司股东，对中南红文化公司出具担保承诺函是否已经股东大会审议应该知道，却未审核中南红文化公司决议即签订担保承诺函，对担保承诺函无效亦存在过错。

（四）其他方面的过错

一些裁判文书只是指出公司存在过错，但并未指明具体过错的类型。如在"天津开发区蒲鑫进出口贸易有限公司、深圳前海特瑞得供应链平台服务有限公司金融借款合同纠纷二审民事判决书"[③]中，法院认为，宁夏银色能源公司未按法律规定，在未经股东大会决议的情况下，擅自为案涉债务提供担保，宁夏银色

① 已废止，对应《民法典担保制度司法解释》第17条。

② 最高人民法院民事判决书，（2020）最高法民终1161号。

③ 最高人民法院民事判决书，（2020）最高法民终189号。

能源公司对《最高额保证合同》的无效存在过错,应承担相应责任。兴业银行兰州分行作为金融机构对宁夏银色能源公司对案涉债务进行担保需经股东会或董事会决议未尽到审查义务,亦对《最高额保证合同》的无效存在过错。根据《担保法司法解释》第7条,[①]宁夏银色能源公司与兴业银行兰州分行的上述过错程度相当,故宁夏银色能源公司对于债务人甘肃飞天公司不能清偿部分,应承担50%的赔偿责任。

三、担保合同不发生效力后公司承担民事责任的形态

担保合同对公司不发生效力后,公司不承担担保责任,但仍需要承担一定的赔偿责任。这种赔偿责任从性质上属于缔约过失责任。缔约过失责任原本指在合同订立过程中,一方违背其按照诚实信用原则所负担的义务,致使另一方的信赖利益遭受损失而应当承担的民事责任。《民法典》第500条明确了缔约过失责任的三种情形:假借订立合同,恶意进行磋商;故意隐瞒与订立合同有关的重要事实或者提供虚假情况;有其他违背诚信原则的行为。结合《民法典》第157条和第500条规定,对外提供担保的合同对公司不发生效力后,公司对相对人承担的民事责任,大致包含在第500条"故意隐瞒与订立合同有关的重要事实或者提供虚假情况"中。当然也有学者对此提出不同意见,认为在法定代表人越权代表签订担保合同的,该担保合同本身并非无效或者不成立,而只是对公司不发生效力;况且公司并无实际缔约行为,不存在缔约过失。故公司应当从担保关系中完全

① 已废止,对应《民法典担保制度司法解释》第17条。

撤出，相对人应当向法定代表人个人主张过错行为的赔偿责任。[1] 这种观点在《民法典担保制度司法解释》第9条有关上市公司违规担保中有所体现，即“相对人未根据上市公司公开披露的关于担保事项已经董事会或者股东大会决议通过的信息，与上市公司订立担保合同，上市公司主张担保合同对其不发生效力，且不承担担保责任或者赔偿责任的，人民法院应予支持”。根据《民法典担保制度司法解释》的有关规定，上市公司对外承担担保责任实行的是“披露才担责”，而非普通公司所实行的“决议即担责”。对于这一问题，笔者认为，首先，从进一步提高上市公司质量，特别是当前上市公司存在的违规担保问题突出的实际情况出发，同时考量上市公司作为公众公司，涉及众多中小投资者利益，且已公开披露相关事项、信息等情形下，认可担保合同对上市公司不发生效力的同时，上市公司既不承担担保责任也不承担赔偿责任，是可行的，但这只是上市公司作为公司特殊形态的例外情形、特殊制度安排而已，不能扩展至普通的有限公司或者股份公司。在一般情形下，相较于司法实践中的诸多制度安排和惯常操作，课以公司就法定代表人等违规提供担保行为向相对人承担缔约过失上的民事责任，仍不啻为较为合理和现实的选择。其次，在相对人非善意的情况下，公司承担的缔约过失责任属于补充责任，其责任范围一般小于违约责任。结合《民法典担保制度司法解释》第17条第1款第1项的规定，担保人和债权人均存在过错的，担保人即公司应在债务人不能清偿

---

① 参见甘培忠、马丽艳：《公司对外担保制度的规范逻辑解析——从〈公司法〉第16条属性认识展开》，载《法律适用》2021年第3期。

部分的1/2范围内承担赔偿责任。[①] 这实际上为司法机关就公司承担缔约过失责任的范围提供了自由裁量的空间;至于公司承担责任的具体数额,可以交由司法机关结合债权人和担保人存在过错的程度、原因、内容等因素进行综合评判、酌情处理,这不失为一种灵活和合理的制度安排。特别在债权人属于银行等金融机构时,基于其属于专业机构而应当承担更多的注意义务,进而就担保合同不发生效力应承担更多的责任。

① 关于债务人不能清偿的部分,主要是指债务人在债务到期后清偿债权的剩余部分,与债务人是否仍有清偿能力有关。如果债务人仍有清偿能力,则应当先执行债务人的责任财产。参见最高人民法院民事审判第二庭:《最高人民法院民法典担保制度司法解释理解与适用》,人民法院出版社2021年版,第210页。

第七章　公司对外担保相关的理念塑造

第一节　《民法典》有关公司对外担保方面的新理念

相较于《民法典》,《公司法》属于民商法中的特别法。对公司对外提供担保的合同效力以及公司责任形态等方面的考量,离不开在《民法典》制度框架体系下的综合分析。2020 年 5 月 28 日,《民法典》正式通过。据统计,《民法典》中有 220 处提及"法人"(含"营利法人"28 处),并在第 71 条、第 76 条和第 268 条五次提及"公司";刨除婚姻家庭和继承等家事法律规则,《民法典》其余诸编几乎都普适于公司。[①] 同时,作为 21 世纪的民法典,我国《民法典》在法律理念方面有较多的创新和发展,尤其在担保问题上体现出了一些新理念、新观念,创设了一些新制度。

---

① 参见刘俊海:《论公司法与民法典的良性互动关系》,载《法学论坛》2021 年第 2 期。

这些制度规范和内容变化都对公司对外提供担保的合同效力认定以及担保合同不发生效力后责任承担等问题产生了相当的影响。

一、倡导合同有效，压缩合同无效和效力待定的制度空间

合同是交易的主要表现形式，鼓励合同交易是提高商业效率、增进社会财富的重要方式，更是促进市场经济健康发展的重要手段。而鼓励合同交易的前提是保护市场的交易安全。1999年出台的《合同法》将保护交易安全、促进合同交易作为立法的主要目标，从加强对当事人权益的保护、限制合同无效范围、区分合同无效和可撤销制度、区分合同无效和效力待定制度、区分合同成立和合同生效等方面作了相应的制度安排。此次《民法典》合同编在《合同法》的基础上，进一步体现了保护交易安全、鼓励合同交易的精神，以刺激经济发展。[①] 一是尽量减少行政管理举措对合同效力的影响。如《民法典》第706条规定，当事人未依照法律、行政法规规定办理租赁合同登记备案手续的，不影响合同的效力。第738条规定，依照法律、行政法规的规定，对于租赁物的经营使用应当取得行政许可的，出租人未取得行政许可不影响融资租赁合同的效力。这大大减少了行政监管手段对民商事合同效力的影响。二是《民法典》中有关无效合同的类型在《合同法》基础上进一步消减。《合同法》规定因欺诈损害国家利益的合同无效，而这种无效情形在《民法典》中被统一归

① 参见石宏：《合同编的重大发展和创新》，载《中国法学》2020年第4期。

摄到可撤销合同的范畴。根据《合同法》第 51 条[①]的规定，无权处分合同被认定为是效力待定合同，而《民法典》第 597 条则规定，因出卖人未取得处分权致使标的物所有权不能转移时，买受人可以解除合同并请求出卖人承担违约责任。根据这一规定，无权处分合同属于有效合同，至于买受人事后基于有效合同无法取得标的物的所有权，可以基于合同有效向出卖人主张违约责任。三是确认了无效合同的效力转化规则。当前随着经济社会的发展，人们交易模式、交易形态的内容发生了较大变化，越来越多复合型合同出现，这就使针对某一民事法律行为的效力难言绝对无效，使对于合同效力的评判更加开放、包容。《九民会纪要》第 71 条在有关让与担保的问题上就采取了无效合同转换的思路，提出当事人之间订立的买卖合同或者股权转让协议因当事人之间的虚伪意思表示而无效，债权人不能据此请求确认房屋所有权或者股权，但当事人提供担保的意思表示是真实的，在符合抵押权或者质权设立条件的情形下，债权人有权请求参照法律关于担保物权的规定对财产拍卖、变卖、折价优先偿还债权。这种思路在《民法典》第 401 条、第 428 条有关流押、流质问题上得到进一步体现。当事人约定流押、流质的，债权人虽然不能直接获得担保财产的所有权，但可以“依法就担保财产优先受偿”。这从另一角度进一步解放了合同效力的制度空间，有利于避免因合同无效造成的社会资源浪费。

---

① 已废止，对应《民法典》第 311 条。

二、重视合同效力，关注合同履行

无论是考察《民法典》的相关规定，还是分析《九民会纪要》，当前民商事领域从之前比较注重评判相关合同的效力逐渐向在关注合同效力的同时关注合同履行转变。如前述流押合同的效力，《物权法》第186条规定，抵押人在债务履行期届满前，不得与抵押人约定债务人不履行到期债务时抵押财产归债权人所有，即禁止流押。而《民法典》第401条规定，抵押权人在债务履行期限届满前，与抵押人约定债务人不履行到期债务时抵押财产归债权人所有的，只能依法就抵押财产优先受偿。从该条文字表述来看，《民法典》就流押合同的无效评价作了一定的缓和处理，不再直接规定流押合同无效，而明确如果当事人签订流押合同后只能就抵押财产优先受偿，而不能直接取得抵押财产标的物的所有权。又如，民商事审判领域的"对赌协议"的效力也体现了这一变化。围绕对赌协议的效力问题，尤其是投资人与目标公司之间签订对赌协议的效力问题，司法机关经历了从关注协议效力到关注协议履行可能性的变化过程。最初在有关对赌协议的典型案例——苏州工业园区海富投资有限公司诉甘肃世恒有色资源再利用有限公司、陆某等增资纠纷案[①]中，最高人民法院通过该案明确：在民间融资投资活动中，融资方和投资者设置估值调整机制（投资者与融资方根据企业将来的经营情况调整投资条件或给予投资者补偿）时要遵守《公司法》和《合同法》的规定。投资者与目标公司本身之间的补偿条款如果使

① 最高人民法院民事判决书，(2012)民提字第11号。

投资者可以取得相对固定的收益，则该收益会脱离目标公司的经营业绩，直接或间接地损害公司利益和公司债权人利益，故应认定无效。但目标公司股东对投资者的补偿承诺不违反法律法规的禁止性规定，是有效的。在合同约定的补偿条件成立的情况下，根据合同当事人意思自治、诚实信用的原则，引资者（目标公司股东）应信守承诺，投资者应当得到约定的补偿。[①] 这一判决在相当长时间内影响了各地司法机关对待对赌纠纷的裁判倾向，以至于被业内简单归结为"与公司股东对赌有效，与目标公司对赌无效"的观点；后来最高人民法院在"强静延、曹务波股权转让纠纷再审民事判决书"[②]中又明确：目标公司为原股东与投资者之间的对赌提供担保，程序上经公司内部权力机构决议确认，投资资金亦投入目标公司供其经营发展使用，有利于提高目标公司盈利能力，该等担保不违反《公司法》的立法目的，应为有效。通过这两个案例可以看出，在就目标公司能否成为对赌协议的相对方上，司法观点是存在一定变化的，这一定程度上影响到合同效力的评判。直到 2019 年江苏省高级人民法院在"江苏华工创业投资有限公司与扬州锻压机床股份有限公司、潘某虎等请求公司收购股份纠纷再审民事判决书"[③]中认为，"对赌协议"中关于股份回购的条款内容是当事人设立的保护投资者利益的条款，属于缔约过程中当事人对投资合作商业风险的安排，

---

① 参见最高人民法院民事审判第二庭编著：《〈全国法院民商事审判工作会议纪要〉理解与适用》，人民法院出版社 2019 年版，第 121 页。

② 最高人民法院民事判决书，(2016) 最高法民再 128 号。

③ 江苏省高级人民法院民事判决书，(2019) 苏民再 62 号。

是各方真实意思表示。“对赌协议”下的投资安排对公司经营有利,回购价格亦公平合理,“对赌协议”经目标公司及全体股东签署且经法定决策程序确认,实质上亦不违反公司章程关于股份回购的规定,且“对赌协议”具备可履行性,目标公司可通过公司章程规定的减资方式履行回购义务,依法定程序进行的减资并不违反公司资本维持原则,亦不会损害公司债权人利益,该约定应为有效。① 之后,《九民会纪要》更是明确指出,投资方与目标公司订立的“对赌协议”是否有效以及能否实际履行,存在争议。对此,应当把握如下处理规则:投资方与目标公司订立的“对赌协议”在不存在法定无效事由的情况下,目标公司仅以存在股权回购或者金钱补偿约定为由,主张“对赌协议”无效的,人民法院不予支持,但投资方主张实际履行的,人民法院应当审查是否符合《公司法》关于“股东不得抽逃出资”及股份回购的强制性规定,判决是否支持其诉讼请求。投资方请求目标公司回购股权的,人民法院应当依据《公司法》第 35 条关于“股东不得抽逃出资”或者第 142 条关于股份回购的强制性规定进行审查。经审查,目标公司未完成减资程序的,人民法院应当驳回其诉讼请求。投资方请求目标公司承担金钱补偿义务的,人民法院应当依据《公司法》第 35 条关于“股东不得抽逃出资”和第 166 条关于利润分配的强制性规定进行审查。经审查,目标公司没有利润或者虽有利润但不足以补偿投资方的,人民法院应当驳回或者部分支持其诉讼请求。今后目标公司有利润时,投资方还可

---

① 参见刘琪:《最高法为与目标公司“对赌”效力“松绑” 规范“对赌协议”行为规范》,载《证券日报》2020 年 1 月 4 日,第 B1 版。

以依据该事实另行提起诉讼。由此可见，自 2019 年江苏华工创业投资有限公司与扬州锻压机床股份有限公司、潘某虎等请求公司收购股份纠纷再审案和《九民会纪要》开始，司法实践更弦易张，从关注“对赌协议”的法律效力转向合同的可履行性。[①] 当然，这并不意味着合同效力的评价不再重要，而是在考量合同效力的同时，合同的可履行性也成为司法评价某一法律行为的重要因素。

三、注重明晰责任形态，避免责任复杂化

以往《民法通则》《合同法》《物权法》《侵权责任法》等民商事部门法中，不乏较多连带责任形态的存在。而《民法典》则尽量让法律关系简单化、民事责任清晰化，不动辄苛以当事人以连带责任，让众多市场主体捆绑在一起，进而激发市场主体的活力。这一点体现在，《民法典》将共有形态推定为按份共有，将保证推定为一般保证，共有或者连带份额难以确定的视为“等额”或“相同”。对于相互追偿或者连带责任等责任方式，除非法律规定或者当事人明确约定，一般不宜由法官直接确认。例如，《民法典》第 308 条规定，共有人对共有的不动产或者动产没有约定为按份共有或者共同共有，或者约定不明确的，除共有人具有家庭关系等外，视为按份共有。第 309 条规定，按份共有人对共有的不动产或者动产享有的份额，没有约定或者约定不明确的，按照出资额确定；不能确定出资额的，视为等额享有。第 517

① 参见刘燕：《“对赌协议”的裁判路径及政策选择——基于 PE/VC 与公司对赌场景的分析》，载《法学研究》2020 年第 2 期。

条第2款规定,按份债权人或者按份债务人的份额难以确定的,视为份额相同。第518条第2款规定,连带债权或者连带债务,由法律规定或者当事人约定。第519条第1款规定,连带债务人之间的份额难以确定的,视为份额相同。第521条第1款规定,连带债权人之间的份额难以确定的,视为份额相同。第686条第2款规定,当事人在保证合同中对保证方式没有约定或者约定不明确的,按照一般保证承担保证责任。这些条款都体现了这一变化。

针对民事主体的责任形态,之所以在《担保法》等法律及司法解释中采取推定为连带责任等制度安排,有其特殊的社会背景,如《担保法司法解释》出台时,我国正处于清理频发的"三角债"时期,司法解释更多地体现了对债权人的保护,加重担保人的责任。例如,保证方式约定不明的,推定为连带保证等,彰显了在当时经济发展背景下从有利于债权人保护角度对法律进行解释的倾向。[①] 当时这样规定是有一定道理的,但实施以来,对该规定一直就有不同意见。[②]《民法典》修改了相关的规则。这种修改可以从两个方面观察:第一,从理论上讲,连带责任保证是一种加重保证人责任的保证方式,对于这种加重责任的保证方式宜由当事人明确约定;没有约定或者约定不明确的,在没有

---

① 参见刘贵祥:《民法典关于担保的几个重大问题》,载《法律适用》2021年第1期。

② 在《民法典》合同编编纂过程中,有的部门、法学教学研究机构和社会公众就提出,连带责任是一种加重责任,在当事人没有约定的情况,不宜当然推定为由保证人承担连带保证责任,否则对保证人不公平。参见石宏:《合同编的重大发展和创新》,载《中国法学》2020年第4期。

足够正当充分理由的情况下,法律不宜推定为连带责任保证。第二,实践中,个人和企业因相互担保或者连环担保资不抵债或者破产的情形大量存在,给正常的生活和经营秩序造成了较大影响。当事人在保证合同中对保证方式没有约定或者约定不明确的直接推定为一般保证,有利于防止债务风险的扩散,有利于防控金融风险、维护经济社会稳定。这一变化体现在公司对外担保上就是担保合同被认定为不发生效力后,作为担保人的公司是否应当承担责任以及承担什么类型的责任。根据《担保法司法解释》第 7 条的规定,主合同有效而担保合同无效,债权人无过错的,担保人与债务人对主合同债权人的经济损失,承担连带赔偿责任;债权人、担保人有过错的,担保人承担民事责任的部分,不应超过债务人不能清偿部分的 1/2。《民法典担保制度司法解释》第 17 条虽然是由《担保法司法解释》第 7 条发展演变而来,但在责任形态上又作了变化发展:《民法典担保制度司法解释》第 17 条第 1 款第 1 项与《担保法司法解释》第 7 条后半部分是一致的,但在债权人无过错的情况下,《担保法司法解释》第 7 条前半部分要求担保人和主债务人承担连带责任,而《民法典担保制度司法解释》改为补充责任,即担保人对债务人不能清偿的部分承担赔偿责任。

四、担保形式更丰富,效力认定更灵活

此次《民法典》制定过程中,正值我国积极营造市场化、法治化、国际化营商环境之际。因应世界银行对优化营商环境的要求,着力构建现代动产担保制度,成为《民法典》的重要内容。在

《民法典》出台前,原有的《担保法》《物权法》等设置的抵押、质押、留置以及保证等传统的担保形态已经难以完全适应经济社会发展的需要,尤其是难以适应企业融资的需要。为此,《民法典》对我国的担保制度作了较大幅度的调整完善。一是扩张了担保财产的范围,鼓励担保交易,促进物尽其用。[①] 随着现代社会财产的范围和形态不断扩张和涌现,法律难以对财产进行穷尽式列举,如果没有列举就不能担保,无疑会阻碍担保交易的新发展,特别是会阻碍新兴财产的担保功能的发挥。《民法典》在此背景下,积极扩张了担保财产的范围。例如,《民法典》第 440 条在债务人或者第三人权利出质的范围中规定"将有的应收账款"可以出质,这就将未来财产纳入担保的范畴。同时,针对以往禁止抵押的财产适当放松管制,扩展了可供抵押的财产范围。如以往民事立法中并未允许学校、医院、幼儿园以自己的设施进行担保,对此《民法典》结合《民办教育促进法》等新规定以及当前民办教育机构的发展现状,对此作了较大程度的放宽,在第 399 条第 3 项规定"学校、幼儿园、医疗机构等为公益目的成立的非营利法人的教育设施、医疗卫生设施和其他公益设施"不得抵押。但通过对该条款的反向解释,登记为营利法人的民办学校、医疗机构、幼儿园等可以将自己所有的财产用于担保。同时,《民法典担保制度司法解释》第 6 条进一步对学校、幼儿园、医疗机构、养老机构等法人或者非法人组织提供担保问题作出规定,进一步对相关财产设立担保问题进行解禁。二是激活了动产和

---

① 参见王利明:《担保物权制度的现代化与我国〈民法典〉的亮点》,载《上海政法学院学报》2021 年第 1 期。

权利担保制度。以往由于缺乏统一的动产登记制度，动产担保的安全性不可靠，银行等债权人一般不愿意接受动产担保。[①] 但现代社会中，动产可以实现大规模、批量化生产，其价值不断得到社会认可，且随着互联网智能化时代的到来，不少财产类型如数据、信息、网络虚拟财产的交换价值不断刷新人们的认知，动产和权利的担保价值的功能越来越得到各国的重视。而在世界银行营商环境评估报告中，有一项重要的指标就是对担保制度的评估。在这项指标中，我国目前得分不太理想，因为这项指标包括了担保设立的公开透明度、是否存在统一担保登记、设立担保的效率和执行成本、当事人设立担保物权的自由度等，这些内容在《民法典》颁布之前确实存在较大需要改善的空间。[②] 加之要着力破解中小企业"融资难、融资贵"问题，针对中小企业缺乏不动产等现实情况，《民法典》在 403 条确立了动产抵押制度，规定"以动产抵押的，抵押权自抵押合同生效时设立；未经登记，不得对抗善意第三人"。这为动产统一登记制度留下了制度空间。国务院根据《民法典》发布了动产和权利担保统一登记制度；《民法典担保制度司法解释》根据立法变化，对法院认定动产担保效力、权利顺位问题以及司法救济问题等作出了相应规定，这些都有助于助推动产担保制度越来越发达，呈现与不动产担保并驾

---

① 参见最高人民法院民事审判第二庭：《最高人民法院民法典担保制度司法解释理解与适用》，人民法院出版社 2021 年版，第 29 页。

② 参见王利明：《担保物权制度的现代化与我国〈民法典〉的亮点》，载《上海政法学院学报》2021 年第 1 期。

齐驱的态势。三是承认非典型担保,缓和物权法定原则。① 随着当前经济社会发展变化,允许当事人根据实际需要创设具有担保功能的物权的需求越来越强烈。② 实践中,诸如让与担保、融资融券、保兑仓交易、股权回购以及第三方提供的其他能够增加债务人信用和保障债权人实现的措施或者方式,包括但不限于债务加入、第三方差额补足、到期回购以及流动性支持等③增信文件或者增信措施不断涌现。对此,《民法典》不仅在第 388 条为非典型担保的设立预设了制度空间,同时在第 414 条规定"其他可以登记的担保物权,清偿顺序参照适用前款规定",为创设新的担保形态提供了制度便利。2020 年 7 月 20 日,最高人民法院、国家发展和改革委员会发布的《关于为新时代加快完善社会主义市场经济体制提供司法服务和保障的意见》(法发〔2020〕25 号)第 14 条指出,要"准确把握物权法定原则的新发展、民法典物权编扩大担保合同范围的新规定,依法认定融资租赁、保理、所有权保留等具有担保功能的非典型担保合同的效力。结

---

① 杨立新教授认为,《民法典》第 388 条规定"其他具有担保功能的合同",其根本价值在于确认物权法定缓和,参见杨立新:《物权法定缓和的绝处逢生与继续完善——〈民法典〉规定"其他具有担保功能的合同"概念价值》,载《上海政法学院学报》2021 年第 1 期。

② 这一趋势在域外同样存在。英国的法律允许创造大面积的担保利益,包括效力涉及所有资产的担保,这一政策立场成为主流观点。在一起关于特定类型的担保安排是否具有法律效力的案件中,霍夫曼法官评论道,如果案件不危及法律的连续性或者违反公共政策,我想法院在宣布商业社会的某一做法在概念上不可行之时,应当非常审慎。参见[英]艾利斯·费伦:《担保债权的经济优势及担保利益之确定》,罗培新译,载《江淮论坛》2012 年第 2 期。

③ 参见刘保玉、梁远高:《"增信措施"的担保定性及公司对外担保规则的适用》,载《法学论坛》2021 年第 2 期。

合民法典对禁止流押规则的调整和让与担保的司法实践,进一步研究细化让与担保的制度规则和裁判标准,尊重当事人基于意思自治作出的交易安排……”这更为非典型担保制度的发展提供有力的制度支撑和宽阔的发展空间。

五、强调实质担保,消解隐形担保

隐形担保是相较于实质或者显性担保而言的,主要指由当事人之间的意思表示就可以设定对第三人产生优先效力的具有担保性质的权利(无公示),或者虽然形式上要求公示但这种公示却不能为第三人所查知(伪公示)的担保形态。[①] 一直以来,诸如所有权保留、融资租赁以及担保性的债权让与(无公示)等隐形担保,不仅使除当事人以外其他人无从得知当事人之间设定了担保,无法使第三人产生合理预期,影响交易安全;同时也容易引发系统性的金融风险。因此,隐形担保并不符合现代交易实践的发展需要,现代民法的发展趋势也是尽可能地消除隐形担保。根据传统民法原理,包括担保在内的物权都需要公示。此次《民法典》则通过物权编第 403 条、第 404 条、第 414 条、第 415 条、第 416 条以及合同编第 641 条、第 745 条、第 768 条等条文,对动产和权利担保制度进行了重大修改,初步形成了动产和权利担保体系。其中,至关重要的一步在于通过第 641 条、第 745 条等在隐性担保中引入登记对抗制度,使担保得以显形。如《民法典》第 641 条第 2 款规定:“出卖人对标的物保留的所有

---

① 参见龙俊:《民法典中的动产和权利担保体系》,载《法学研究》2020 年第 6 期。

权,未经登记,不得对抗善意第三人。”第745条规定:“出租人对租赁物享有的所有权,未经登记,不得对抗善意第三人”。

为了贯彻落实《民法典》的新规定和新精神,2020年12月22日国务院颁布《关于实施动产和权利担保统一登记的决定》,自2021年1月1日起,在全国范围内实施动产和权利担保统一登记。第2条规定:“纳入动产和权利担保统一登记范围的担保类型包括:(一)生产设备、原材料、半成品、产品抵押;(二)应收账款质押;(三)存款单、仓单、提单质押;(四)融资租赁;(五)保理;(六)所有权保留;(七)其他可以登记的动产和权利担保,但机动车抵押、船舶抵押、航空器抵押、债券质押、基金份额质押、股权质押、知识产权中的财产权质押除外。”统一纳入登记范围的动产和权利担保,由当事人通过中国人民银行征信中心动产融资统一登记公示系统自主办理登记,并对登记内容的真实性、完整性和合法性负责。登记机构不对登记内容进行实质审查。为贯彻落实国务院上述决定要求,2021年12月28日中国人民银行又发布了《动产和权利担保统一登记办法》(中国人民银行令〔2021〕第7号)。该办法着眼于规范动产和权利担保统一登记服务,进一步明确了动产和权利担保统一登记范围、登记机构及职责,细化登记内容,优化登记和查询操作流程,将进一步引导市场主体规范开展动产和权利担保登记与查询活动,进一步提高动产和权利担保融资效率,优化营商环境。这些都为消除隐性担保、保障交易安全提供了有力制度支撑,也对公司对外提供担保制度的发展和变迁带来了重要影响。

第二节　公司对外担保反映出的审判理念优化

公司对外提供担保,原本属于公司正常交易过程中的问题。之所以在实践中引起较大争议,在于其犹如一面透视镜,不仅仅反映出问题的表象,实质上也投射出违法合同的效力认定、公司意志的有效代表以及公司决议的外部拘束力等深层次的问题,更是反映出当前司法机关在面对公司对外担保等疑难复杂民商事纠纷时应然状态上的审判理念与思维。

一、系统思维

公司对外提供担保是一项涉及《公司法》、《担保法》、《合同法》和《民法典》等众多法律规范体系的系统性问题。这些民商事法律制定于我国经济社会发展的不同阶段,如《担保法》制定于我国提出建立社会主义市场经济体制改革目标不久的1995年,《合同法》制定于我国即将加入世界贸易组织的1999年,《公司法》虽然制定于1993年,但2005年进行了较大幅度的修订,充分吸纳了十多年市场经济发展的成果,各自面临的经济社会发展的时代背景不同;更为关键的是,不同法律的立法定位以及承担的宗旨追求各不相同。根据《担保法》第1条①的规定,制定《担保法》是“为促进资金融通和商品流通,保障债权的实现,发展社会主义市场经济”,即《担保法》的立法目的在于促进交易效

① 已废止。

率并保障债权。根据《合同法》第1条[①]的规定,制定《合同法》是“为了保护合同当事人的合法权益,维护社会经济秩序,促进社会主义现代化建设”,《合同法》的立法宗旨在于保护合同当事人的合法权益。特别是自1999年《合同法》实施以来,尽可能认可合同的效力成为司法机关处理合同纠纷的主要思路。这种审判思路深刻地影响了之前相当长时期内有关公司对外担保纠纷的处理。作为调整市场主体交易环节的法律法规,《合同法》《担保法》的立法目的显然在于维护合同效力、促进交易发生、保护相对方的信赖利益,并保障债权实现。具体到公司对外担保合同的效力认定上,适用《合同法》《担保法》自然倾向于选择运用《合同法》第48条[②]、第49条[③]、第50条[④]、第52条[⑤]的过滤机制,在最大程度上切断公司决议效力的对外影响力。[⑥]

而作为组织法,《公司法》是以公司、股东及实际控制人、董事、监事及高级管理人员等为主体,以在公司组织和行为活动中发生的社会关系作为调整对象的法律规范,更多地关注公司决议形成的条件和程序等决策机制、内部权利的平衡与权力的合理配置,这是《公司法》与其他法律的重要区别。如《公司法》第1条就规定,“为了规范公司的组织和行为,保护公司、股东和债

① 已废止,对应《民法典》第1条。

② 已废止,对应《民法典》第171条。

③ 已废止,对应《民法典》第172条。

④ 已废止,对应《民法典》第504条。

⑤ 已废止,对应《民法典》第146条、第153条等。

⑥ 参见郭志京:《中国公司对外担保规则特殊性研究——兼论民法商法思维方式的对立统一》,载《当代法学》2014年第5期。

权人的合法权益，维护社会经济秩序，促进社会主义市场经济的发展，制定本法”。基于此，《公司法》的立法目的不仅要保护相关民商事主体的合法权益，还在于要规范公司的组织与行为；不仅要保护债权人的利益，还在于要保护公司及股东的利益。这一点在当前经济社会进入新发展阶段表现得尤为突出。面对国际国内市场的激烈竞争，只有股东和公司的利益得到充分尊重和维护，才能充分调动各种社会力量投资的积极性，才能更好地激发公司活力与竞争力，进而创造出更多的社会财富。由此关注公司内部法律关系的稳定性，尊重保护公司、股东等主体的合法权益正是《公司法》的职责使命所在。虽然《公司法》也会涉及公司的外部行为和交易，但这些基本属于《公司法》的边际或剩余调整。例如，《公司法》规定的设立行为、股份发行、股权转让、并购交易、公司决议等均涉及公司行为的外部性，涉及以《合同法》为主的交易法的适用，但《合同法》等交易法提供的仅为基础支持，并不能完全解决《公司法》上的组织或管理行为之本体问题。换言之，如果仅仅依据《合同法》等交易法就能解决这些问题，就不需要在《公司法》中就这些问题予以（重复）规定，甚至根本不需要《公司法》。[①] 因此有学者指出，以往《公司法》的重心总在于维护交易安全，但将如何保护公司债权人、公司营业与交易等问题纳入《公司法》调整，会造成规范目的发散，且这些问题实为民法典应规范的事项；在《公司法》修改时应检讨立法目的，回归组织体法本位，以公司的独立法人地位和公司股东权

---

① 参见施天涛：《〈公司法〉第 16 条的规范目的：如何解读、如何适用？》，载《现代法学》2019 年第 3 期。

利保护为中心。[①]

鉴于《担保法》《合同法》作为交易行为法与作为组织法的《公司法》立场不同,视角各异,面对公司对外担保问题产生不同的判断结果就成为逻辑的必然。公司对外提供担保之所以引发较大争议,至关重要的原因在于以往处理类似纠纷时没有认识到公司对外担保的系统性,过于强调运用行为法的《合同法》和《担保法》来调整和认定合同效力,忽视了作为组织法的《公司法》的适用。一些司法机关将公司对外担保行为简单归结为公司与债权人签订的担保合同,单纯地在合同法等交易法框架下处理这类纠纷,而忽略了公司有别于自然人的主体特性,其对外担保的团体意志形成主体与表达主体并不完全一致,公司对外担保的意思并不一定符合其真实意志。这种思路势必会导致在很多情况下只要没有其他合同无效的情形存在,即认可或者支持公司对外担保的合同效力。

实际上公司对外担保折射出在以公司纠纷为代表的民商事纠纷的诸多共性因素。这些因素主要体现在:从调整对象角度,不仅涉及外部法律关系,还涉及内部法律关系,且内外法律关系往往交织在一起。以公司为例,在公司进行交易时,不同于自然人之间的交易,不仅会涉及公司与相对人之间交易行为的法律评价,还需要关注公司内部团体意志的有效形成问题。从调整行为角度,较传统民事行为,更加复杂多元。当前许多民商事交易行为,已不同于交易链条较短、法律关系较为简单的传统民事行为,交易环节或者交易链条较长,复杂程度较高,多个交易关

① 参见邹海林:《关于公司法修改的几点思考》,载《法律适用》2020 年第 1 期。

系相互勾连，甚至一些交易主体为了规避类型化合同的风险，越来越有意识地混淆各种合同性质，或者基于营业目的而淡化合同性质的法律意义；[①]有时为了规避监管，采取多层嵌套、循环交易、虚伪意思表示等模式，人为增加查明事实、认定真实法律关系的难度。[②] 实践中较为典型的如“名股实债”“对赌协议”、复合型合同等问题，这些问题的突出特征在于已经突破单一法律关系足以调整的可能，需要具有系统思维，将相关问题置于整个法律体系进行通盘考虑、综合评判。

而这种系统思维的贯彻落实，一方面体现为法律解读层面，即对某一法律法规条文的理解不能单一化、片面化，不能仅仅停留在法律法规的文字表面进行简单解读，更要综合文义解读、体系解读、历史解读以及功能解读等，多角度、多层次地对其规范目的进行深入的分析判断，特别是在面对违反法律法规的强制性规定的行为效力认定上，要牢牢把握法律法规的规范目的并结合适用规范后的效果权衡等来认定合同的效力。另一方面则体现在法律适用层面。一些复杂的商事交易尤其公司之间的交易行为，较之自然人之间的交易，内容更加繁杂，涉及的法律关系更加多重，参与调整的法律法规也更加多元。对于这些法律行为的性质认定、效力评判，不宜仅仅地依据某一部法律进行简单的分析，更需要综合与之相关的其他法律法规，将其置于更高

---

① 参见江必新：《商事审判与非商事民事审判之比较研究》，载《法律适用》2019年第15期。

② 参见刘贵祥：《关于人民法院民商事审判若干问题的思考》，载《中国应用法学》2019年第5期。

层级的法律体系框架下去审视、去辨析、去处理,特别在适用合同法规则解决公司法问题时,不能脱离公司团体性思维、公司意思形成的团体逻辑等因素,以确保相关纠纷处理的法律效果与社会效果实现有机统一。

二、商事思维

我国历来坚持民商合一的理念。《民法典》便是秉持这一理念的立法典范。《民法典》中不仅规定了婚姻、家庭、继承、侵权、人格权等传统民事法律关系的内容,也有不少内容实际上是商法调整的范畴。例如,《民法典》在合同编典型合同分编中新增加的"保理合同"一章就是较为典型的商法内容。但在坚持民商合一的同时,民事行为和商事行为的差异性同样不容忽视。有观点将商法的独特理念概括为营利为本、商人自治、效率优先、保障安全四个方面;①也有观点就民事行为和商事行为的区别归纳出行为主体、行为目的、行为方式和形态、行为理性、行为客体、行为功能六个方面的不同。② 不仅如此,民法和商法的价值追求上也时有冲突,民法以定分止争、实现社会公平为最高价值,商法的制度设计则以效益优先占据导向地位,且效益不局限

---

① 参见薛波:《论公司法改革中商法思维的引入和运用》,载《北方法学》2017 年第 1 期。

② 参见余冬爱:《民、商区分原则下的商事审判理念探析》,载最高人民法院民事审判第二庭编:《商事审判指导》2011 年第 1 期(总第 22 辑),人民法院出版社 2011 年版,第 112 页。

于特定主体而是对整体经济利益的追求及实现。[①] 这种差异性在具体矛盾纠纷中体现就更为明显。如商法思维主导下的学者通常以商事组织法——《公司法》为中心，以保护公司和中小股东的利益作为出发点，在价值衡量的过程中通常偏向于公司相关者的利益保护，自然倾向于公司决议效力的统一，公司内部决议在公司法定化的情况下（决议法定化）具有溢出效应（决议效力外部化），以决议效力主导合同效力。而民法思维主导下的观点往往以商事行为法——《合同法》《担保法》为中心，以保护相对方的信赖利益、促进交易的效力和安全为要务，自然倾向排除内部决议的直接对外效力。这样就导致了两种价值的冲突和两种思路的对立。[②]

近年来，有关商事审判思维和裁判方法日益受到学界的关注和重视，针对商事交易运用商事审判思维去调整和处理也越来越成为实务界的共识。2010 年全国法院商事审判工作会议明确提出了“商事审判”这一称谓。在《九民会纪要》出台之际，最高人民法院专职审委会委员刘贵祥大法官就提出要树立具有典型商法特色的穿透性思维，在准确揭示交易模式的基础上，探究当事人的真实交易目的，根据真实的权利义务关系认定交易的性质与效力。[③] 民法思维与商事思维的差异性，也受到我国台湾

① 参见李建伟：《公司决议的外部效力研究——〈民法典〉第 85 条法教义学分析》，载《法学评论》2020 年第 4 期。

② 参见郭志京：《中国公司对外担保规则特殊性研究——兼论民法商法思维方式的对立统一》，载《当代法学》2014 年第 5 期。

③ 参见最高人民法院民事审判第二庭编著：《〈全国法院民商事审判工作会议纪要〉理解与适用》，人民法院出版社 2019 年版，第 69 页。

地区学者的关注。王文宇教授就认为,对于公司行为的效力问题,不应采取民法的态度与思考方式,而应另行设计更合于公司环境之法制。于某些特殊议题上,公司法应与民法脱钩,形成自主的原理原则。例如,须审慎地对待"无效"之事件,不应轻言使之无效。若坚守民法上无效乃自始、确定、绝对无效,毋待法院介入的这种说法,将会造成公司及其交易相对人无穷的困扰,毕竟可能双方皆你情我愿,觉得如此交易相当合算,却因法律硬生生介入而告终,对双方皆不利。① 甚至有学者提出,公司对外提供担保的问题,从根本上说不应将民法领域的《担保法》规定适用于商法领域的公司担保。民法中的担保主要是个人担保,执行担保事务的"行为人"与承担担保责任的"担保人"是合一的。因此对于担保人追责可以促使其在执行担保事务时更具谨慎,以降低担保合同无效但仍需要承担过错责任的风险;然而在公司提供担保时,"行为人"与"担保人"是分离的,前者是法定代表人,后者是公司,二者之间存在代理成本,这也是公司的特殊性和公司法存在的价值。② 上述种种观点,都说明在处理商事纠纷中要重视商事思维的运用和实践,在法律框架体系内更多地从商人视角、商事思维来分析矛盾纠纷的症结,探寻应对破解的对策。

适用商事思维,需要关注对商事主体行为能力的考量。商事主体与民事主体的重要区别就在于商事主体的营利性、专业

---

① 参见王文宇:《公司法论》,台北,元照出版有限公司2016年版,第191页。

② 参见黄辉:《现代公司法比较研究——国际经验及对中国的启示》,清华大学出版社2020年版,第145页。

性以及承担责任的严格性。比如在公司对外担保案件中，多数债权人（相对人）都是商事主体，尤以公司和银行居多。对于公司来讲，知晓规范公司法律行为的《公司法》是其职责所在，而银行更是专业的金融机构，有专业的法务部门和规范的审查程序，对其在签订担保合同时课以一定的审查义务，是情理之中事情。实践中，若忽视债权人（相对人）作为商事主体的特殊性的考量，仍然一味以民法上的善意第三人理论等对其加以保护，无疑会损害到另一方商事主体——作为担保人的公司的利益。这样对交易的平等双方以不同的标准进行要求，不仅不符合公平原则，更加打破了商事主体之间的利益平衡，难免会形成倾斜保护引发另外一方的不满，造成裁判的不公正。① 换言之，在商事交易中商事主体普遍具有相应的缔约能力，具备某一特定领域的专业经验、知识储备、业务能力，甚至掌握了该领域不为外部所知晓的商业信息等情况，一般不存在民事交易中需要倾斜保护的情形，理应自行承担相应的法律后果。

适用商事思维，要充分尊重商事主体的意思自治。在商事领域，商事主体大多是理性"经济人"，针对一些交易模式、行为方式等，商事主体最有发言权，最知晓其中的利害关系，而相对应之下司法机关往往作为局外人，难以判断其合理与否。因此，司法应秉持审慎介入的态度，充分尊重商事主体的意思自治，尊重商业惯例，不宜轻易地运用司法判断取代商事判断。一定程度上这可以从商法的起源中得到论证。商法最早源于地中海区

---

① 参见陈敏、李珍珠：《公司对外担保效力认定的裁判转向——以债权人审查义务为中心》，载《法律适用》2018 年第 24 期。

域的商人法,系由专门从事商业活动的商人之间的交易习惯演化而来,因此商法中很多规则都源自商人的行为模式、交易习惯。这些商业行为模式往往在一定程度上既是商业创新的体现,反过来也推动了商法的发展完善。长期以来,美国法院就遵循"商业判断准则"①,对于董事没有个人利益冲突的商业决策行为,法院不应在事后以自己的判断去替代董事当时的判断。其主要原因在于法官并非董事,且法官在事后进行审查,难免有"事后诸葛亮"之嫌,这样不利于鼓励董事积极进取,承担正当的商业风险。没有商业判断规则的保护,董事就会倾向于保守,就不愿意去进行必要的商业冒险,不利于市场开拓。因此,在商事纠纷处理中,应充分尊重商事主体的自由意志,针对同一商事纠纷遇到两种观点意见时,要考量哪一个更加契合意思自治;将市场交由商人,让专业的人做专业的事,在激发商事主体积极性的同时,增加社会财富,推动社会进步。

适用商事思维,应当充分尊重商事行为的稳定性。追逐利益最大化是商事主体行为的出发点和归宿,这就意味着广大商事主体更期待交易的有效性。商事主体在追逐利益最大化的指引下,会不断设计出新的合同类型、新的交易模式,会针对传统合同类型下约定新的业务条款,甚至部分交易结构已经远非传统民法理论所能囊括。例如,《民法典》为应对实践中不断涌现

① 美国特拉华州最高法院曾对"商业判断规则"有过经典表述:"我们推定公司董事在作出商业决策时,以充分信息为基础,诚实信用,并诚实地相信其行为是符合公司最佳利益。如果董事没有滥用决策权,其商业判断将受到法院的尊重。想推翻该商业决策的一方负举证责任来推翻这一推定。"参见胡田野:《公司法律裁判》,法律出版社 2012 年版,第 11 页。

的新的担保类型，在第 388 条将担保合同拓展为“包括抵押合同、质押合同和其他具有担保功能的合同”。对于类似的商业创新行为，司法机关应当秉持私法领域“法无禁止即可为”原则，只要相关行为未违反法律法规的强制性规定，对该行为所涉的利益均可认定为正当利益；[①]应从鼓励交易、促进交易等角度保持谦抑态度、包容精神，不轻易否定行为的效力。例如，在商事纠纷中需要从严把握违约金调整的条件和标准[②]，从宽把握对赌纠纷中投资人与目标公司之间对赌协议的有效性。但尊重商事行为的稳定性并不代表完全放任自流。商事主体在追逐利益最大化的过程中，难免会因利润追求的盲目性和各自为政，造成市场调整机制的失灵，此时就需要司法机关的及时介入，纠偏失控的自治机制，以维护商业正义。实践中，鉴于公司对外担保需要履行较为严格的法定程序，而提供具有财产责任的增信措施则程序宽松，较为便捷，因此不少商事交易中出现将增信措施嵌入担保的交易模式。这些交易模式虽然体现了意思自治，但个别情形下有违商业正义。例如，在一些《差额补足协议》中约定“当信托计划终止时，若信托计划委托财产未实现本金及约定的投资收益，××方无条件对信托计划委托人进行差额补足”，如此设计交易模式除了满足交易便捷与效率外，更重要的是为了掩饰

---

① 参见江必新：《商事审判与非商事民事审判之比较研究》，载《法律适用》2019 年第 15 期。

② 针对违约金，《德国民法典》和《德国商法典》采取不同的立法例。其中，《德国民法典》第 343 条规定，罚处违约金的金额过高者，在债务人提出申请时，得以判决减至适当的金额。而《德国商法典》第 348 条则规定，商人在经营其营业中约定的违约金不得适用《民法典》第 343 条的减少的规定。

担保的外观,规避法律的规制及金融管理机构的监管。[①] 为此,在商事审判中要在准确揭示交易模式的基础上,探究当事人的真实交易目的,根据真实的权利义务关系去认定交易的性质与效力。

适用商事思维,应当充分包容商事活动的竞争性。商事活动的逐利性决定了不同商事主体之间的竞争是必然的。在商业实践中,经常出现少数商事主体凭借自身在质量、管理、服务、创新等方面的长处而逐步占据优势市场地位,成为商业赢家,获得更多利润。此时从表面上看不同商事主体之间存在"不公平",中小经营者处于弱势地位,但这恰恰是市场竞争的规律所在。[②] 较为典型的表现在格式条款上。格式条款往往都是"预先拟定"的,且在订立合同时提供方"未与对方协商",从表面上看格式条款背离了合同自由原则,排除了相对方对条款内容的充分磋商,对相对方而言有失公平,但从商事活动角度来看,这恰恰是为了在短时间内尽可能多地开展交易而"重复使用",是适用社会生产规模化和产品标准化的需要,是商业活动发展到一定阶段的必然需求。因此在商事纠纷中,针对商业竞争行为应秉持宽容态度:只要竞争本身处于良性运行状态,处于优势地位的竞争者并未滥用其自身地位,对其所拥有的竞争优势就应当予以尊重和保护;甚至在一定情况下,对这种商业竞争还需采取鼓励的态

① 参见刘保玉、梁远高:《"增信措施"的担保定性及公司对外担保规则的适用》,载《法学论坛》2021 年第 2 期。

② 参见江必新:《商事审判与非商事民事审判之比较研究》,载《法律适用》2019 年第 15 期。

度。唯其如此,才能通过良性竞争,激发更多的商事主体不断提高经营水平,不断提高产品和服务质量,进而实现社会发展的整体跃升。

三、利益平衡思维

民商事纠纷本质上是利益冲突。公司内部法律关系的利益冲突主要体现在:(1)股东与公司之间的利益冲突。原则上股东利益与公司利益是一致的。公司盈利,股东分享红利;公司亏损,股东利益受损。但二者利益并非完全一致。在某些情形下,股东利益又可能与公司利益不一致,如大股东就可能利用控股地位,掏空公司而中饱私囊。(2)股东与股东之间的利益冲突。股东与股东之间的利益冲突是难免的。特别在我国,大股东与中小股东之间的利益冲突尤为常见,大股东有时会利用其在公司的控股地位或者表决权重、信息占有等方面的优势来压榨和损害中小股东利益。(3)公司与经营者之间的利益冲突。一般而言,公司董事对公司经营活动应尽到忠实、勤勉义务,理应为公司的最大利益服务。但董事同样具有人性的弱点,在工作中就会产生机会主义,会利用其在公司中的特殊地位谋取个人利益。[①] 正是基于此,《公司法》第 16 条就公司对外担保程序作出了较为严格的规定。公司外部法律关系层面的利益冲突主要是公司和交易相对人之间的利益冲突。实践中公司对外担保之所以存在类案不同判,一个重要因素就在于利益保护的视角不同。有的立足于保护相对人利益,倾向认定担保合同有效;有的则着

---

① 参见梁上上:《公司担保合同的相对人审查义务》,载《法学》2013 年第 3 期。

眼于保护公司及其中小股东的利益,倾向于认定担保合同无效。一直以来,“债权人保护至上”原则被奉为圭臬,一定程度上影响了公司及股东利益的保护,引发了学界较多的质疑声,以至于有学者提出《公司法》本身承担着维护公司和股东利益的职能,如果过分强调对公司相对人利益的保护,难免导致法律功能及法律解释的错位。[①] 如果公司法规范或者解释不能合理顾及公司与债权人之间的利益平衡,根本伤及公司或股东利益,必然诱使投资者远离公司制度,公司于企业形态上的进步性就将淹没于某种情感宣泄中。[②] 这都意味着在商事纠纷中要贯彻落实好利益平衡的理念。

贯彻落实利益平衡理念,要解决好对公司债权人的整体保护问题。具体到司法实践中,不能仅仅强调保护接受公司对外担保的债权人(相对人)的利益,而忽视公司其他债权人的合法利益。因为,作为市场交易的重要主体,公司的存在和发展必须以与其他市场主体发生债权债务关系为前提和基础,这就意味着公司必然会存在众多的债权人和债务人,尤其是公司的债权人往往存在有担保的和无担保的区分,其在债权受偿上的差异性是相当明显的。担保的无偿性特点决定了担保权人在获得债务清偿时一般无须支付相应对价,而公司其他债权人的债权成立是基于对待给付义务的履行,且债务人违约时,担保债权人比无担保债权人拥有更多的选择权,“会导致无法补偿的风险落到

---

① 参见叶林:《公司法研究》,中国人民大学出版社2008年版,第150页。

② 参见王毓莹:《公司法规范变革的六大重要视角》,载《中国法律评论》2020年第3期。

最不知情、调整贷款条款的能力最差、在借款公司破产时得到的保护最弱、并且最没有能力承担财务困境的债权人头上”。[①] 如果任由法定代表人设定担保,在公司承担担保责任后,很可能无力清偿公司的其他债务,这种结局无疑对公司其他无担保的债权人有失公平。即使抛开公平与否的价值判断这些形而上的裁判标准,单纯从利益衡量的角度出发,也不能推导出担保债权人的利益会大于公司诸多利益相关者的利益总和的结论。[②] 在公司对外提供担保问题上,内部限制说所倡导的一味保护交易安全实际上忽视了对公司利益的保护,使公司其他债权人和公司股权利益在法律上得不到平等保护,最终可能会在更大范围内损害交易安全。正如学者所担忧的,如果法律轻易接受债权人的担保偏好,从而会发生以下情形:担保权人可以介入卷走一切,而什么都没有给无担保的债权人留下,特别是那些未获薪酬支付的员工。在英国,此类担忧已经引起了立法机关的关注,英国公司立法引入强制性披露要求予以干预,据此绝大多数的担保形态必须进行登记才能获得法律效力。向来推崇市场机制的英国对公司担保的保守立场,当值我国借鉴。[③]

贯彻落实利益平衡理念,要解决好对公司及股东与相对人之间的均衡保护问题。在商事交易中,虽然作为债权人的相对人的利益需要得到关注,但公司和股东的利益保护同样不容弱

---

① [英]艾利斯·费伦:《担保债权的经济优势及担保利益之确定——以英国普通法为视角》,罗培新译,载《江淮论坛》2012 年第 2 期。

② 参见吴飞飞:《公司担保案件司法裁判路径的偏失与矫正》,载《当代法学》2015 年第 2 期。

③ 参见罗培新:《论商事裁判的代理成本分析进路》,载《法学》2015 年第 5 期。

化和忽略。一直以来，在打着维护交易安全、保护善意第三人、维护信赖利益等口号下，交易相对人在利益保护的天平中成为被倾斜保护的一方，但其背后带来的是对公司及股东利益的戕害。以至于有学者对当前采取“善恶二分制”规则以保护善意相对人为基点的制度设计提出质疑，认为忽视和损害了应受优位保护的公司组织及相关利益主体的利益。[①]《公司法》第16条本身就是为了保护公司和股东利益，如果无视该条款设立的初衷，就无法阻止公司实际控制人或大股东利用公司担保损害公司及其他股东的利益。尤其在当前积极营造法治化营商环境的时代背景下，股东是公司的投资者，是公司直接融资的主要对象，依法维护股东权利更是保护营商环境的重要内容。公司要实现财富的增长，必须要有充足的资本来源。沿着这一思路，如果不能很好地维护股东的合法权益，公司不能为股东谋取合法收益，股东投资热情必将减退。《公司法司法解释四》聚焦股东权利保护，就是让千千万万的投资人看到，他们投资形成的股东权利是有司法保障的。[②] 这些都要求法官在处理公司对外担保等纠纷时，要有意识地融入价值判断和利益衡量，避免将单一利益绝对化，均衡保护好相对人和公司及股东等各方利益，在保护好相对人合法权益的同时，充分激发好股东的投资积极性，尤其要妥善处理好担保合同不发生效力后作为担保人的公司与作为债权人

---

① 参见李建伟：《公司决议的外部效力研究——〈民法典〉第85条法教义学分析》，载《法学评论》2020年第4期

② 参见杜万华主编、最高人民法院民事审判第二庭编著：《最高人民法院公司法司法解释（四）理解与适用》，人民法院出版社2017年版，第2页。

的相对人的利益平衡保护问题。如前所述,担保合同不发生效力,相对人非善意的,有观点认为此时相对人的行为属于自甘冒险的行为,法律没有必要对其予以特殊保护;《民法典担保制度司法解释》第 7 条第 1 款第 2 项和第 17 条的规定有过度保护相对人之嫌,不值得赞同。[①] 对此,笔者认为,结合《民法典担保制度司法解释》第 7 条和第 17 条的规定,相对人非善意的,担保合同对公司不发生效力;相对人请求公司承担赔偿责任时,"债权人与担保人均有过错的,担保人承担的赔偿责任不应超过债务人不能清偿部分的二分之一"。这一系列的制度设计,不仅否定了在相对人非善意的情况下,公司承担担保责任的可能性;而且将作为担保人的公司的责任范围限定在"债务人不能清偿部分的二分之一"以内,定位为债务人的补充责任。更需要引起注意的是,《民法典担保制度司法解释》第 17 条使用了"不应超过"这样的表述用语,实际上为司法机关在个案中结合具体案情,特别是债权人、担保人的过错程度提供了自由裁量的制度空间。因此,从某种意义上讲是已充分考量了利益平衡的因素。

贯彻落实利益平衡理念,要秉持对中小股东利益的优先保护问题。经济利益是个整体,单纯地限制或者扩张某一方的利益诉求都可能导致整个利益体系的失衡,引发社会不公;相反如同经济学领域的"木桶原理"一样,对木桶中最短的木板予以加固,对利益体系中最值得关注的群体给予适当优先保护,则能最大限度地实现各方利益的平衡,最大程度上增加利益总量。在

① 参见迟颖:《法定代表人越权行为的效力与责任承担——〈民法典〉第 61 条第 2、3 款解释论》,载《清华法学》2021 年第 4 期。

公司法领域,中小股东利益保护是一直在着力解决且迫切需要解决的课题。2021 年年底,全国人大常委会法工委公布的有关《公司法》修订草案的说明中就指出,现行公司法律制度存在一些与改革和发展不适应、不协调的问题,其中就包括中小投资者和债权人保护需要加强等。根据中国证券投资者保护基金有限责任公司联合沪深交易所、中国证券登记结算有限责任公司、中证资本市场运行统计监测中心、中证中小投资者服务中心等于 2018 年 9 ~ 10 月共同开展的首次"全国股票市场投资者状况调查"的成果显示:截至 2018 年 8 月 31 日,全国股票投资者数量达 1.42 亿,其中自然人投资者占比 99.77%。从基本属性与资产配置情况来看,近八成受调查投资者收入主要来源于工资、劳务报酬,超九成的年度税后收入在 50 万元以下,二成固定样本和三成随机样本投资者背有房贷、消费贷等债务。① 由此可见,在股票证券市场中,我国股权结构主要以中小股东为主体,中小股东的利益保护亟待受到关注。而以往的司法实践中,中小股东的利益不仅受到来自外部相对人利益保护绝对化的伤害,还受到大股东滥用控股地位及信息优势等的剥夺,成为最需要给予利益关注的群体之一。特别在公司对外担保中,对外担保意志的形成更多的是大股东通过资本多数决实现的结果,在一定意义上剥夺了话语权相对弱小的中小股东的利益;同时,公司担保的设定又稀释了公司对其他债权人的偿债担保,间接地影响

① 参见《首次全国股民状况调查:自然人超 99.7% 近八成收入来自工资》,载央广网 2019 年 3 月 31 日,https://baijiahao.baidu.com/s?id=1629516602714345647&wfr=spider&for=pc。

了中小股东的财产权益。在这种情况下，通过对中小股东利益适当倾斜保护的方式，不仅是对实现原有的利益保护策略必要的矫正，还可从实质层面实现交易相对人、公司、公司其他债权人、控股股东以及公司中小股东之间利益的真正平衡。

四、交易安全思维

交易安全是民商事法律的重要价值。相较于民事活动，商事活动对交易效率、交易成本更加看重，对交易安全的追求更高。这是商事经营活动自身发展的内在要求，反之缺乏交易安全的保护，商事活动难言有序发展。然而当前在商事领域，对于交易安全的贯彻落实，却面临着外观主义滥用、交易安全保护过度的问题。这种交易安全的不当适用主要表现为：一是交易安全适用场景普适化。公司法律关系分为内部法律关系和外部法律关系，内部法律关系一定程度上也存在交易行为，如股东与股东之间、股东与公司之间、名义股东与隐名股东之的交易行为，实践中也援引交易安全作为处理纠纷的重要依据。二是交易安全适用片面化。在实践中，交易相对人或者第三人往往被表征为交易安全的标志，许多制度设计都围绕着相对人或者第三人的利益保护为基点进行，但“交易安全并不仅仅是外部债权人的交易安全，公司本身也是交易安全中需要保护的主体”。[①] 换言之，保障交易安全不能被解读为保护交易中某一方的利益，而是

① 蒋大兴：《公司组织意思表示之特殊构造——不完全代表/代理与公司内部决议之外部效力》，载《比较法研究》2020 年第 3 期。

保护交易本身之安全。[①] 还有学者从经济合同理论指出,公司内部治理结构实为公司参与方之间的契约关系,自然也属于交易关系的范畴。为何优先保护外部交易关系(担保关系),而牺牲内部交易关系(公司治理),难以用保护交易安全的理由来解释。换言之,外观主义选择外部交易安全而舍弃内部交易安全,显然无法以“交易安全”本身来解释,必然存在另外的理由。[②] 一味强调交易外观,维护交易相对人利益的裁判,极易造成公司内外串通侵占公司资产,增加公司经营风险,危及公司运营安全。三是交易安全缺乏特殊性的考量。同样的交易行为,公司主体与自然人不同,这主要是因为公司意思形成机关和公司意思表达主体之间存在不相一致并相互分离的情形,由此产生的问题是公司不可能像自然人一样,都由同一个主体来形成意思并对外表示,进而导致交易相对人或者第三人所感受到的意思表示可能并非公司的真实意思,因此,处理公司纠纷就不可避免地隐含增加了对公司利益、股东权益的保护问题。不考虑这些特殊因素,简单适用交易安全理论来处理公司矛盾纠纷就容易引发较大争议。以公司对外提供担保为例,不宜单纯以所谓维护交易安全、保护交易信赖为由认定公司对外提供担保的合同效力。从《公司法》修订草案的有关情况来看,之所以要在《公司法》中对公司对外提供担保问题作出规定,一个非常重要的因素就在于当时

① 参见李建伟:《公司决议的外部效力研究——〈民法典〉第 85 条法教义学分析》,载《法学评论》2020 年第 4 期。

② 参见詹巍:《公司担保案件裁判规则的反思与重构——基于交易成本的分析视角》,载黄红元、卢文道主编:《证券法苑》(第 18 卷),法律出版社 2016 年版,第 440 页。

公司对外提供担保的问题较多,“可能对公司财产带来较大风险”,需要加以规范。由此观之,《公司法》最初规定公司对外担保问题的目的在于规范公司担保行为,保护公司财产的静态安全,而非像后来不少观点所主张的是保障与公司签订担保合同的相对人的利益,保障交易的动态安全。让《公司法》第 16 条来承担起评判公司对外提供担保合同的效力问题,显然超出了该条款最初的立法目的和功能预设。因此,在商事纠纷处理上,要贯彻落实好交易安全理念,要注重理念适用的场景,把握好理念适用的关键,处理好理念适用的效果。

贯彻落实交易安全理念,要注重把握交易安全的适用场景。交易安全的保护往往与外观主义、善意第三人保护和信赖利益保护等理论和制度联系在一起的。交易安全体现为善意第三人保护,其理论基点在于外观主义。所谓外观主义,主要是指以当事人的行为外观或者权利外观为准来认定其产生法律效果的原则;即使外观可能是虚假的、不真实的,但只要相对人或者第三人出于善意,因合理信赖该外观而做出的交易行为就应受到法律保护。① 但外观主义并不适用于所有场景。第一,外观主义的适用对象限于调整外部法律关系,原则上并不适用内部法律关系的调整。外观主要包括当事人的行为外观或者权利外观,外观主义旨在保护交易相对人或第三人因合理相信当事人的权利外观或行为外观的信赖利益。在公司对外提供担保纠纷中,就

① 参见张勇健:《〈公司法〉司法解释(三)解读》,载最高人民法院民事审判第二庭编:《商事审判指导》2012 年第 1 期(总第 29 辑),人民法院出版社 2012 年版,第 71 页。

涉及公司形成担保决议的内部法律关系和公司与相对人签订担保合同的外部法律关系。基于公司内部股东之间相互熟悉彼此实际情况,没有需要识别或者信赖的外观存在,因此外观主义原则上只适用于解决公司与相对人签订担保合同的效力评判上,难以作为处理公司股东之间就公司担保形成决议的效力判定依据。内部法律关系更多地应当按照实事求是原则,尊重当事人之间的意思自治。基于此,最高人民法院《关于适用〈中华人民共和国公司法〉若干问题的规定(三)》(2020修正)第24条第2款方才规定"名义股东以公司股东名册记载、公司登记机关登记为由否认实际出资人权利的,人民法院不予支持",明确排除了名义股东在与实际出资人因投资权益发生纠纷时以权利外观对抗实际出资人的可能性。第二,外观主义适用于交易行为的调整。非交易场合大多不得运用外观主义。这意味着外观主义旨在保护"交易行为"过程中所产生的信赖利益,即限定于就登记标的物的交易行为,非通过交易而仅对登记名义人享有一般债权的第三人排除在外观主义的适用范围之外。[①] 第三,外观主义的适用在于存在利益冲突难以抉择、"两害相较取其轻"的情景。外观主义的适用实际是例外情形、无奈之举,即两方当事人的意思、权利相冲突,不能两全,只得按照当事人的行为外观或者权利外观,特别是交易相对人有理由地对该外观的信赖,两害相权取其轻,两利相权取其重。[②] 而在两方当事人的意思、权利不相

① 参见毛海波:《〈民法典〉框架下司法对外观主义理论的精准把握与限缩适用》,载《法律适用》2021年第9期。

② 参见崔建远:《论外观主义的运用边界》,载《清华法学》2019年第5期。

冲突的场合，并不适用外观主义。这也意味着外观主义的适用要审慎，完全是“不得已”的结果。外观主义的适用场景要求，对于交易安全理念的贯彻设定了适用的边界，不宜在内部法律关系调整、非交易行为规范中适用交易安全理念，同时交易安全的适用往往是在两种利益存在冲突下审慎抉择的结果。

贯彻落实交易安全理念，要妥善把握好信赖利益保护的合理性问题。贯彻交易安全理念，旨在保护交易相对人的信赖利益，这种信赖一方面体现在交易人对其所为交易行为合法性的信赖，其行为不应受到法律的否定性打击而使之无效；另一方面表现为交易人对其所为交易行为确定性的信赖，即行为不应由于当事人的任性而处于长期效力不稳定状态，以及对交易的可合理预测和计算。[①] 只要相对人在交易过程中是善意且无过失的，对商事主体的行为外观和权利外观的信赖是合理的，其对交易行为合法性、确定性以及结果的可预测性的信赖等就应得到尊重和维护，由此才能激励广大社会成员大胆而积极地参与社会经济活动，增强社会活力，创造更多的社会财富。同时这也意味着，交易安全对相对人利益的维护并非无预设前提。一方面，交易安全保护的信赖应当是“合理”的，即只保护对错误公示产生合理信赖的相对人，相对人对交易对象产生误解所引发的信赖不在此列。另一方面，交易信赖保护的“合理性”也会因外观形成基础的不同而存在差异。其中，基于登记、公告以及其他法律明确规定的形式而形成的外观，公信力较强，相

① 参见石旭雯：《外观主义在商事裁判中的适用》，载《福建江夏学院学报》2013年第6期。

反对交易相对人信赖合理性的要求低,相对人只要尽到普通人的注意义务即可享受到信赖利益保护;而基于占有等自然事实而形成的外观,由于外观事实的形成缺乏法律规定所具有的公示效力而且缺乏公权力介入等因素的加持,公信力较低,相对人须尽到善良管理人等较高程度上的注意义务方可享受到信赖利益保护。公章崇拜就属于此种情况。公章作为特定物,是可以脱离真正权利人而独立存在的,这种独立存在性就使公章具有被滥用或者被盗用加盖的可能性,因此公章就形成公司意志外观而言,只能起到补强或者加固的作用,难言公章加盖即为公司完全授权的象征;加之《公司法》第 16 条明文规定了公司对外担保的决定程序和决定主体,已然充分"公示"了签订对外担保合同并非法定代表人可以单独决定的事项,那么实践中针对公司法定代表人在担保合同上签字并加盖印章,相对人既未审查公司章程,亦未审查董事会、股东会或者股东大会决议即接受担保合同的,就难言其主观上是善意的,起码是有过失的,更遑论其信赖利益是合理的。因此,在商事审判中要特别注重对相对人信赖利益合理性的把握和认定,不宜使交易安全适用泛化。

贯彻落实交易安全理念,要审慎把握好适用效果的妥当性问题。这种妥当性体现在交易安全的适用要保持对社会最低伤害原则,即在保护动态交易安全的同时,还需实现对静态财产安全的兼顾以及对社会总体成本的考量。静态财产安全与动态交易安全对于公司而言,如同源头和活水之间的关系。没有交易安全的保障,公司就不敢参与经营活动,社会也就丧失活力。正是基于此,《民法典》第 61 条第 3 项规定,"法人章程或者法人权力机构对法定代表人代表权的限制,不得对抗善意相对人”;第85条规定,营利法人依据被撤销决议与善意相对人形成的民事法律关系不受影响。这些都是对交易安全的保障条款。但与此同时,也不能忽视代表静态财产安全的公司和股东权益的保护,特别不能伤及股东投资的积极性。尊重和保障公司的生存权与发展权是《公司法》的核心原则,《公司法》要千方百计地鼓励公司诞生和生存,更要促进公司繁荣和可持续发展。公司登记制度设计、公司治理现代化、公司纠纷裁判、公司监管战略与工具箱的选择、公司刑事司法政策的选择、税收征管乃至宏观调控政策的谋篇布局,都着眼于促进公司生存和可持续发展,增强核心竞争力。[①] 这些制度安排和要求投射到司法领域,都意味着在公司纠纷处理中要关注公司的生存权和股东的合法权益。缺乏对静态财产安全的应有保障,股东丧失了投资的积极性,融资难问题解决不了,公司的生存难以为继,经济社会发展同样属于镜中花、水中月。从法经济学角度来分析亦是如此。交易成本应当是社会成本的总和,包括相对人的交易成本以及公司的预防成本。对于可双边预防的行为,让其中一方承担全部责任并不是最优的选择,无法同时对双方产生有效预防的激励。就公司对外提供担保而言,除了相对人的交易成本得到合理控制外,保证交易符合公司利益同样重要——甚至更为重要,至少目前如此。法律理应限制法定代表人的对外担保决议权,将其留给股东(大)会,或至少董事会;第三人也理应更加谨慎,而不

---

① 参见刘俊海:《论公司法与民法典的良性互动关系》,载《法学论坛》2021年第2期。

是随手接受。[①] 如果一味地强调交易安全，就直接或者间接地增加了社会运行成本，这种保护交易安全的做法是非科学的，起码是难以持续的、不经济的。

① 参见何欢：《再议代表人越权对外担保的法律效力——基于公司担保法律规则的体系化解读》，载《交大法学》2015年第2期。

代结语：写在《公司法》第六次修订之际

《民法典》出台后，《公司法》成为民商事领域法律人最为关注的一部法律。2019 年全国人大常委会法工委启动《公司法》修改的立法工作，2021 年 12 月 24 日新的《公司法》修订草案对社会公布。修订草案共 15 章 260 条，在现行《公司法》13 章 218 条的基础上，实质新增和修改 70 条左右。其中，修订草案第 71 条规定："有限责任公司向其他企业投资或者为他人提供担保，按照公司章程的规定，由董事会或者股东会决议；公司章程对投资或者担保的总额及单项投资或者担保的数额有限额规定的，不得超过规定的限额。公司为公司股东或者实际控制人提供担保的，必须经股东会决议。前款规定的股东或者受前款规定的实际控制人支配的股东，不得参加前款规定事项的表决。该项表决由出席会议的其他股东所持表决权的过半数通过。"第 123 条规定："本法第七十一条关于有限责任公司向其他企业投资、为他人提供担保的规定，第七十二条至第七十五条关于有限责任公司股东会决议无效、可撤销、不成立的规定，适用于股份有限公司。"从形式来看，公司对外担保制度并非此次《公司法》修订的重点内容,[①]但也作了一定的调整。例如,在总体架构方面,《公司法》将公司对外担保问题规定在“总则”章内,作为一项基础性制度而设置;而修订草案并未将公司对外担保问题规定在总则部分,而是将其分为有限责任公司和股份有限公司进行单独规定。又如,在决议主体方面,《公司法》将公司对外担保的决议主体根据关联担保或者一般担保,设置为董事会、股东会或者股东大会,而修订草案则去掉了“股东大会”作为决议主体的设置。

针对《公司法》的上述修订内容,理论界和实务界提出了不少意见建议。有观点对目前草案文本表示遗憾,[②]认为《公司法》修订草案并未就公司对外担保行为作出相应的回应:《公司法》第16条是否影响公司外部行为的效力?该条规定是规范公司内部治理的,还是特别告知外部债权人要审查公司内部决议的?虽然实务界将公司对外担保问题纳入公司法定代表人的代表权限制,但在《公司法》有关法定代表人的权限方面并未有此制度

---

① 全国人大常委会法工委在《关于〈中华人民共和国公司法(修订草案)〉的说明》中列举了修订草案坚持党对国有企业的领导,关于完善国家出资公司特别规定,关于完善公司设立、退出制度,关于优化公司组织机构设置,关于完善公司资本制度,关于强化控股股东和经营管理人员的责任,关于加强公司社会责任七个方面的主要内容,并不涉及公司对外提供担保问题。

② 有观点认为,公司法修订应当正面回应《公司法》第16条的逻辑、困境与现实,并且给出明确的答案,而不是视而不见,继续不置可否——这是真正的《公司法》问题,也是《公司法》应当明确回应的问题。参见《公司法修订与公司法第16条的困境纾解》,载法与思微信公众号2022年3月13日,https://mp.weixin.qq.com/mp/profile_ext?action=home&__biz=MzAwNDE4Mzc2Ng==&scene=124&uin=&key=&devicetype=Windows+10+x64&version=6302017f&lang=zh_CN&a8scene=7&fontgear=2。

安排。[①] 也有观点认为,鉴于《公司法》第 16 条引发实践中较多的争议,不如删除这一条款。这些意见和观点的提出,不仅反映出对《公司法》相关条款的准确理解与正确适用问题,也折射出《公司法》的未来定位和发展方向问题。《公司法》基于"规范公司的组织和行为""保护公司、股东和债权人的合法权益""维护社会经济秩序,促进社会主义市场经济的发展"的立法目的,设置公司对外提供担保条款,更多的是要通过公司对外担保意思形成的机制设置,来限制和规范公司法定代表人的代表权行使,以达到维护公司资本安全、中小股东利益以及善意相对人的交易安全等目的。要求删除《公司法》第 16 条的观点,一定意义上仍然是单纯从合同等商事交易的思维来看待这一条款的传统思路。当前适逢《公司法》第六次修改,与其删除这一条款,不如回归条款的本来面目,从《公司法》的规范目的和立法初衷角度去解读它。更为重要的,作为民事法律体系的基本法,我国《民法典》在坚持民商合一的立法理念下,许多内容都涉及公司法领域,例如,对法人制度作了相应的规定,将公司决议行为纳入民事法律行为调整的范畴,对担保制度作了较大范围的调整,这些都将对《公司法》的修改完善产生重要影响。特别是《民法典》总则部分,通过"抽取公因式"的法律编纂技术,基本解决了我国私法领域基本法律规范的体系化供给问题,使以单行法表达体

---

① 《民法典》第 61 条第 3 款明确"法人章程或者法人权力机构对法定代表人代表权的限制,不得对抗善意相对人",而《公司法》修订草案第 11 条第 2 款则规定"公司章程或者股东会对法定代表人职权的限制,不得对抗善意相对人",并未采用"代表权限制"的表述。

系化的法律制度的空间被缩减,而特别法得以存在的空间被扩张。[①]《公司法》的修订完善,需要解决其与其他民事法律法规的衔接和协调问题,尤其是与《民法典》的衔接问题。首先,《公司法》需要与《民法典》在基本立场、基本框架、主要立法精神上保持一致,以保证民商事法律体系内部的协调与统一。例如,《民法典》第153条规定了违法的民事法律行为的效力问题,不仅将无效情形限定在"违反法律、行政法规的强制性规定"上,而且进一步强调"强制性规定不导致该民事法律行为无效的除外"。未来《公司法》关于公司决议等无效情形的设计需要与《民法典》保持同步性,进一步限缩决议无效的情形,以契合公司法扩张任意性规范、减少强制性规范的发展趋势。又如,《民法典》第151条将乘人之危纳入显失公平制度框架内,列为法律行为可撤销的情形,未来《公司法》中公司决议的可撤销情形是否可以在"会议召集程序、表决方式违反法律、行政法规或者公司章程,或者决议内容违反公司章程"之外,增加"议决事项显失公平、损害股东利益"等情形,值得探讨。再如,《民法典》第1061条、第1062条、第1064条等就夫妻共同财产、共同债务以及夫妻继承等问题作出了相应的规定,实践中频发的股权继承以及夫妻创业者在对赌协议中的业绩补偿和股权回购义务等,既涉及公司法,也涉及婚姻家庭法的内容,[②]如何处理亟待明确。在这些问题上,《公司法》修订时需要与《民法典》的已有规定保持一致性和连

① 参见邹海林:《关于公司法修改的几点思考》,载《法律适用》2020年第1期。

② 参见刘俊海:《新〈公司法〉的设计理念与框架建议》,载《法学杂志》2021年第2期。

续性。其次，《公司法》需要结合新的时代要求，立足自身的功能定位，维护好《公司法》作为商事特别法的特性，回归《公司法》作为组织体法的本位，特别是要围绕公司的独立法人地位和股东权利保护为中心展开相关制度设计，从规则层面解决好法定代表人的职权配置和制度安排、公司决议的外部拘束力、公司治理规范的任意性与强制性、控股股东与中小股东的利益保护、交易安全与投资安全的维护等问题，促进公司治理制度的革新，进一步加强对公司中小股东的保护，推动《公司法》现代化，以更好地完成《公司法》的时代使命。

后　记

本书是我在华东政法大学经济法学院从事博士后研究期间的主要成果,也是对近年来从事民商事审判工作的一些思考的记录。

之所以选择以公司对外担保作为博士后阶段的主研课题,一方面源于自己从事民商事审判工作的实际需要,另一方面也是受博士后合作导师罗培新教授的点拨。罗老师对公司对外担保问题有精深的研究。在我开展研究过程中,曾因《九民会纪要》和《民法典担保制度司法解释》相继就公司对外担保问题作出了规定而犹豫是否调整研究主题时,罗老师鼓励我坚持下去,并就研究方向、分析角度等给予指导。在本书撰写过程中,罗老师也多次提示要关注国际上的相关做法,特别是营商环境建设对于我国担保制度的变革影响等。感谢罗老师的大力指导!

感谢上海市高级人民法院和上海市静安区人民法院的各位领导和同事。一路走来,正是有诸位的关心、支持和帮助,才使我能够有所成长、有所提高。

感谢家人的理解和支持。有关本书的研究和撰写都是利用周末和业余时间完成的,因此失去了很多陪伴家人的机会。妻子和两个宝贝可可、多多都给予我极大的理解和支持。感谢父母、岳父母这些年来的默默支持，让我有时间和精力来完成自己的心愿。

感谢法律出版社法律应用分社冯雨春分社长和邢艳萍编辑。正是她们的专业和辛劳，才使本书能够尽快地出版。

感谢所有时光赐予我的，我也尽力去回馈时光。